AF282082

Instalación y parametrización del *software*

Elsa Rubio Duce

ic editorial

Instalación y parametrización del *software*
© Elsa Rubio Duce

1ª Edición

© IC Editorial, 2025

Editado por: IC Editorial
c/ Cueva de Viera, 2, Local 3
Centro Negocios CADI
29200 Antequera (Málaga)
Teléfono: 952 70 60 04
Fax: 952 84 55 03
Correo electrónico: iceditorial@iceditorial.com
Internet: www.iceditorial.com

ISBN: 978-84-1184-542-7
Depósito Legal: MA 52-2025

Impresión: PODiPrint
Impreso en Andalucía – España

Nota de la editorial: IC Editorial pertenece a Innovación y Cualificación S. L.

Presentación del manual

El **Certificado de Profesionalidad** es el instrumento de acreditación, en el ámbito de la Administración laboral, de las cualificaciones profesionales del Catálogo Nacional de Cualificaciones Profesionales adquiridas a través de procesos formativos o del proceso de reconocimiento de la experiencia laboral y de vías no formales de formación.

El elemento mínimo acreditable es la **Unidad de Competencia.** La suma de las acreditaciones de las unidades de competencia conforma la acreditación de la competencia general.

Una **Unidad de Competencia** se define como una agrupación de tareas productivas específica que realiza el profesional. Las diferentes unidades de competencia de un certificado de profesionalidad conforman la **Competencia General,** definiendo el conjunto de conocimientos y capacidades que permiten el ejercicio de una actividad profesional determinada.

Cada **Unidad de Competencia** lleva asociado un **Módulo Formativo,** donde se describe la formación necesaria para adquirir esa **Unidad de Competencia,** pudiendo dividirse en **Unidades Formativas.**

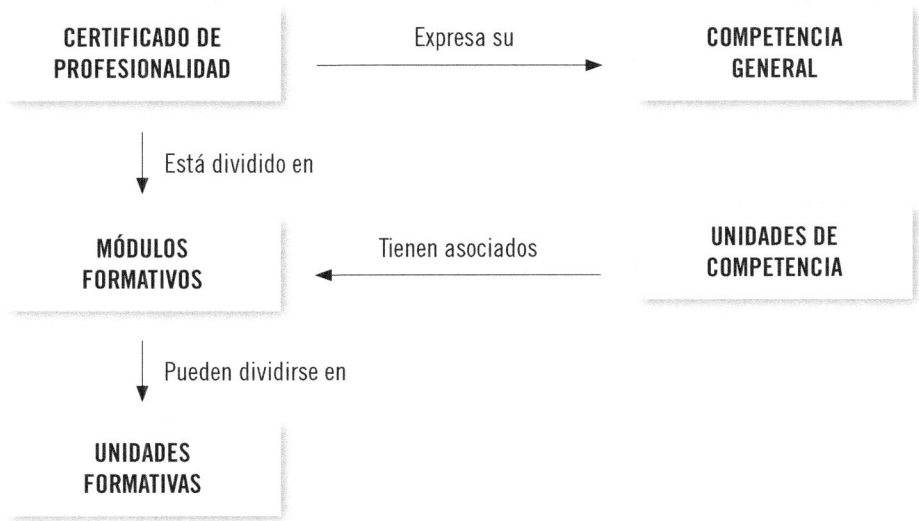

El presente manual desarrolla la Unidad Formativa **UF1893: Instalación y parametrización del software,**

perteneciente al Módulo Formativo **MF0485_3: Administración software de un sistema informático,**

asociado a la unidad de competencia **UC0485_3: Instalar, configurar y administrar el software de base y de aplicación del sistema,**

del Certificado de Profesionalidad **Gestión de sistemas informáticos.**

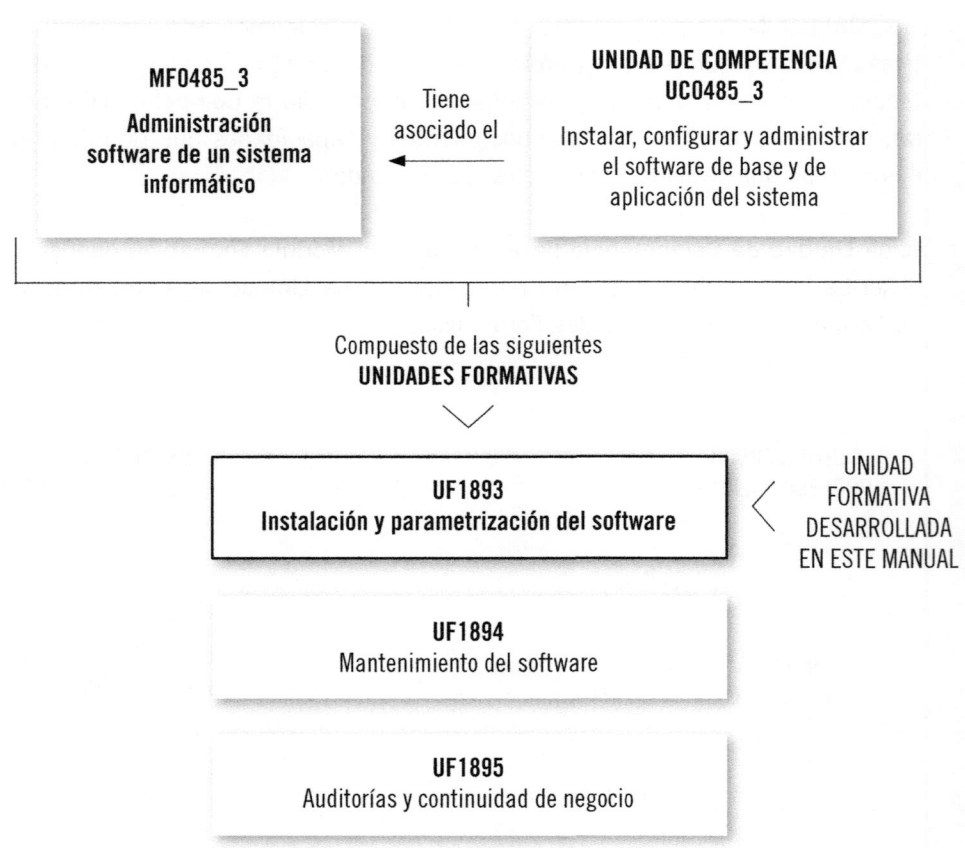

MF0485_3

Administración software de un sistema informático

Tiene asociado el

UNIDAD DE COMPETENCIA UC0485_3

Instalar, configurar y administrar el software de base y de aplicación del sistema

Compuesto de las siguientes **UNIDADES FORMATIVAS**

UF1893
Instalación y parametrización del software

UNIDAD FORMATIVA DESARROLLADA EN ESTE MANUAL

UF1894
Mantenimiento del software

UF1895
Auditorías y continuidad de negocio

FICHA DE CERTIFICADO DE PROFESIONALIDAD

(IFCT0510) GESTIÓN DE SISTEMAS INFORMÁTICOS (R. D. 1531/2011, de 31 de octubre modificado por el R. D. 628/2013, de 2 de agosto)

COMPETENCIA GENERAL: Configurar, administrar y mantener un sistema informático a nivel de hardware y software, garantizando la disponibilidad, óptimo rendimiento, funcionalidad e integridad de los servicios y recursos del sistema.

Cualificación profesional de referencia		Unidades de competencia	Ocupaciones o puestos de trabajo relacionados:
IFC152_3 GESTIÓN DE SISTEMAS INFORMÁTICOS (R. D. 1087/2005, de 16 de septiembre)	UC0484_3	Administrar los dispositivos hardware del sistema	• 2721.1018 Administrador de sistemas de redes • Administrador de sistemas • Responsable de informática
	UC0485_3	Instalar, configurar y administrar el software de base y de aplicación del sistema	
	UC0486_3	Asegurar equipos informáticos	

Correspondencia con el Catálogo Modular de Formación Profesional

Módulos certificado	Unidades formativas	Horas
MF0484_3: Administración hardware de un sistema informático	UF1891: Dimensionar, instalar y optimizar el hardware	70
	UF1892: Gestionar el crecimiento y las condiciones ambientales	50
MF0485_3: Administración software de un sistema informático	UF1893: Instalación y parametrización del software	90
	UF1894: Mantenimiento del software	70
	UF1895: Auditorías y continuidad de negocio	50
MF0486_3: Seguridad en equipos informáticos		90
MP0398: Módulo de prácticas profesionales no laborales		80

Índice

Capítulo 4
Automatizaciones

Capítulo 5
Inventario de SW

Capítulo 1
Software

Contenido

1. Introducción

Este capítulo inicial, dedicado al *software,* constituye una pieza fundamental en la comprensión integral de la informática, desempeñando un papel esencial en la funcionalidad y eficiencia de los sistemas informáticos.

El término *software* engloba un amplio espectro de instrucciones, programas y datos que permiten a los dispositivos electrónicos ejecutar tareas específicas, proporcionando así las funcionalidades necesarias para satisfacer las demandas de los usuarios. Este concepto se distingue claramente del *hardware,* que se refiere a los componentes físicos de un sistema informático, y del *firmware,* que es el *software* integrado en el *hardware* para controlar sus funciones básicas.

Es imperativo conocer y comprender no solo qué es el *software* y su papel clave en los sistemas informáticos, sino también reconocer su diversidad. El *software* se clasifica en diferentes tipos, cada uno diseñado para cumplir con funciones específicas. Estas categorías incluyen, entre otras, el *software* de sistema, necesario para el arranque y operación del *hardware;* el *software* de aplicación, desarrollado para asistir al usuario en la realización de diversas tareas; y el *software* de programación, que proporciona herramientas para crear nuevos programas y aplicaciones.

Distinguir entre *software, firmware* y *hardware* es esencial para cualquier profesional de la informática, ya que cada uno juega un rol distinto pero complementario en el funcionamiento de los dispositivos tecnológicos. Mientras que el *hardware* forma la base tangible del dispositivo, el *software* se presenta como la serie de instrucciones que permite a dicho *hardware* operar de manera efectiva. Por otro lado, el *firmware* actúa como el intermediario, siendo un *software* especial que se encuentra embebido en el *hardware* para controlar sus funciones básicas y permitir que otros programas se ejecuten.

Este capítulo se dedica a explorar estos conceptos con profundidad, proporcionando una base sólida que permitirá a los usuarios no solo utilizar el *software* de manera efectiva, sino también realizar instalaciones, configuraciones y actualizaciones conscientes y fundamentadas.

2. Conocer y comprender qué es el *software,* y para qué sirve

El término *software* abarca una amplia gama de sistemas, aplicaciones y datos que, en conjunto, juegan un papel esencial en el funcionamiento de los sistemas informáticos. Entender el *software* implica reconocer su esencia, sus variadas clasificaciones y su impacto transformador en la tecnología moderna.

 Definición

Software
Conjunto de programas, procedimientos, reglas y, posiblemente, documentación y datos asociados, que permiten que el *hardware* del ordenador realice tareas específicas. A diferencia del *hardware,* que comprende los componentes físicos de un dispositivo, el *software* es intangible, lo que significa que no se puede tocar, pero es vital para el funcionamiento del *hardware.*

Hay dos categorías principales de *software:* el sistema operativo, que es el *software* fundamental que gestiona el *hardware* y crea un entorno en el que pueden ejecutarse otros programas; y el *software* de aplicación, que incluye programas que realizan tareas específicas para el usuario, como procesadores de texto, navegadores web y sistemas de gestión de bases de datos.

Para ilustrar cómo funcionan las dos categorías principales de *software,* se puede visualizar como un esquema conceptual:

- **Sistema operativo:**

  - **Función principal:** es el *software* fundamental que gestiona el *hardware* del ordenador. Actúa como intermediario entre el *hardware* y el *software* de aplicación.
  - **Tareas específicas:**

- Gestiona los recursos del sistema como la CPU (Central Processing Unit, en castellano Unidad Central de Procesamiento), la memoria y los dispositivos de almacenamiento.
- Proporciona una interfaz de usuario, como una interfaz gráfica de usuario (GUI) para interactuar con el sistema.
- Coordina y ejecuta el *software* de aplicación, asegurando que tengan acceso a los recursos del sistema.

- Ejemplos: *Windows, macOS* y *Linux.*

- **Software de aplicación:**

    - **Función principal:** son programas diseñados para realizar tareas específicas para el usuario.
    - **Tareas específicas:**

        - Realizan una variedad de funciones según el programa específico, como procesamiento de textos, navegación web o gestión de bases de datos.
        - Operan dentro del entorno proporcionado por el sistema operativo, utilizando los recursos del sistema para ejecutar las tareas.
        - Suelen ser desarrollados con un propósito específico en mente, satisfaciendo necesidades particulares de los usuarios.

    - Ejemplos: *Microsoft Word* (procesador de texto), *Google Chrome* (navegador web) y *MySQL* (sistema de gestión de bases de datos).

La relación entre el sistema operativo y el *software* de aplicación es simbiótica. El sistema operativo crea el entorno necesario para que el *software* de aplicación funcione, mientras que el *software* de aplicación utiliza este entorno para llevar a cabo funciones específicas que benefician al usuario. El sistema operativo se encarga de la gestión general del *hardware* y proporciona las bases para que el *software* de aplicación pueda operar, facilitando la interacción entre el usuario y el computador, y entre el *hardware* y el *software* de aplicación.

El software actúa como el cerebro de los dispositivos electrónicos.

Actividades

1. ¿Cuáles son las dos categorías principales de *software* y cuál es la función principal de cada una?
2. ¿Cómo actúa el sistema operativo como intermediario en un sistema informático?

El *software* sirve para una amplia gama de propósitos, que abarcan desde operaciones básicas del sistema, como la gestión del *hardware* y la ejecución de aplicaciones, hasta funciones especializadas en campos como la investigación científica, la gestión empresarial o el entretenimiento digital. Su flexibilidad y adaptabilidad lo convierten en una herramienta esencial en casi todos los aspectos de la vida contemporánea.

Los **propósitos y funcionalidades** del *software* son:

- En su nivel más básico, el *software* permite la operatividad de las máquinas. Los sistemas operativos gestionan todos los recursos del sistema, desde la memoria y el almacenamiento hasta los periféricos como impresoras y cámaras, facilitando una interfaz para que el usuario interactúe con el computador.

- El *software* de aplicación se desarrolla para satisfacer necesidades específicas, proporcionando soluciones a medida para diversas tareas, como la edición de documentos, la contabilidad o incluso el análisis estadístico avanzado. La capacidad de personalizar el *software* según las necesidades del usuario subraya su valor y universalidad.
- El *software* está en el corazón de la innovación tecnológica. Con el desarrollo continuo de nuevas aplicaciones y sistemas, facilita la exploración de nuevas fronteras en ciencia y tecnología, desde la inteligencia artificial hasta la exploración espacial.
- El *software* moderno también permite una interconexión global sin precedentes. Los sistemas de *software* de red posibilitan la comunicación, el intercambio de datos y la colaboración a escala mundial, impulsando la era de la información y la economía digital.

Ejemplo

A continuación, se expone un ejemplo real y contextualizado utilizando el sistema operativo *Windows 11* y el *software* de aplicación *Microsoft Excel,* destacando sus funcionalidades específicas con datos concretos:

Sistema operativo: *Windows 11*

Funcionalidades clave:

▌ Gestión de recursos:
Windows 11 optimiza el uso de la CPU, la memoria RAM y los dispositivos de almacenamiento. Además, introduce mejoras en la gestión de procesos con un sistema de planificación más refinado, que permite una asignación aún más eficiente del tiempo de CPU a las aplicaciones, mejorando la respuesta general del sistema y su eficiencia energética.

▌ Interfaz de usuario:
Windows 11 ha dado un paso importante en la evolución de su interfaz gráfica de usuario (GUI). Aunque conserva elementos fundamentales como el menú de inicio, la barra de tareas y el escritorio, presenta un diseño más limpio y centrado, con esquinas redondeadas, una nueva paleta de colores y animaciones más fluidas, ofreciendo una experiencia de usuario más intuitiva y agradable.

Continúa en página siguiente >>

<< Viene de página anterior

❚ Seguridad:
En el ámbito de la seguridad, *Windows 11* fortalece las características ya sólidas de *Windows 10*. Continúa con *Windows Defender* como su pilar de defensa contra *malware* y virus, pero mejora su capacidad de protección integrando tecnologías más avanzadas de detección y respuesta ante amenazas. Las actualizaciones automáticas se mantienen, enfatizando no solo en la seguridad, sino también en la estabilidad y el rendimiento del sistema, asegurando que el usuario siempre tenga las últimas mejoras y correcciones de seguridad.

Software de aplicación: *Microsoft Excel*

Funcionalidades clave:

❚ *Excel* permite a los usuarios realizar análisis de datos complejos, utilizando funciones avanzadas como tablas dinámicas, que resumen grandes cantidades de datos y permiten la manipulación y el análisis detallado. Por ejemplo, un usuario puede importar un conjunto de datos de ventas de 100.000 registros y utilizar tablas dinámicas para identificar tendencias de ventas por región y período.
❚ Los usuarios pueden crear representaciones gráficas de datos, como gráficos de barras, líneas o sectores, para interpretar de manera visual la información y presentarla de forma clara y concisa. Por ejemplo, un informe de ventas anual puede visualizarse mediante un gráfico de líneas que muestre la evolución de las ventas mes a mes.
❚ *Excel* permite automatizar tareas repetitivas usando macros, secuencias de comandos o instrucciones ejecutadas para realizar tareas automáticamente. Por ejemplo, un usuario puede crear una macro para generar automáticamente informes mensuales, formatear los datos y enviarlos por correo electrónico a los *stakeholders*.

 Aplicación práctica

Imagine que está en un curso de introducción a la informática y le piden que compruebe y explique la relación y las diferencias entre el sistema operativo y el *software* de aplicación. Es fundamental entender cómo estos dos componentes clave interactúan dentro de un sistema informático y cuál es su propósito específico.

Continúa en página siguiente >>

<< Viene de página anterior

Desarrolle un informe que describa las funciones y diferencias entre el sistema operativo y el *software* de aplicación. Este informe debe ser claro y comprensible para personas sin un conocimiento técnico profundo. Debe cubrir los siguientes aspectos:

▌ **Definición y función principal de cada uno.**
▌ **Tareas específicas que realizan.**
▌ **Ejemplos de cada tipo.**
▌ **Explicación de cómo se complementan entre sí en un entorno informático.**

SOLUCIÓN

Definiciones y funciones principales:

Sistema operativo: es el *software* fundamental en un ordenador que gestiona el *hardware* y proporciona un entorno para que el *software* de aplicación funcione. Su función principal es actuar como intermediario entre el *hardware* y el *software* de aplicación.
Software de aplicación: son programas diseñados para realizar tareas específicas para el usuario. Su función principal es ejecutar diversas funciones, como procesamiento de textos, navegación web, y gestión de bases de datos, dentro del entorno proporcionado por el sistema operativo.

Tareas específicas:

Sistema operativo:

▌ Gestiona recursos como la CPU, memoria, y dispositivos de almacenamiento.
▌ Proporciona interfaces de usuario, como GUI.
▌ Coordina y ejecuta el *software* de aplicación, asegurando su acceso a recursos del sistema.

Software de aplicación:

▌ Realiza funciones específicas según el programa, como procesamiento de textos, navegación web, etc.
▌ Opera dentro del entorno del sistema operativo.
▌ Desarrollado con propósitos específicos para satisfacer necesidades del usuario.

Ejemplos:

▌ Sistema operativo: *Windows, macOS* y *Linux*.
▌ *Software* de aplicación: *Microsoft Word* (procesador de texto), *Google Chrome* (navegador web), *MySQL* (gestión de bases de datos).

Continúa en página siguiente >>

<< Viene de página anterior

Relación simbiótica:

El sistema operativo y el *software* de aplicación tienen una relación simbiótica. El sistema operativo crea el entorno necesario para que el *software* de aplicación funcione eficientemente, mientras que el *software* de aplicación utiliza este entorno para realizar funciones específicas que benefician al usuario. Juntos, facilitan la interacción entre el usuario y el ordenador, y entre el *hardware* y el *software,* logrando un funcionamiento eficaz y eficiente del sistema informático.

3. Distinguir *software,* de *firmware* y de *hardware*

Software, firmware y *hardware* son tres componentes esenciales en informática que interactúan de manera sinérgica para permitir que los dispositivos electrónicos funcionen de manera eficaz y eficiente.

 Definición

Hardware
Se refiere a los componentes físicos y tangibles de un sistema informático. Esto incluye todos los dispositivos y partes mecánicas, electrónicas o electromagnéticas como circuitos, chips de memoria, placas base, discos duros, teclados y monitores.

El *hardware* es la base sobre la cual se ejecutan el *software* y el *firmware,* y su buen funcionamiento es esencial para la estabilidad y eficiencia del sistema informático. Su diseño y arquitectura dictan las capacidades fundamentales del dispositivo, así como los límites de su rendimiento.

Definición

Firmware

Ocupa una posición única en la jerarquía tecnológica, actuando como el intermediario entre el *hardware* y el *software*. Es un *software* especializado en el *hardware,* almacenado en un chip de memoria de solo lectura (ROM) o en memoria *flash.*

El hardware constituye el esqueleto y los órganos vitales de los dispositivos tecnológicos.

El *firmware* tiene el propósito específico de controlar el *hardware* del dispositivo, proporcionando las instrucciones básicas para que el dispositivo arranque y opere. A diferencia del *software* que se puede instalar y actualizar, el *firmware* rara vez se diseña para modificarlo o actualizarlo el usuario final. Sin embargo, puede ser actualizado ocasionalmente por el fabricante para mejorar la funcionalidad o corregir errores.

Recuerde

El *software* es el conjunto de instrucciones programadas que permiten al usuario interactuar con el *hardware* y llevar a cabo tareas específicas en un dispositivo informático. A diferencia del *hardware,* el *software* es intangible, compuesto en código y datos que se ejecutan en el *hardware.*

Tal y como se ha explicado en el apartado anterior, el *software* puede ser de sistema, como los sistemas operativos que gestionan el *hardware* y el *software* de aplicación; de aplicación, que permite a los usuarios realizar tareas específicas (como procesadores de texto, *software* de diseño gráfico, navegadores web); o de programación, que proporciona herramientas para que los desarrolladores creen sus propios programas.

Nota

Cómo apreciar visualmente las diferencias entre *hardware, firmware* y *software:*

- *Hardware:* es lo que se puede ver y tocar físicamente. Por ejemplo, se pueden identificar el teclado, el disco duro, la pantalla y otros componentes físicos de un ordenador.
- *Firmware:* aunque no es visible directamente, su función se infiere cuando el *hardware* opera correctamente según las instrucciones incorporadas. Por ejemplo, se puede notar el *firmware* en acción durante el proceso de arranque de un ordenador o cuando un dispositivo realiza su función básica sin necesidad de instalar *software* adicional.
- *Software:* se ve en acción en la pantalla. Las aplicaciones que se ejecutan, los sistemas operativos y los programas que se utilizan son ejemplos visibles del *software.*

Aplicación práctica

Imagine que trabaja como docente en un programa de tecnología y está preparando un módulo educativo para un curso de informática. Un aspecto clave del curso es enseñar a identificar y comprender las diferencias y relaciones entre *software, firmware* y *hardware*.

Crea una guía detallada que permita distinguir claramente entre *software, firmware* y *hardware*. Esta guía debe incluir:

1. Explicaciones claras y detalladas de cada término.
2. Ejemplos descriptivos que ilustren cada concepto.
3. Descripciones sobre cómo estos componentes interactúan en un sistema informático.

SOLUCIÓN

1. Definiciones y explicaciones:

- *Hardware:* se refiere a los componentes físicos y tangibles de un sistema informático. Esto incluye dispositivos como la placa base, el procesador, la memoria RAM, los discos duros, el teclado y la pantalla. El *hardware* es esencial para la infraestructura de cualquier dispositivo electrónico y determina las capacidades y límites de rendimiento del sistema.
- *Firmware:* es un tipo especial de *software* que está integrado directamente en el *hardware*. Generalmente, se almacena en un chip de memoria y proporciona las instrucciones básicas para que el *hardware* funcione correctamente. A diferencia del *software* convencional, el *firmware* no está diseñado para ser modificado o actualizado frecuentemente por el usuario final, pero puede ser actualizado por el fabricante para mejorar la funcionalidad o corregir errores.
- *Software:* comprende el conjunto de instrucciones programadas que permite a los usuarios interactuar con el *hardware* y ejecutar tareas específicas. El *software* es intangible, consistiendo en programas y aplicaciones como sistemas operativos, procesadores de texto, navegadores web y herramientas de programación.

2. Ejemplos descriptivos:

- *Hardware:* por ejemplo, el disco duro de un ordenador es *hardware*. Almacena datos de manera física y es un componente tangible que puedes tocar.
- *Firmware:* un ejemplo de *firmware* es el sistema que arranca el ordenador. Cuando enciende el ordenador, el *firmware* es el primer programa que se ejecuta, preparando el sistema para cargar el sistema operativo.

Continúa en página siguiente >>

<< Viene de página anterior

ı *Software:* un ejemplo de *software* es el sistema operativo como *Windows* o *macOS*. Este programa gestiona el *hardware* del dispositivo y permite a los usuarios instalar y ejecutar otros programas.

3. Interacciones entre los componentes:

ı El *hardware* sirve como la base física y estructural para el funcionamiento de cualquier dispositivo electrónico.
ı El *firmware,* integrado en el *hardware,* dirige las operaciones básicas del sistema antes de que se cargue el sistema operativo o cualquier otro *software.*
ı El *software,* que incluye sistemas operativos y aplicaciones, se ejecuta sobre el *hardware,* utilizando las instrucciones del *firmware* para interactuar eficazmente con los componentes físicos del sistema.

 Actividades

3. ¿Cuál es el papel del *firmware* en la relación entre el *hardware* y el *software* de un sistema informático?
4. ¿Cómo se diferencian visualmente el *hardware,* el *firmware* y el *software* en un sistema informático?

---

4. Identificar los diferentes tipos de *software*

El universo del *software* es diversificado, abarcando una amplia gama de programas y sistemas que desempeñan roles esenciales en el funcionamiento de dispositivos electrónicos, la ejecución de tareas digitales y la facilitación de interacciones tecnológicas en nuestra vida cotidiana.

Aplicaciones de software que incluyen procesamiento de texto, presentaciones, correo electrónico, hojas de cálculo y otras herramientas de colaboración y productividad. (© Fotografía: sentretvector / Shutterstock.com)

El *software* se puede clasificar generalmente en varias categorías principales, cada una con características distintivas, propósitos y aplicaciones. Esta clasificación no solo ayuda a organizar el amplio espectro de *software* disponible, sino que también facilita una comprensión más profunda de sus funciones y su relevancia en diversos contextos tecnológicos y empresariales:

- **Software de sistema:** esta categoría incluye los sistemas operativos y todos los programas que permiten que el *hardware* funcione y que ofrecen una plataforma para que se ejecuten otros tipos de *software*. Los sistemas operativos como *Windows, macOS* y *Linux* son ejemplos prominentes y son fundamentales para la gestión de los recursos del ordenador, la ejecución de *software* de aplicación y la interfaz de interacción con el usuario.
- **Software de aplicación:** compuesto por programas diseñados para asistir al usuario en la realización de tareas específicas. Este tipo varía enormemente en función y alcance, incluyendo aplicaciones para procesamiento de texto, hojas de cálculo, diseño gráfico, gestión de bases de datos, navegación web y mucho más. Son las herramientas que los usuarios finales interactúan directamente para realizar tareas específicas.
- **Software de programación:** incluye herramientas que permiten a los desarrolladores crear, depurar, mantener o implementar otros programas y aplicaciones. Esta categoría abarca los compiladores, intérpretes, enlazadores, depuradores y editores de código, proporcionando un entorno esencial para el desarrollo de *software*.

Algunos ejemplos son:

▮ Compiladores: GCC (GNU Compiler Collection) que incluye compiladores para C, C++, y otros lenguajes.
▮ Intérpretes: *Python Interpreter* que ejecuta *scripts* de *Python* directamente.
▮ Enlazadores: GNU ld, un enlazador estándar utilizado en muchos sistemas *Unix.*
▮ Depuradores: GDB (GNU Debugger), una herramienta que permite a los programadores ver qué está haciendo un programa mientras se ejecuta o qué hizo justo antes de un error.
▮ Editores de código: *Visual Studio Code,* un editor de código fuente que soporta una variedad de lenguajes de programación.

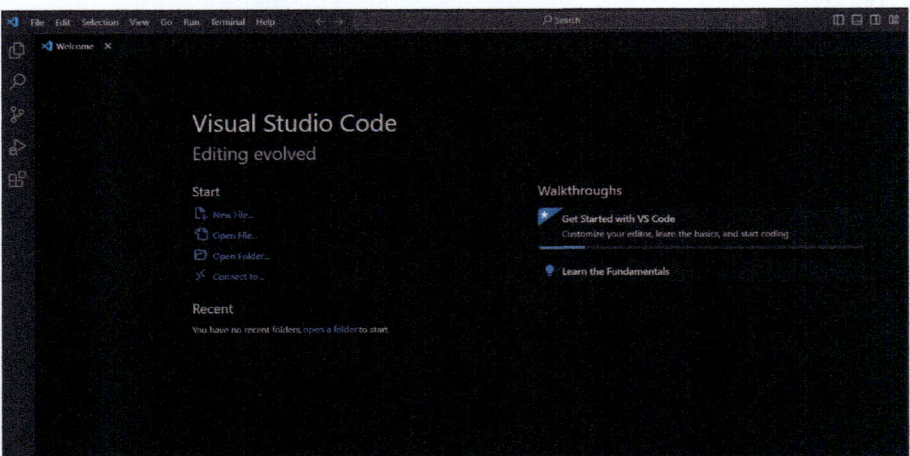

Captura de la interfaz principal de Visual Studio Code

■ *Software* **de redes:** se especializa en establecer y gestionar conexiones entre ordenadores y dispositivos, permitiendo la comunicación y el intercambio de datos. Incluye sistemas operativos de red, herramientas de administración de redes, y *software* cliente/servidor.
Algunos ejemplos son:

- Sistemas operativos de red: *Windows Server,* que ofrece servicios de red como directorio activo, servidor de archivos e impresión.
- Herramientas de administración de redes: *Wireshark,* un analizador de red que permite ver el tráfico que pasa a través de una red en detalle.
- *Software* cliente/servidor: *Apache HTTP Server* (servidor) y *Google Chrome* (cliente), donde el servidor sirve páginas web y el navegador las muestra.

- **Freeware, shareware y open source:** además de estas categorías funcionales, el *software* también se puede clasificar según su modelo de licencia o accesibilidad, incluyendo *software* gratuito *(freeware),* compartido *(shareware)* o de código abierto, cada uno con diferentes niveles de acceso, coste y modificación permitida por los usuarios.
Algunos ejemplos:

  - *Freeware: Skype,* que ofrece servicios de llamadas y videollamadas sin costo.
  - *Shareware: WinRAR,* un compresor de archivos que permite utilizarlo gratuitamente durante un período de prueba antes de comprar la licencia.
  - *Open Source: Linux,* un sistema operativo de código abierto donde los usuarios pueden modificar, distribuir, y usar el *software* libremente.

Ejemplo

Imagine una empresa tecnológica que está desarrollando un innovador producto de *software,* que es una plataforma en línea para la colaboración y gestión de proyectos. Este producto integra varias funcionalidades como la gestión de tareas, la comunicación en equipo, y el seguimiento del progreso de los proyectos.

La empresa utiliza varios **software de aplicación** durante la fase de desarrollo y despliegue del producto. Utilizan programas de procesamiento de texto y hojas de cálculo para documentar los requisitos del producto, planificar las etapas de desarrollo y llevar un registro del

Continúa en página siguiente >>

<< Viene de página anterior

progreso. Para el diseño gráfico de la interfaz de usuario, emplean herramientas avanzadas de diseño gráfico. Además, la gestión de bases de datos es clave para almacenar y organizar los datos de los usuarios y los proyectos en la plataforma.

El equipo de desarrollo utiliza una variedad de **herramientas de programación** para crear la plataforma. Esto incluye compiladores y entornos de desarrollo integrados (IDE) para escribir y probar el código. Utilizan depuradores para analizar y solucionar los problemas del *software* antes de su lanzamiento. Además, emplean sistemas de control de versiones para gestionar los cambios en el código fuente a lo largo del tiempo.

Para asegurar que la plataforma sea accesible y eficiente en la comunicación en red, el equipo implementa ***software*** **de redes.** Esto incluye configurar sistemas operativos de red y utilizar herramientas de administración de redes para monitorear y optimizar el tráfico de datos, garantizando así una experiencia de usuario fluida y segura.

Durante el desarrollo, la empresa aprovecha *software* de código abierto *(open source)* para incorporar componentes probados y confiables en su producto, lo que permite acelerar el proceso de desarrollo y reducir costos. Podrían usar ***freeware*** para tareas auxiliares como la edición de imágenes o la gestión de documentos. Además, parte de su *software* podría lanzarse como ***shareware,*** permitiendo a los usuarios probar una versión demo antes de comprar la versión completa.

Aplicación práctica

Imagine que forma parte del equipo de gestión de TI en una empresa tecnológica en expansión. La empresa necesita identificar y seleccionar *software* apropiado para sus operaciones en distintas áreas, desde la administración de sistemas hasta el desarrollo de *software* y la gestión de redes. Comprender la clasificación y las características del *software* es esencial para tomar decisiones informadas y optimizar las operaciones de la empresa.

Desarrolle un plan que guíe la selección, implementación y gestión de diferentes tipos de *software* dentro de la empresa. Este plan debe abordar las siguientes áreas:

1. **Criterios de selección para cada categoría de *software* (sistema, aplicación, programación, redes).**

Continúa en página siguiente >>

<< Viene de página anterior

2. Estrategias para la evaluación y elección de *software* basadas en la licencia *(freeware, shareware, open source)*.
3. Plan de implementación y actualización del *software*.
4. Políticas de gestión y mantenimiento continuo del *software*.

SOLUCIÓN

Criterios de selección:

I *Software* de sistema: evaluar la compatibilidad con el *hardware* existente, eficiencia en la gestión de recursos y facilidad de integración con *software* de aplicación. Ejemplos: *Windows* para estaciones de trabajo, *Linux* para servidores.
I *Software* de aplicación: seleccionar según la especificidad de la tarea, usabilidad y compatibilidad con otros sistemas. Ejemplos: *Suites* ofimáticas, *software* de diseño gráfico.
I *Software* de programación: priorizar herramientas que ofrezcan versatilidad, soporte para múltiples lenguajes y capacidades de depuración eficaces. Ejemplos: *Visual Studio Code, GCC, Python Interpreter.*
I *Software* de redes: elegir en función de la escalabilidad, seguridad y capacidad de gestión de red. Ejemplos: *Windows Server, Wireshark.*

Estrategias de elección según licencia:

I *Freeware:* adecuado para funciones generales y pruebas iniciales. Evaluar la confiabilidad y soporte del proveedor.
I *Shareware:* utilizar para evaluar productos antes de la compra completa. Considerar el costo total de propiedad.
I *Open Source:* ideal para personalización y adaptación. Evaluar la comunidad de soporte y la frecuencia de actualizaciones.

Plan de implementación y actualización:

I Establecer un cronograma para la implementación y pruebas piloto.
I Designar un equipo para la gestión de actualizaciones y patches.
I Crear un protocolo de respaldo antes de realizar actualizaciones importantes.

Políticas de gestión y mantenimiento:

I Realizar auditorías regulares del *software* para garantizar la optimización de recursos.
I Establecer políticas para la actualización y retirada de *software* obsoleto.
I Proporcionar formación continua al personal sobre las herramientas de *software* utilizadas.

Actividades

5. ¿Qué tipo de *software* incluye aplicaciones para procesamiento de texto y navegación web? ¿Cuál es su función principal para el usuario final?

5. Resumen

El *software* comprende un conjunto integral de programas, procedimientos y datos, todos diseñados meticulosamente para operar en concierto, permitiendo así que el *hardware* de un ordenador ejecute una gama de tareas específicas. Esta amalgama de instrucciones digitales se clasifica predominantemente en dos categorías distintas: el *software* de sistema y el *software* de aplicación. El sistema operativo es el pilar fundamental sobre el que se asientan las operaciones computacionales. Este *software* esencial no solo administra y orquesta el *hardware* subyacente, sino que también proporciona un entorno vital para que otros programas se ejecuten eficazmente. Entre los ejemplares más reconocidos en esta categoría están sistemas operativos muy utilizados como *Windows, macOS* y *Linux.*

El *software* de aplicación se refiere a aquellos programas diseñados para asistir al usuario en diversas tareas. Estos programas pueden variar desde procesadores de texto hasta navegadores web, ejemplificados por aplicaciones populares como *Microsoft Word, Google Chrome* y el sistema de gestión de bases de datos *MySQL.* Su propósito principal es facilitar tareas específicas, adaptándose a las necesidades individuales de los usuarios.

La importancia del *software* trasciende la mera funcionalidad; actúa como un catalizador en la promoción de la innovación tecnológica y desempeña un papel esencial en la habilitación de una interconexión global. Este es un elemento indispensable en diversos campos, desde la ciencia hasta la gestión empresarial y el entretenimiento, proporcionando soluciones personalizadas y gestionando eficientemente los recursos del sistema para una variedad de aplicaciones prácticas.

En la diferenciación entre *software, firmware* y *hardware,* se encuentran distinciones claras en su naturaleza y función. El *hardware* representa los componentes físicos y tangibles de un sistema informático, siendo la estructura sobre la cual todo sistema digital opera. El *firmware* es un tipo especial de *software* integrado en el *hardware,* diseñado para controlar las funciones específicas del dispositivo, y no lo modifica el usuario final. Contrastando con estos, el *software,* que es el conjunto de instrucciones programadas, se ejecuta a través del *hardware* para facilitar la realización de diversas tareas.

Finalmente, la identificación de diferentes tipos de *software* revela la diversidad y la especialización dentro de este dominio. El *software* de sistema, como se mencionó anteriormente, incluye los sistemas operativos que son cruciales para la gestión del *hardware* y la facilitación de una plataforma para la ejecución de otro *software.* El *software* de aplicación, por su parte, abarca una gama amplia de programas diseñados para ejecutar una multitud de tareas específicas. Extendiendo esta clasificación, se encuentra el *software* de programación, que son herramientas especializadas empleadas para crear, depurar y mantener programas y aplicaciones, y el *software* de redes, que juega un papel vital en el establecimiento y la gestión de conexiones de red entre ordenadores y otros dispositivos, asegurando la comunicación y el intercambio de datos dentro de una infraestructura de red.

Ejercicios de repaso y autoevaluación

1. ¿Qué es el *software?*

_____
_____
_____
_____

2. Enumere las dos categorías principales de *software* y describa brevemente su función.

_____
_____
_____
_____

3. Mencione dos tareas específicas que realiza un sistema operativo:

_____
_____
_____
_____
_____
_____

4. Indique dos ejemplos de *software* de aplicación y mencione una tarea que realiza cada uno.

_____
_____
_____
_____

5. ¿Cuál de los siguientes es un ejemplo de *software* de código abierto?

   a. *WinRAR.*
   b. *Skype.*
   c. *Linux.*
   d. *Google Chrome.*

6. ¿Cuál es la principal diferencia entre el *software* y el *firmware?*

   _____
   _____
   _____
   _____

7. Enumere tres tipos de herramientas incluidas en el *software* de programación.

   _____
   _____
   _____
   _____

8. Mencione todas las clasificaciones de *software* según su modelo de licencia y una característica clave de cada uno.

   _____
   _____
   _____
   _____
   _____
   _____

9. Describa brevemente cómo el *software* ha transformado la tecnología moderna.

   _____
   _____
   _____
   _____

10. ¿Cuál de las siguientes es una herramienta utilizada en el *software* de programación?

    a. *Windows Server.*
    b. GDB (GNU Debugger).
    c. *Wireshark.*
    d. *Skype.*

Capítulo 2
Sistemas operativos

Contenido

1. Introducción

Este capítulo se centra en desentrañar la esencia y la funcionalidad de los sistemas operativos, elementos esenciales que facilitan la interacción entre el hardware de la computadora y el software de aplicación.

Los sistemas operativos son gestores que coordinan todos los recursos del sistema, desde la memoria hasta los procesadores y dispositivos de almacenamiento, optimizando el rendimiento y la eficiencia. Implementan sistemas de archivos para la organización de datos y administran la entrada/salida a través de controladores, facilitando la comunicación con el hardware. Su evolución ha transitado de sistemas básicos a avanzados, soportando multitareas y exigencias de operaciones en tiempo real.

Los sistemas operativos, clasificados por su capacidad de usuarios y multitareas, también se distinguen por estructuras como sistemas distribuidos o en tiempo real. La configuración adecuada del sistema operativo es clave para su eficacia y seguridad, implicando una selección cuidadosa de sistemas de archivos y ajustes de parámetros.

2. Comprender la definición y utilidad de los sistemas operativos

En el estudio de los sistemas operativos se aborda su definición esencial como intermediarios entre el *hardware* y las aplicaciones, resaltando su papel indispensable en la administración eficiente de los recursos computacionales. Estos sistemas no solo facilitan una operatividad fluida y coordinada del *hardware* y *software,* sino que también optimizan el rendimiento general y la experiencia del usuario. Al adentrarse en sus múltiples funciones, se descubre cómo orquestan todas las operaciones esenciales, desde la gestión de procesos y memoria hasta la regulación de las entradas y salidas, garantizando que los dispositivos funcionen de manera armoniosa y eficaz.

Es fundamental explorar la evolución histórica de los sistemas operativos para entender cómo han avanzado en complejidad y funcionalidad, adaptándose a las crecientes demandas tecnológicas y a los cambios en la arquitectura del *hardware.* Este recorrido histórico ilumina la transformación de interfaces rudimentarias en sistemas altamente sofisticados capaces de gestionar tareas complejas y ofrecer interfaces de usuario intuitivas.

 Nota

Cada componente distintivo de los sistemas operativos es vital para la operatividad y estabilidad del sistema, colaborando para proporcionar un entorno seguro y eficiente para la ejecución de *software* y la gestión de datos.

La gestión de procesos es concebida como un mecanismo crítico que permite al sistema operativo controlar y coordinar las tareas en ejecución, asignando recursos de manera que maximicen la eficiencia y la respuesta del sistema. Los diferentes tipos de sistemas de archivos influyen en la manera en que los datos se almacenan, se acceden y se gestionan, un aspecto fundamental para la integridad y la recuperación de la información.

Los sistemas de entrada/salida y los controladores de *hardware,* son esenciales para la comunicación efectiva entre el *software* y el *hardware* periférico. Estos sistemas permiten que los usuarios interactúen con el dispositivo a través de una gama de *hardware,* desde teclados y ratones hasta unidades de almacenamiento y tarjetas gráficas.

Los parámetros configurables y los servicios proporcionados por los sistemas operativos son fundamentales para personalizar y afinar el entorno del sistema para satisfacer requisitos específicos de seguridad, rendimiento y funcionalidad. La administración eficaz de usuarios y grupos subraya la importancia de una gestión de seguridad robusta, esencial en el entorno digital actual, para proteger los recursos y los datos contra accesos no autorizados y amenazas cibernéticas.

2.1. Enumerar las funciones de un sistema operativo

Los sistemas operativos proporcionan un conjunto de servicios clave que posibilitan una interacción eficiente entre el *hardware* y las aplicaciones del usuario. A continuación, se detallan y describen sus funciones:

- **Administración de procesos.** Involucra la creación, programación y finalización de procesos. Los sistemas operativos regulan el ciclo de vida de estos procesos a través de algoritmos de planificación, garantizando un uso equitativo del procesador y previniendo situaciones de interbloqueo. De manera práctica, esta administración facilita la ejecución concurrente de múltiples aplicaciones, preservando la estabilidad y la eficacia del sistema.

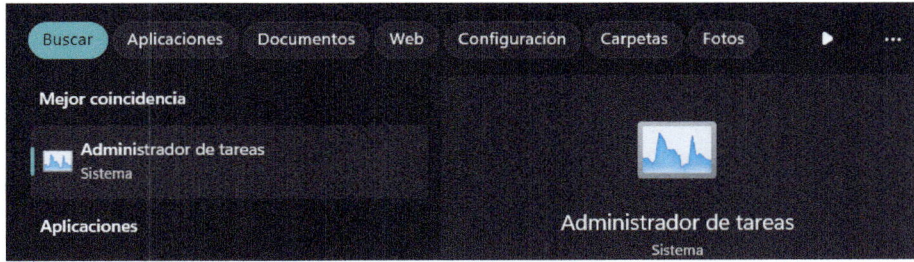

En Windows 11, el administrador de tareas ofrece una visión detallada y control sobre los procesos y recursos del sistema.

- **Gestión de memoria.** Los sistemas operativos coordinan la asignación y liberación de memoria, optimizando la disponibilidad de este recurso. Una gestión efectiva es clave para proporcionar a cada aplicación el acceso al espacio de memoria que requiere, manteniendo al mismo tiempo la protección y el aislamiento del espacio de otros procesos, lo cual es vital para el rendimiento y la seguridad del sistema.

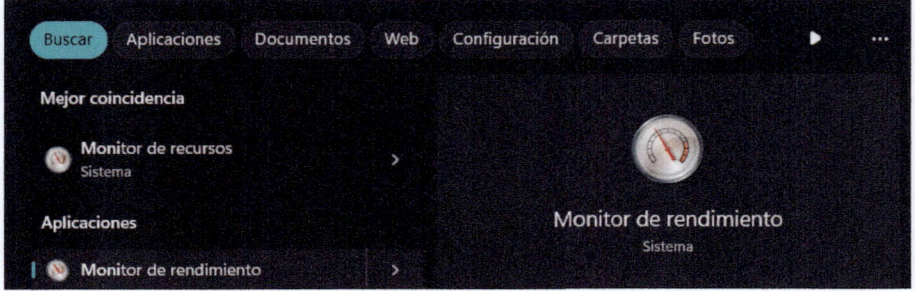

En Windows 11, el monitor de rendimiento permite a los usuarios ver cómo se utiliza la memoria en tiempo real, junto con otros recursos.

- **Manejo de archivos.** Comprende las operaciones de creación, almacenamiento, acceso, escritura y eliminación de archivos. Los sistemas operativos ofrecen una estructura lógica para organizar y controlar los datos en los dispositivos de almacenamiento, permitiendo a usuarios y aplicaciones manejar la información de manera eficaz.

En Windows 11, el explorador de archivos es la interfaz principal para navegar, abrir, mover, copiar y gestionar archivos y carpetas.

- **Control de dispositivos.** Incluye la supervisión y gestión de los dispositivos periféricos a través de los controladores. Los sistemas operativos facilitan la interacción entre el *hardware* y las aplicaciones, suministrando una interfaz estándar para una variedad de dispositivos, lo cual permite su funcionamiento sin que las aplicaciones deban conocer detalles específicos del *hardware.*

En Windows 11, el administrador de dispositivos ofrece una interfaz centralizada para visualizar y gestionar los dispositivos de hardware conectados al sistema.

■ **Seguridad y control de acceso.** Los sistemas operativos gestionan los permisos de acceso a los recursos del sistema, implementando estrategias de seguridad para definir quién puede usar qué recursos y en qué condiciones. Esto engloba la administración de permisos para archivos, directorios y otros recursos del sistema, fundamental para preservar la integridad y privacidad de los datos.

En Windows 11, la seguridad de Windows integra diversas herramientas de seguridad, incluyendo antivirus, protección contra amenazas de red, control de acceso a la cuenta y más.

■ **Interfaz de usuario.** Proporcionan interfaces, ya sean gráficas (GUI) o de línea de comandos (CLI), facilitando a los usuarios la interacción con el ordenador de forma intuitiva. Estas interfaces permiten a los usuarios ejecutar aplicaciones, acceder a archivos y configurar los ajustes del sistema de manera sencilla, sin necesidad de conocimientos avanzados sobre el funcionamiento interno del ordenador.

En Windows 11, Windows PowerShell ofrece una línea de comandos para la gestión del sistema y automatización de tareas.

- **Gestión de redes.** Gestionan la conectividad de red, habilitando la comunicación y el intercambio de información entre ordenadores en una red. Incorporan protocolos que facilitan la transmisión de datos, herramientas para el diagnóstico de problemas de red y funcionalidades para establecer conexiones, esenciales para el soporte de las redes modernas.

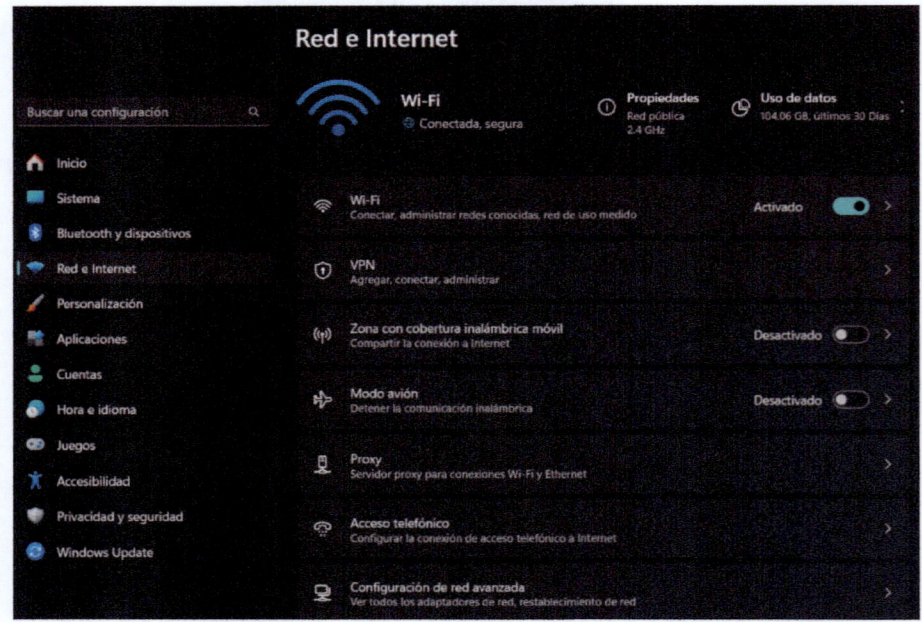

En Windows 11, la configuración de Red e internet permite a los usuarios gestionar conexiones de red, configurar adaptadores de red y solucionar problemas de conectividad.

Ejemplo

Las funciones de un sistema operativo pueden ser ilustradas visualmente mediante una metáfora con una orquesta sinfónica, donde el sistema operativo actúa como el director de orquesta, y los diversos componentes del ordenador son los músicos. A continuación, se describen las funciones principales del sistema operativo, ejemplificándolas de manera que se puedan visualizar conceptualmente:

- **Administración de procesos:** imagine que cada músico (proceso) de la orquesta necesita instrucciones claras para saber cuándo y cómo tocar su instrumento. El director de orquesta (sistema operativo) asegura que cada músico tenga su turno, coordinando quién juega y cuándo, similar a cómo el sistema operativo gestiona los procesos, asignando recursos de la CPU de manera eficiente para evitar conflictos y garantizar un rendimiento armónico del sistema.
- **Gestión de memoria:** considere la partitura musical como la memoria del ordenador. El director debe asegurar que los músicos (aplicaciones) tengan acceso a las partes correctas de la partitura (memoria) cuando lo necesiten, evitando que se superpongan o interfieran entre sí, de la misma manera que el sistema operativo asigna memoria a las aplicaciones y protege el espacio de memoria de cada una.
- **Manejo de archivos:** piense en el archivo musical donde se almacenan todas las partituras. El director de orquesta (sistema operativo) organiza estas partituras (archivos), asegurándose de que estén disponibles cuando los músicos (aplicaciones) las necesiten, facilitando el acceso, la escritura y la organización de la música (datos).
- **Control de dispositivos:** imagine que cada instrumento musical es un dispositivo periférico. El director (sistema operativo) utiliza la batuta (controladores de dispositivos) para asegurar que cada instrumento (dispositivo) se integre y funcione correctamente con la orquesta, coordinando la música que producen de manera que se cree una sinfonía armoniosa.
- **Seguridad y control de acceso:** visualice al director de orquesta controlando quién puede entrar a la sala de conciertos y qué partituras pueden usar los músicos. De manera similar, el sistema operativo controla quién tiene acceso al ordenador (autenticación de usuarios) y qué operaciones pueden realizar sobre los archivos y el sistema (control de permisos), asegurando que solo los usuarios autorizados y las aplicaciones seguras puedan operar.
- **Interfaz de usuario:** piense en la interfaz de usuario como el programa de concierto que guía al público (usuarios) a través de la música *(software)*. Proporciona información clara sobre cómo interactuar con la orquesta (ordenador), ya sea a través de comandos directos (CLI) o una representación gráfica (GUI), permitiendo a los usuarios disfrutar y controlar la experiencia musical (computacional).
- **Gestión de redes:** imagine que la orquesta está conectada con otras orquestas en diferentes salas de conciertos a través de una red de telecomunicaciones. El director

Continúa en página siguiente >>

<< Viene de página anterior

(sistema operativo) debe asegurar que la música (datos) fluya correctamente entre las orquestas, coordinando las actuaciones en tiempo real y manteniendo la armonía a pesar de la distancia física, similar a cómo los sistemas operativos gestionan la red y la conectividad.

Cada función del sistema operativo contribuye a que el ordenador funcione de manera cohesiva y eficiente, al igual que un director de orquesta asegura que la música se interprete de manera bella y coordinada.

 ## Aplicación práctica

Se encuentra en una etapa esencial de su formación en sistemas informáticos, con un enfoque particular en comprender y manejar eficientemente los sistemas operativos. Como parte de su aprendizaje, es esencial reconocer y entender las diversas funciones que un sistema operativo desempeña en la interacción entre el *hardware* y las aplicaciones.

Se le presentará una serie de descripciones relacionadas con las funciones de un sistema operativo. Clasifique cada descripción bajo la función del sistema operativo correspondiente:

a. Regular el ciclo de vida de los procesos mediante algoritmos de planificación.
b. Optimizar la asignación de memoria para las aplicaciones en ejecución.
c. Permitir la creación y gestión eficiente de archivos y directorios.
d. Gestionar la interacción entre el *hardware* periférico y las aplicaciones.
e. Implementar estrategias de seguridad y control de acceso a recursos del sistema.
f. Proveer interfaces gráficas o de línea de comandos para la interacción del usuario.
g. Facilitar la conectividad y comunicación en redes.

SOLUCIÓN

I Administración de procesos. Regular el ciclo de vida de los procesos mediante algoritmos de planificación.
I Gestión de memoria. Optimizar la asignación de memoria para las aplicaciones en ejecución.

Continúa en página siguiente >>

<< Viene de página anterior

▌ Manejo de archivos. Permitir la creación y gestión eficiente de archivos y directorios.

▌ Control de dispositivos. Gestionar la interacción entre el *hardware* periférico y las aplicaciones.

▌ Seguridad y control de acceso. Implementar estrategias de seguridad y control de acceso a recursos del sistema.

▌ Interfaz de usuario. Proveer interfaces gráficas o de línea de comandos para la interacción del usuario.

▌ Gestión de redes. Facilitar la conectividad y comunicación en redes.

2.2. Conocer la evolución histórica de los sistemas operativos

La evolución histórica de los sistemas operativos revela cómo han avanzado estas plataformas desde sus inicios rudimentarios hasta convertirse en los complejos sistemas que gestionan la tecnología moderna. Este desarrollo refleja una adaptación a las cambiantes necesidades de los usuarios y los avances en el *hardware* de los ordenadores. A continuación, se presentan los hitos clave de esta evolución:

■ **Década de 1950 - Sistemas operativos de lote.** Los primeros sistemas operativos surgieron en la década de 1950 con los sistemas de procesamiento por lotes. Estos sistemas requerían que los usuarios agruparan trabajos en lotes que luego se ejecutaban secuencialmente sin interacción en tiempo real. Un ejemplo fue el sistema operativo IBM 701, que introdujo conceptos fundamentales en la gestión de tareas.

■ **Década de 1960 - Sistemas de tiempo compartido.** La década de 1960 presenció el nacimiento de los sistemas operativos de tiempo compartido, permitiendo a múltiples usuarios interactuar con el sistema simultáneamente. El CTSS (Compatible Time-Sharing System), desarrollado en el MIT, fue uno de los primeros en implementar esta tecnología, seguido por el influyente sistema *Multics,* que introdujo conceptos como la segmentación de memoria y el acceso concurrente a archivos.

■ **Década de 1970 – UNIX.** Uno de los desarrollos más significativos en la historia de los sistemas operativos fue *UNIX,* creado por Ken Thompson y Dennis Ritchie en AT&T Bell Labs. *UNIX* fue pionero en ofrecer multitarea y multiusuario, y su diseño portátil y flexible llevó a numerosas variantes, como BSD (Berkeley Software Distribution).

- **Década de 1980 - Sistemas operativos personales.** Con la llegada de los ordenadores personales (PC), los sistemas operativos comenzaron a enfocarse en los usuarios individuales. *Microsoft* lanzó MS-DOS en 1981, un sistema operativo de interfaz de línea de comandos, que eventualmente evolucionó hacia *Microsoft Windows*. *Apple* introdujo su Sistema Operativo con interfaz gráfica en el *Lisa* en 1983 y posteriormente en el *Macintosh* en 1984, marcando un hito en la usabilidad y el diseño de interfaz de usuario.
- **Década de 1990 - *Windows* y *Linux*.** La década de 1990 fue dominada por la popularización de *Windows 95,* que ofreció una interfaz gráfica intuitiva, robustez multitarea y soporte mejorado para redes. Paralelamente, en 1991, Linus Torvalds inició el desarrollo de *Linux,* un sistema operativo de código abierto que se basaba en los principios de *UNIX,* proporcionando una alternativa gratuita y personalizable a los sistemas operativos comerciales.
- **Siglo XXI - Avances y convergencias.** Los sistemas operativos continuaron evolucionando en el siglo XXI, con avances significativos en soporte para nuevas arquitecturas de *hardware,* virtualización, computación en la nube y seguridad. *Windows XP,* lanzado en 2001, se convirtió en uno de los sistemas operativos más populares. *Apple* lanzó *Mac OS X* en 2001, que más tarde evolucionó a *macOS,* integrando elementos de *NeXTSTEP* y *FreeBSD.* Además, la popularización de los smartphones introdujo sistemas operativos móviles como *iOS* y *Android,* que han convergido en muchos aspectos con sus contrapartes de escritorio.

En la actualidad, los sistemas operativos han alcanzado un nivel de sofisticación y versatilidad sin precedentes, adaptándose a una amplia gama de dispositivos y necesidades tecnológicas. Ya no se limitan a ordenadores personales y servidores, sino que también son fundamentales en dispositivos móviles, sistemas embebidos y plataformas en la nube, cada uno con sistemas operativos especializados como *Android, iOS* y variantes de *Linux,* diseñadas para la nube y el Internet de las Cosas (IoT). Estos sistemas modernos ofrecen interfaces de usuario intuitivas, robustas capacidades de seguridad y soporte para una vasta gama de aplicaciones y servicios. La integración con tecnologías emergentes como la inteligencia artificial, la automatización y la computación en tiempo real es cada vez más común, lo que permite a los sistemas operativos aprender de los patrones de uso, optimizar el rendimiento y anticipar necesidades para ofrecer experiencias más personalizadas y seguras. Además, la tendencia hacia la virtualización y los sistemas operativos en la nube refleja un cambio hacia entornos más flexibles, escalables y accesibles, marcando una evolución continua que responde dinámicamente a los retos de la era digital.

Android es un ejemplo de un sistema operativo moderno y versátil, diseñado principalmente para dispositivos móviles.

2.3. Distinguir los diferentes componentes de un sistema operativo

Los sistemas operativos modernos, aunque variados en arquitectura y diseño, generalmente comparten una serie de componentes clave que se detallan a continuación:

1. **Núcleo *(Kernel):*** es el corazón del sistema operativo, gestionando las interacciones más fundamentales con el *hardware.* Su tarea principal es la gestión de la memoria, la CPU y los procesos, así como el control de los dispositivos periféricos a través de sus respectivos controladores. El *kernel* opera en un nivel de privilegio elevado y asegura que las operaciones de bajo nivel se ejecuten de manera segura y eficiente. Ejemplos incluyen el monolítico *Linux Kernel,* utilizado en distribuciones como *Ubuntu* o *Fedora,* y el híbrido *NT Kernel* de *Windows.*

2. **Interfaz de Usuario (UI):** puede ser gráfica (GUI) como en *Windows, macOS,* o distribuciones *Linux* con entornos de escritorio como GNOME o KDE, o de línea de comandos (CLI), como el *shell* de *Unix* o el símbolo del sistema en *Windows.* La GUI utiliza ventanas, iconos y menús para permitir la interacción con el usuario, mientras que la CLI se basa en la introducción de texto.

3. **Sistema de archivos:** es responsable de organizar, almacenar y recuperar datos en los dispositivos de almacenamiento. Proporciona una estructura para nombrar, almacenar y organizar los archivos en una jerarquía de directorios. Ejemplos incluyen NTFS en *Windows,* APFS en *macOS,* y ext4 en *Linux.*

4. **Subsistema de Entrada/Salida (E/S):** incluye el conjunto de rutinas y controladores que facilitan la lectura y escritura en dispositivos de E/S, gestionando la comunicación entre el *hardware* y las aplicaciones del sistema operativo. Este subsistema permite el uso eficiente de dispositivos como discos duros, impresoras y puertos USB.

5. **Gestor de comunicaciones:** controla la capacidad del sistema para conectar y comunicarse en una red, administrando la transferencia de datos entre ordenadores y dispositivos a través de protocolos de red, como TCP/IP en la mayoría de los sistemas operativos modernos.

6. **Administrador de memoria:** supervisa y asigna el espacio en la memoria RAM, manteniendo un registro del uso de la memoria por parte de los programas. Garantiza que la memoria sea asignada eficientemente para maximizar el rendimiento y evitar conflictos o fugas de memoria.

7. **Planificador de procesos:** determina qué procesos se ejecutan en la CPU y por cuánto tiempo. Este componente utiliza algoritmos de planificación para equilibrar la carga de trabajo, asegurando que todos los procesos reciban tiempo adecuado en el procesador y que el sistema operativo responda rápidamente a las entradas del usuario.

8. **Gestor de seguridad:** se encarga de la implementación de políticas de seguridad, controlando el acceso a los recursos del sistema. Esto incluye la gestión de permisos de usuario, la configuración de contraseñas, la encriptación de datos y la protección contra *software* malicioso.

Ejemplo

Para facilitar la comprensión, se puede visualizar un sistema operativo como una ciudad moderna, donde cada componente representa una infraestructura o servicio esencial que contribuye al funcionamiento global de la ciudad. A continuación, se describen los

Continúa en página siguiente >>

<< Viene de página anterior

componentes clave del sistema operativo, relacionándolos con elementos visuales de esta metáfora urbana:

▌ **Núcleo *(Kernel)*:** el corazón del sistema operativo, equivalente al ayuntamiento de una ciudad. Así como el ayuntamiento controla los servicios esenciales y la infraestructura, el núcleo gestiona las operaciones de bajo nivel, como la gestión de memoria, procesos y la comunicación entre *hardware* y *software.* Es el componente central que asegura que todas las partes del sistema operativo trabajen juntas de manera eficiente y armoniosa.

▌ **Gestor de procesos:** similar a los servicios municipales encargados de la planificación y coordinación de actividades en la ciudad, el gestor de procesos supervisa todas las aplicaciones y procesos en ejecución en el sistema, asignando recursos de la CPU y asegurando que se ejecuten sin conflictos, manteniendo un equilibrio en el uso de los recursos.

▌ **Gestor de memoria:** podría compararse con el sistema de gestión de recursos de la ciudad, como el agua o la electricidad. Este gestor asigna y monitoriza la memoria RAM del sistema, asegurando que cada programa tenga el espacio necesario para operar y que no haya interferencias entre ellos, optimizando el rendimiento general.

▌ **Sistema de archivos:** actúa como el sistema de almacenamiento y organización de la ciudad, similar a un gran archivo municipal donde se guardan todos los documentos y registros. En el sistema operativo, este componente gestiona cómo se almacenan, se organizan y se acceden los datos en los dispositivos de almacenamiento, asegurando que los archivos sean fácilmente accesibles y estén seguros.

▌ **Subsistema de Entrada/Salida (E/S):** equiparable a la red de transporte de la ciudad, que conecta diferentes áreas, permitiendo el flujo de personas y recursos. Este subsistema maneja la comunicación entre el *hardware* interno y los dispositivos periféricos como teclados, ratones y unidades de almacenamiento, facilitando un intercambio fluido de datos.

▌ **Interfaz de usuario:** se puede visualizar como los espacios públicos y los servicios de atención ciudadana, los puntos de interacción directa entre los residentes y la administración de la ciudad. En el sistema operativo, la interfaz de usuario (ya sea gráfica o de línea de comandos) permite a los usuarios comunicarse con el ordenador, ejecutar aplicaciones y acceder a los servicios del sistema de manera intuitiva.

▌ **Controladores de dispositivos:** son como las diversas instalaciones públicas diseñadas para servicios específicos en la ciudad, tales como estaciones de energía o plantas de tratamiento de agua. Los controladores permiten que el sistema operativo interactúe correctamente con el *hardware* específico del ordenador, traduciendo las funcionalidades de *software* a instrucciones de *hardware.*

2.4. Comprender la gestión de procesos

La gestión de procesos es una función crítica de los sistemas operativos, encargada de coordinar y supervisar todas las instancias de los programas en ejecución, conocidas como procesos. Cada proceso se identifica por un PID único y contiene su propio código de programa, datos y estado del contador de programa, funcionando como una entidad separada dentro del sistema. Durante su ciclo de vida, un proceso puede experimentar varios estados: desde su creación "Nuevo" hasta su finalización "Terminado", pasando por fases intermedias como "Listo", "En ejecución" y "Esperando", cada una indicativa del estatus actual del proceso dentro del sistema operativo.

Los sistemas operativos emplean sofisticados algoritmos de planificación para decidir cuál proceso se ejecuta a continuación y por cuánto tiempo, optimizando así el uso de la CPU y asegurando una operación eficiente. Estos algoritmos, que incluyen métodos como FIFO, Round Robin y Prioridades, son fundamentales para mantener un equilibrio, permitiendo que múltiples procesos compartan recursos del sistema de manera efectiva y justa. Además, la concurrencia y la sincronización son esenciales para prevenir condiciones de carrera y *deadlocks,* empleando mecanismos como semáforos y bloqueos para regular el acceso a los recursos compartidos y garantizar la integridad de los datos.

La comunicación entre procesos es otro aspecto vital, permitiendo la transferencia de información entre procesos a través de métodos como tuberías, colas de mensajes y memoria compartida. Esta interacción facilita la colaboración entre procesos para completar tareas complejas y compartir datos de manera eficiente. Finalmente, la terminación de un proceso es un procedimiento clave que libera los recursos asignados, permitiendo que sean reasignados a otros procesos, asegurando así una gestión eficaz de los recursos disponibles y manteniendo el sistema operativo en un estado de operación óptimo. La eficiente gestión de procesos es, por lo tanto, fundamental para el rendimiento del sistema, asegurando que los recursos del ordenador se utilicen de manera óptima y que las aplicaciones se ejecuten de forma predecible y controlada.

Ejemplo

Imagine un ejemplo práctico que ilustra la gestión de procesos en un sistema operativo, utilizando un escenario común como es la edición de un documento en un procesador de textos, mientras se escucha música a través de una aplicación de *streaming* y se tiene un navegador web abierto.

Cuando se inician estas aplicaciones, el sistema operativo crea un proceso separado para cada una de ellas. Cada proceso tiene su propio espacio de memoria y conjunto de recursos asignados. Por ejemplo, el procesador de textos tiene un proceso dedicado que gestiona la edición del texto, la aplicación de música tiene otro proceso que maneja la reproducción de audio y el navegador web utiliza un tercer proceso para mostrar las páginas web y ejecutar *scripts.*

El sistema operativo utiliza algoritmos de planificación para alternar la ejecución de estos procesos en la CPU. Aunque parezca que todas las aplicaciones se están ejecutando simultáneamente, el sistema operativo en realidad está asignando rápidamente tiempos de la CPU a cada proceso de manera rotativa, creando la ilusión de multitarea. Por ejemplo, puede emplear el algoritmo Round Robin, otorgando a cada proceso un breve intervalo de tiempo *(quantum)* antes de pasar al siguiente proceso en la cola.

Mientras se edita el documento, se guarda el trabajo y se escucha música, el sistema operativo coordina los procesos para evitar conflictos. Por ejemplo, si se guardan cambios en el documento, mientras se está cargando una nueva canción, el sistema operativo sincroniza estos procesos para asegurar que el guardado del archivo no interfiera con la carga de la música, empleando mecanismos de sincronización para que ambos procesos accedan a sus respectivos recursos sin causar un *deadlock.*

Si el usuario decide compartir el documento a través de una aplicación web abierta en el navegador, el procesador de textos podría necesitar comunicarse con el navegador para realizar la carga del archivo. Esta comunicación podría realizarse a través de mecanismos como tuberías o memoria compartida, donde el proceso del procesador de textos envía el documento al proceso del navegador, que a su vez lo carga en el servidor web.

Una vez que el usuario termina de editar el documento, cierra el procesador de textos y el sistema operativo, entonces, libera todos los recursos asignados a ese proceso, terminándolo efectivamente. Esto incluye liberar la memoria utilizada, cerrar archivos abiertos y reclamar cualquier otro recurso que haya sido asignado, permitiendo que esos recursos se utilicen por otros procesos o aplicaciones.

2.5. Distinguir los diferentes tipos de sistemas de archivos

Cada sistema de archivos tiene su propia estructura y lógica para manejar archivos y directorios, optimizando el acceso y la seguridad de los datos. A continuación, se describen varios tipos de sistemas de archivos:

- **FAT (File Allocation Table):** originalmente desarrollado para disquetes, luego ampliado a FAT16 y FAT32 para soportar tamaños de medios más grandes. FAT32 es ampliamente compatible con una variedad de sistemas operativos, incluyendo *Windows, macOS* y sistemas basados en *Linux.* Aunque es simple y universalmente reconocido, carece de las características de seguridad y la eficiencia en el manejo de archivos grandes o sistemas de alta carga, comparado con sistemas de archivos más modernos.
- **NTFS (New Technology File System):** introducido por *Microsoft* con *Windows NT* y utilizado comúnmente en versiones posteriores de *Windows,* como *Windows 10.* NTFS soporta grandes capacidades de almacenamiento, cifrado de archivos, cuotas de disco y enlaces simbólicos. Ofrece mejoras significativas en seguridad, fiabilidad y eficiencia respecto a FAT32, especialmente en el manejo de grandes volúmenes de datos y archivos.
- **ext2/ext3/ext4 (Extended Filesystem):** ext2 fue el primer sistema de archivos diseñado específicamente para *Linux.* Ext3 introdujo el registro por diario *(journaling)* para mejorar la integridad y la recuperación de datos, mientras que ext4 añadió soporte para volúmenes y archivos de tamaños aún mayores, así como mejoras en el rendimiento y la gestión del espacio. Ext4 es actualmente el sistema de archivos estándar para muchas distribuciones de *Linux,* equilibrando eficiencia y robustez.
- **HFS+ (Hierarchical File System Plus):** utilizado por sistemas operativos *macOS* hasta *macOS High Sierra,* antes de ser sucedido por *APFS.* HFS+ introdujo mejoras sobre su predecesor HFS, como soporte para nombres de archivos *Unicode,* direcciones de archivos más grandes y un mejor uso del espacio en disco a través de bloques de almacenamiento de tamaños variables.
- **APFS (Apple File System):** diseñado por *Apple,* reemplazó a HFS+ en *macOS, iOS, tvOS* y *watchOS,* ofreciendo una mayor velocidad, eficiencia y fiabilidad. APFS está optimizado para dispositivos de estado sólido

(SSD) y presenta características como cifrado nativo, *snapshots,* clonación de archivos y una mejor gestión del espacio.

- **XFS:** desarrollado originalmente por Silicon Graphics para el sistema operativo *IRIX,* y más tarde portado a *Linux.* Es conocido por su alta escalabilidad y rendimiento, especialmente en sistemas con grandes archivos y volúmenes de datos. Soporta tamaños de archivo de hasta 9 *exabytes* y sistemas de archivos de hasta 16 *exabytes,* lo que lo hace ideal para aplicaciones de *big data* y almacenamiento intensivo.
- **Btrfs (B-tree File System):** diseñado para *Linux,* centrado en la administración avanzada y la fiabilidad. Ofrece características como la corrección de errores, el manejo de dispositivos múltiples, la compresión y las instantáneas *(snapshots).* Aunque es prometedor por sus características avanzadas, Btrfs aún está siendo perfeccionado y no siempre es recomendado para entornos de producción críticos.

 Nota

La elección del sistema de archivos adecuado puede depender de varios factores, incluyendo el sistema operativo, las necesidades de almacenamiento, la seguridad de los datos y los requisitos específicos del rendimiento.

2.6. Conocer los sistemas de entrada/salida

Los sistemas de E/S facilitan la comunicación entre el *hardware* del ordenador y el *software* que se ejecuta en él, permitiendo que los datos sean transferidos hacia y desde los dispositivos periféricos. A continuación, se detallan aspectos clave de los sistemas de E/S:

- Los sistemas de E/S interactúan con una variedad de dispositivos. Los dispositivos de entrada incluyen teclados, ratones, cámaras web y micrófonos que permiten al usuario introducir datos en el ordenador. Los dispositivos de salida como monitores, impresoras y altavoces, por otro lado, permiten al ordenador comunicar la información procesada al usuario. Además, hay dispositivos que funcionan tanto de entrada como de salida, como las unidades de disco duro, unidades SSD y dispositivos de red.

Un ejemplo de interacción con variedad de dispositivos sería:

- **Entrada:** un teclado es un dispositivo de entrada clásico. Al escribir un documento, cada tecla que presionas envía una señal al ordenador, que luego es procesada para aparecer como texto en la pantalla.
- **Salida:** un monitor es un dispositivo de salida esencial. Cuando juegas un videojuego, el ordenador envía señales al monitor para mostrar los gráficos del juego, permitiéndote ver y reaccionar al entorno virtual.
- **Entrada/Salida:** un disco duro externo sirve tanto para entrada como salida. Se puede escribir (salvar) datos en él, como guardar un archivo de video y leer (cargar) datos desde él, como abrir un documento guardado previamente.

- Cada dispositivo de E/S requiere un controlador específico, que es un programa de *software* que se comunica con el *hardware* del dispositivo a través del sistema operativo. Por ejemplo, un controlador de impresora traduce las instrucciones del *software* en comandos entendibles por la impresora, mientras que un controlador de tarjeta gráfica maneja la comunicación entre el sistema operativo y la tarjeta gráfica. Los controladores permiten que los desarrolladores de *software* interactúen con el *hardware* de una manera estandarizada, sin necesidad de entender los detalles del *hardware.*

Un ejemplo de controladores de dispositivos sería:

- Un controlador de impresora convierte las instrucciones de una aplicación, como un procesador de texto, en un formato que la impresora puede entender y reproducir en papel, permitiendo que el documento sea impreso correctamente según lo diseñado en la pantalla.
- Un controlador de tarjeta gráfica se comunica con el sistema operativo y los programas para renderizar imágenes en el monitor. Por ejemplo, cuando se ejecuta un juego avanzado gráficamente, el controlador asegura que la GPU (Unidad de Procesamiento Gráfico)

interprete correctamente los datos para producir gráficos fluidos y detallados.

■ Para optimizar el rendimiento de los dispositivos de E/S, los sistemas operativos utilizan técnicas como *buffering* y *caching*. El *buffering* permite almacenar temporalmente datos en la memoria mientras se transfieren entre dos dispositivos o entre un dispositivo y una aplicación, reduciendo así el número de llamadas de E/S y mejorando el rendimiento. El *caching* guarda copias de los datos en un área de almacenamiento de alta velocidad para un acceso rápido, mejorando significativamente la eficiencia de las operaciones repetitivas de E/S.
Por ejemplo:

▮ **Buffering:** al ver un vídeo en *streaming,* el sistema almacena previamente una parte del vídeo en el búfer. Esto significa que mientras se está viendo la parte inicial del video, el sistema ya está cargando las siguientes partes en la memoria, lo que permite una reproducción continua sin interrupciones.

▮ **Caching:** cuando se visita un sitio web por segunda vez, el navegador web utiliza los datos almacenados en caché para cargar la página más rápidamente, ya que imágenes, *scripts* y estilos no necesitan ser descargados nuevamente desde internet.

■ La E/S programada requiere que la CPU se involucre activamente en la transferencia de datos, lo cual puede ser ineficiente. La E/S por interrupción permite que un dispositivo notifique a la CPU mediante interrupciones, liberando a la CPU para realizar otras tareas hasta que sea necesario atender el dispositivo. El Acceso Directo a Memoria (DMA) permite que los dispositivos de E/S transfieran datos directamente a la memoria del sistema sin la intervención constante de la CPU, aumentando la eficiencia de la transferencia de datos.
Por ejemplo:

▮ **E/S Programada:** si un programa realiza una operación de lectura de un archivo y espera activamente hasta que la lectura esté completa, se está empleando E/S programada, lo cual puede hacer un uso ineficiente de los recursos de la CPU.

- **E/S por Interrupción:** si se está escuchando música y llega un nuevo correo electrónico, el sistema de sonido puede interrumpir brevemente la música para reproducir un sonido de notificación, demostrando cómo la CPU puede manejar tareas múltiples eficientemente mediante interrupciones.
- **DMA:** al transferir un gran archivo desde un USB a un ordenador, DMA permite que esta transferencia se realice con mínima intervención de la CPU, moviendo los datos directamente entre el USB y la memoria del sistema, lo que libera a la CPU para realizar otras tareas.

- Las arquitecturas de sistemas de E/S varían desde modelos simples, donde la CPU está directamente involucrada en todas las operaciones de E/S, hasta modelos más complejos con controladores de E/S dedicados y canales que pueden realizar operaciones de E/S de forma independiente. Por ejemplo, en las arquitecturas modernas, las interfaces de programación de aplicaciones (API) de E/S, como POSIX en sistemas *Unix-like,* proporcionan un conjunto estándar de llamadas al sistema que los programas pueden usar para interactuar con los dispositivos de E/S.

Ejemplo

En una arquitectura simple, cuando se guarda un archivo en el ordenador, la CPU está directamente involucrada en el proceso de escritura, transfiriendo datos desde la memoria del ordenador al disco duro.

En arquitecturas más complejas, como con las API de POSIX en sistemas *Unix-like,* los programas pueden utilizar llamadas al sistema estandarizadas para realizar operaciones de E/S, como leer o escribir archivos, sin que la CPU tenga que gestionar estos procesos directamente, permitiendo un sistema más eficiente y modular.

2.7. Conocer el uso de controladores para la gestión de *hardware*

Los controladores, también conocidos como *drivers,* son programas de *software* específicos que permiten al sistema operativo comunicarse y controlar eficazmente el *hardware* del ordenador. Cada pieza de *hardware,* desde las más básicas hasta las más complejas, requiere un controlador para operar correctamente dentro del entorno del sistema operativo.

Los controladores actúan como traductores entre el *hardware* y el sistema operativo, proporcionando una interfaz para que el *software* del sistema pueda acceder a las funciones del *hardware.* Por ejemplo, un controlador de tarjeta gráfica traduce las instrucciones del sistema operativo en comandos específicos que la tarjeta gráfica puede entender y ejecutar, permitiendo así renderizar imágenes, videos y gráficos en la pantalla.

 Definición

Renderizar
Es un anglicismo que se utiliza para describir la generación de una imagen, que puede ser fotorrealista o no, desde un modelo 2D o 3D mediante el uso de *software* especializado. Este procedimiento facilita la integración de componentes visuales como sombras, efectos luminosos y texturas, para obtener el producto final.

Los controladores suelen instalarse automáticamente con el sistema operativo, pero también pueden requerir instalación o actualización manual para soportar *hardware* nuevo o mejorar el funcionamiento del existente. Por ejemplo, cuando se conecta una impresora nueva, puede ser necesario instalar manualmente el controlador específico para ese modelo para que funcione correctamente, o actualizar el controlador existente para mejorar la compatibilidad o la eficiencia.

La compatibilidad es clave; un controlador diseñado para un sistema operativo específico o para un tipo de *hardware* particular no funcionará correctamente con otros sistemas o dispositivos. Por ejemplo, un controlador de dispositivo para *Windows 10* no es compatible con *macOS* y viceversa. Además, un controlador para una tarjeta de red *Ethernet* no será adecuado para una tarjeta de red wifi.

Los controladores permiten que el sistema operativo y el *software* de aplicación accedan a funciones de *hardware* sin necesidad de conocer los detalles técnicos del dispositivo. Esto se logra mediante un conjunto estandarizado de comandos que el controlador convierte en instrucciones específicas del *hardware*. Por ejemplo, los controladores de sonido permiten que *software* como reproductores de música o sistemas de comunicación utilicen las capacidades de la tarjeta de sonido, sin necesidad de integrar específicamente cada característica de la tarjeta en el *software*.

 **Importante**

Los controladores óptimamente diseñados y correctamente instalados son esenciales para el rendimiento eficiente del sistema. Un controlador defectuoso o desactualizado puede causar problemas de estabilidad, rendimiento insuficiente o incluso fallos del sistema. Las actualizaciones regulares de los controladores pueden mejorar significativamente el rendimiento del *hardware,* añadir funcionalidades adicionales y corregir posibles vulnerabilidades de seguridad.

2.8. Distinguir los parámetros habituales a configurar y sus valores típicos

Estos parámetros pueden variar ampliamente dependiendo del sistema operativo, el *hardware* y las necesidades específicas del usuario o de la organización. En el contexto de España, donde se utilizan principalmente sistemas operativos como *Windows, macOS* y diversas distribuciones de *Linux,* los parámetros de configuración típicos y sus valores estándar suelen ser universales, con algunas particularidades locales mínimas. A continuación, se detallan algunos de estos parámetros comunes:

- **Configuración de red:**

  - Dirección IP: puede ser dinámica (asignada por DHCP) o estática (asignada manualmente). Un valor típico para una dirección IP privada en una red doméstica o de pequeña empresa podría ser 192.168.1.x, donde x es un número único para cada dispositivo en la red.
  - *Máscara de subred:* define la porción de la dirección IP que se utiliza para identificar la *subred* y el *host.* Un valor común es 255.255.255.0, que indica que los primeros tres octetos de la dirección IP se utilizan para identificar la red.
  - Puerta de Enlace Predeterminada: la dirección IP del rúter o dispositivo que conecta la red local con otras redes, típicamente internet. En una red doméstica, suele ser 192.168.1.1 o 192.168.0.1.

- **Configuración del Sistema Operativo:**

  - Zona horaria: para España, la zona horaria típicamente configurada es CET (Central European Time) para la península y las Baleares, y WEST (Western European Summer Time) para las Islas Canarias, con ajustes automáticos para el horario de verano (DST).
  - Idioma y región: español (España) es el idioma predeterminado, aunque sistemas operativos modernos permiten fácilmente cambiar a otros idiomas y configuraciones regionales.

- **Configuración de energía:**

  - Esquemas de energía: configuraciones como "Equilibrado", "Ahorro de energía" o "Alto rendimiento" son comunes en *Windows.* Los valores típicos controlan cómo y cuándo el sistema reduce el consumo de energía para ahorrar energía o aumenta el rendimiento.
  - Suspensión e hibernación: tiempos antes de que el sistema entre en modo de suspensión o hibernación cuando no se detecta actividad.

Los valores comunes varían desde 5 minutos hasta nunca, dependiendo de las preferencias del usuario o las políticas de la empresa.

- **Configuración de seguridad:**

  ▪ Contraseñas y autenticación: la configuración para requerir contraseñas al iniciar sesión, despertar del modo de suspensión o cambiar ajustes importantes. Los valores típicos incluyen la complejidad de la contraseña y la frecuencia de cambio.

  ▪ *Firewall* y antivirus: activación del *firewall* integrado y configuración de las reglas de entrada y salida. La mayoría de los sistemas operativos vienen con un antivirus integrado (como *Windows Defender* en *Windows)*, que se configura para actualizaciones automáticas y escaneos regulares.

- **Configuración de almacenamiento:**

  ▪ Gestión de disco: asignación de letras a las unidades, tamaño de partición y formato del sistema de archivos (como NTFS en *Windows* o ext4 en *Linux).*

  ▪ Cuotas de disco: establecimiento de límites en la cantidad de espacio que los usuarios pueden utilizar en una unidad o partición, común en entornos empresariales para evitar el uso excesivo del almacenamiento disponible.

Nota

Aunque los valores mencionados son típicos, pueden ser ajustados según las necesidades específicas, políticas de TI o preferencias personales del usuario. En un entorno profesional, es habitual que estos ajustes se gestionen centralizadamente a través de políticas de grupo o herramientas de administración de sistemas para mantener la coherencia y la seguridad en toda la organización.

2.9. Conocer los servicios habituales y su finalidad

Los servicios, a menudo ejecutándose en segundo plano, son programas o procesos que realizan funciones específicas y son esenciales para el funcionamiento adecuado de los sistemas operativos y para proporcionar diversas funcionalidades a los usuarios y a otros programas. A continuación, se detallan algunos de los servicios más comunes y sus propósitos:

- **Servidor de impresión (Print Spooler).** Gestiona todas las tareas de impresión enviadas a la impresora o servidor de impresión. Almacena las tareas de impresión en la memoria o en el disco duro del dispositivo hasta que la impresora esté lista para imprimirlas, permitiendo a los usuarios continuar trabajando mientras se procesan los trabajos de impresión.
- **Cliente DHCP (Dynamic Host Configuration Protocol).** Automatiza la configuración de dispositivos en redes IP, como la asignación de direcciones IP, máscaras de subred, puertas de enlace y otros parámetros de red. Permite que los dispositivos se comuniquen en la red sin necesidad de configuración manual.
- **Servicio de nombres de dominio (DNS Client).** Resuelve nombres de dominio a direcciones IP, lo que permite a los usuarios acceder a sitios web y otros recursos en la red, utilizando nombres fáciles de recordar en lugar de direcciones IP numéricas complejas.
- **Servicio de transferencia inteligente en segundo plano (BITS).** Utilizado por *Windows* para facilitar las descargas asincrónicas en segundo plano de actualizaciones de *software* o datos de aplicaciones, permitiendo que la descarga se realice sin afectar negativamente el rendimiento de la red del usuario.
- **Servicio de actualización de *Windows (Windows Update).*** Proporciona actualizaciones de seguridad, parches y mejoras de *software* para *Windows* y otros programas de *Microsoft,* ayudando a mantener el sistema seguro y actualizado.
- **Servidor web (como *Apache* o IIS).** Hospeda sitios web, permitiendo a las organizaciones y a los individuos publicar páginas web en internet o en redes internas. Facilita el acceso a contenido web y aplicaciones en línea.
- **Servicios de escritorio remoto.** Permite a los usuarios conectarse a un sistema de forma remota y utilizarlo como si estuvieran sentados frente

al mismo, facilitando el soporte técnico, la administración de sistemas y el trabajo a distancia.

- **Servicios de base de datos (como *MySQL, SQL Server).*** Proporcionan un sistema para almacenar, modificar, extraer y buscar datos de manera estructurada, permitiendo a las aplicaciones y a los usuarios gestionar grandes cantidades de datos de manera eficiente.
- ***Firewall.*** Protege el sistema de accesos no autorizados, filtrando el tráfico de red entrante y saliente según un conjunto de reglas de seguridad. Es clave para mantener la seguridad de los datos y del sistema.
- **Servicio de directorio activo *(Active Directory).*** En entornos de red de *Windows,* gestiona usuarios, computadoras y otros dispositivos. Permite la administración centralizada de políticas, seguridad y servicios, facilitando la gestión de grandes cantidades de usuarios y equipos.

Actividades

1. ¿Cómo se configuran y qué propósito tienen los esquemas de energía en los sistemas operativos *Windows,* y qué opciones están comúnmente disponibles para la gestión de la energía?
2. ¿Cuál es la función del Servicio de nombres de dominio (DNS Client) en un sistema operativo y cómo contribuye a la facilidad de uso de la red?
3. ¿Qué roles desempeña el Servicio de directorio activo *(Active Directory)* en entornos de red de *Windows* y cómo facilita la administración centralizada de políticas y seguridad?

2.10. Conocer la utilidad de usuarios y grupos de usuarios, así como los de uso habitual

Los usuarios son las cuentas individuales que representan a una persona, un servicio o un proceso que necesita acceso al sistema y a sus recursos.

Utilidad y tipos de usuarios

Cada usuario posee credenciales únicas, como un nombre de usuario y una contraseña, que ayudan a garantizar que solo las personas autorizadas puedan acceder al sistema, y la autenticación puede reforzarse mediante métodos como la verificación en dos pasos. Los sistemas pueden ofrecer entornos personalizados para diferentes usuarios, manteniendo separadas las configuraciones individuales, los archivos personales y el historial de actividades. Además, los registros de usuario permiten monitorear y auditar quién accedió al sistema y qué acciones realizó, lo cual es esencial para la seguridad informática y el cumplimiento de normativas.

Existen varios tipos de usuario:

- **Administrador** *(root* en *Unix/Linux* o **Administrator** en *Windows):* usuario con acceso completo y sin restricciones a todos los comandos y archivos del sistema. Tiene el poder de realizar cualquier operación, incluyendo cambios en otros perfiles de usuario, instalación de *software,* y modificaciones en configuraciones de red y seguridad.
- **Usuario estándar:** cuentas con permisos limitados, principalmente para tareas cotidianas, incluyendo el uso de aplicaciones instaladas, acceso a internet y manipulación de archivos personales. Estos usuarios no pueden modificar el sistema ampliamente ni instalar un nuevo *software* sin permisos adicionales.
- **Usuario invitado:** perfil con restricciones aún mayores, a menudo sin contraseña, permitiendo el acceso al sistema con capacidades muy limitadas, ideal para usuarios temporales que no requieren acceso completo.

Utilidad y tipos de grupos de usuarios

La utilidad de los grupos de usuarios radica en su capacidad para simplificar la administración de permisos. En lugar de asignar permisos a cada usuario individualmente, los administradores pueden asignar derechos y permisos a un grupo entero, y todos los usuarios que forman parte de ese grupo heredan automáticamente estos permisos. Los grupos pueden diseñarse para reflejar la estructura organizativa de una empresa o adaptarse a las necesidades específicas de un proyecto, agrupando a los usuarios por departamento, función o equipo.

 **Nota**

Los grupos de usuarios comparten los mismos permisos y derechos de acceso.

Además, los grupos son una herramienta eficaz para implementar políticas de seguridad, ya que permiten definir claramente qué recursos puede acceder cada grupo. De esta manera, se asegura que los usuarios tengan acceso únicamente a los recursos que necesitan para desempeñar sus roles específicos.

Pueden existir varios tipos de grupos de usuarios:

- **Administradores:** grupo que tiene permisos completos en todo el sistema, similar al usuario administrador, pero asignado a múltiples cuentas de usuario.
- **Usuarios:** el grupo predeterminado para cuentas de usuario regulares que tienen permisos estándar para uso general del sistema, sin privilegios administrativos.
- **Invitados:** grupo destinado a usuarios temporales con acceso muy restringido, generalmente sin capacidad para instalar aplicaciones o modificar la configuración del sistema.

3. Identificar los distintos tipos de sistemas operativos, describiendo sus funciones y estructura

Los sistemas operativos (SO) se clasifican en diferentes categorías, cada una con sus propias funciones y estructuras diseñadas para satisfacer necesidades específicas en el mundo de la computación. Los sistemas operativos de propósito general como *Windows, macOS* y *Linux,* son los más comunes y ampliamente utilizados en ordenadores personales y servidores.

Windows es conocido por su interfaz gráfica amigable, amplia compatibilidad de *software* y preferencia en el ámbito empresarial, funcionando en una arquitectura predominantemente monolítica. *MacOS,* por otro lado, es apreciado por su integración sin fisuras con el *hardware* de *Apple,* seguridad robusta y excelente rendimiento gráfico, operando sobre un *kernel* híbrido. *Linux* destaca por su naturaleza de código abierto, seguridad, personalización y flexibilidad, siendo el favorito en servidores y sistemas embebidos, con un *kernel* monolítico que permite una extensa modularidad.

En el ámbito de los dispositivos móviles, sistemas como *Android* e *iOS* dominan el mercado. *Android* ofrece una personalización extensa y una amplia gama de aplicaciones a través de *Google Play Store,* basándose en un *kernel* de *Linux* y adaptándose a una variedad de dispositivos. *iOS,* específico de los dispositivos *Apple,* es renombrado por su fluidez, seguridad integrada y un ecosistema cerrado que proporciona una experiencia de usuario optimizada, operando sobre el eficiente *kernel XNU.*

Los sistemas operativos de tiempo real (RTOS), como *VxWorks, RTLinux* y *FreeRTOS,* son fundamentales en entornos donde se requieren respuestas rápidas y consistentes, como en la maquinaria industrial, dispositivos médicos y sistemas embebidos. Estos sistemas se caracterizan por su capacidad para procesar datos en tiempo real con máxima eficiencia y mínima latencia, utilizando estructuras que pueden ser tanto monolíticas como basadas en *microkernel,* garantizando la predictibilidad y la fiabilidad.

Los sistemas operativos de red y los distribuidos, aunque menos visibles para el usuario promedio, son fundamentales en el soporte de infraestructuras de TI y en la gestión de recursos computacionales distribuidos. Los sistemas operativos de red, como *Windows Server* y diversas distribuciones de *Linux Server,* facilitan la administración de redes, el intercambio de recursos y la gestión de datos, optimizados para la estabilidad y seguridad en entornos de servidor. Por otro lado, los sistemas operativos distribuidos, como *Amoeba* y *Plan 9,* abordan la computación desde una perspectiva colectiva, permitiendo que múltiples sistemas trabajen juntos para realizar tareas complejas, mostrando la eficacia en la compartición de recursos y el procesamiento paralelo.

La elección del sistema operativo adecuado es clave y se basa en varios factores, incluyendo los requisitos específicos del *hardware,* las necesidades del *software,* las preferencias del usuario y el contexto de uso. Cada sistema operativo ofrece un conjunto único de características y capacidades, diseñadas para maximizar la eficiencia, la productividad y la experiencia del usuario en diversos entornos computacionales.

A continuación, se exponen dos tablas comparativas de los sistemas operativos más comunes y sus características distintivas:

Características	*Windows*	*macOS*	*Linux*
Funciones principales	Interfaz gráfica amigable, amplia compatibilidad con *software* y *hardware*, preferido en entornos empresariales.	Integración con *hardware* de *Apple*, seguridad robusta, optimizado para gráficos.	Código abierto, personalizable, seguro, usado en servidores y sistemas embebidos.
Estructura	Monolítica modificada, integrando estrechamente el *kernel* con servicios del sistema.	*Kernel* híbrido (XNU), combina *microkernel* y elementos monolíticos.	*Kernel* monolítico, permite carga de módulos en tiempo real.
Uso típico	Oficinas, *gaming*, aplicaciones multimedia, desarrollo de *software*.	Diseño gráfico, edición de video, producción musical, entornos educativos.	Servidores, desarrollo de *software*, computación científica, sistemas embebidos.
Ejemplo	Un negocio que requiere *software* específico de *Windows* o que utiliza principalmente *hardware* compatible con *Windows*.	Usuarios que prefieren una integración perfecta con el ecosistema de *Apple* y valoran la simplicidad y la seguridad.	Usuarios técnicos o empresas que necesitan un sistema personalizable, gratuito o que están implementando servidores potentes.

Características	*Android*	*iOS*	*RTOS*
Funciones principales	Personalización, variedad de aplicaciones, basado en *Linux*, adaptable a muchos dispositivos.	Experiencia de usuario fluida, seguridad integrada, exclusivo para dispositivos *Apple*.	Respuesta en tiempo real, fiable para sistemas embebidos, dispositivos médicos, maquinaria industrial.

Continúa en página siguiente >>

<< Viene de página anterior

Características	*Android*	*iOS*	*RTOS*
Estructura	*Kernel* de *Linux* adaptado, *middleware* y capa de aplicación.	Basado en el *kernel XNU*, optimizado para *hardware* de *Apple*.	Puede ser monolítico o *microkernel*, diseñado para operaciones críticas.
Uso típico	Teléfonos móviles, tabletas, dispositivos *wearables*.	*iPhone, iPad, iPod Touch*.	Sistemas de control en tiempo real, sistemas embebidos, automoción.
Ejemplo	Consumidores que desean personalización en sus dispositivos móviles o una amplia selección de aplicaciones.	Usuarios que buscan una experiencia de usuario consistente, valoran la privacidad y seguridad, y están invertidos en el ecosistema de *Apple*.	Industrias que requieren sistemas garantizados para operar en tiempo real, como manufactura automatizada o dispositivos médicos.

Aplicación práctica

La selección de un sistema operativo (SO) adecuado es esencial y depende de diversos factores, incluyendo las necesidades de *hardware* y *software,* preferencias del usuario y el contexto de uso específico. Cada SO ofrece características y capacidades únicas que lo hacen más apropiado para ciertos entornos y aplicaciones.

Determine qué sistema operativo sería el más adecuado para cada uno:

a. Una empresa que desarrolla *software* de análisis de datos y requiere un entorno altamente personalizable y seguro.
b. Un estudio de diseño gráfico que necesita herramientas avanzadas para edición de video y diseño 3D.
c. Una compañía que fabrica dispositivos médicos que requieren sistemas garantizados para operar en tiempo real.
d. Un usuario que busca un teléfono móvil con una amplia gama de aplicaciones y opciones de personalización.
e. Una oficina que utiliza aplicaciones empresariales comunes y requiere integración con una amplia gama de *hardware.*

Continúa en página siguiente >>

<< Viene de página anterior

SOLUCIÓN

▎ *Linux.* Ideal para el desarrollo de *software* de análisis de datos por su personalización y seguridad.

▎ *macOS.* Perfecto para diseño gráfico y edición de video debido a su optimización para gráficos y herramientas integradas.

▎ *RTOS.* Apropiado para dispositivos médicos que necesitan respuesta en tiempo real y fiabilidad.

▎ *Android.* La mejor opción para usuarios que desean personalización y una amplia selección de aplicaciones en un teléfono móvil.

▎ *Windows.* Adecuado para oficinas que requieren compatibilidad con una variedad de *software* y *hardware* empresarial.

---

4. Clasificar los sistemas operativos

Los sistemas operativos, esenciales para la gestión de recursos computacionales y la interacción usuario-máquina, se clasifican según su propósito y su capacidad de manejo de usuarios y tareas. Los de propósito general, como *Windows, macOS* y *Linux,* ofrecen funcionalidades versátiles adecuadas para una amplia gama de actividades, desde tareas personales hasta operaciones empresariales. Por otro lado, los sistemas operativos especializados están diseñados para necesidades específicas, como dispositivos móviles *(Android* e *iOS)* o sistemas embebidos, optimizando el rendimiento y la funcionalidad en contextos particulares.

En términos de implantación, los sistemas operativos varían según el número de usuarios y la multitarea. Los sistemas monousuario están destinados a un solo usuario, típicos de dispositivos personales, mientras que los multiusuario permiten que múltiples usuarios accedan y utilicen el sistema simultáneamente, esencial en entornos de servidores y redes corporativas. Respecto a la gestión de tareas, los sistemas monotarea, ahora menos comunes, se limitan a ejecutar una sola tarea por vez, en contraste con los sistemas multitarea que pueden manejar varias tareas o aplicaciones simultáneamente, una característica dominante en la mayoría de los sistemas operativos modernos.

Los sistemas operativos distribuidos aprovechan múltiples máquinas para funcionar como una entidad única, facilitando un procesamiento distribuido que es fundamental para la computación en la nube y aplicaciones que demandan alta disponibilidad. Los sistemas operativos en tiempo real, como *RTLinux* o *VxWorks,* ofrecen respuestas inmediatas a los *inputs,* cumpliendo con requisitos estrictos de tiempo, vital en industrias como la automotriz, aeroespacial o dispositivos médicos donde el retardo no es una opción.

La selección del sistema operativo adecuado es un balance entre las necesidades funcionales, los requerimientos de rendimiento, la compatibilidad con el *hardware* y los objetivos específicos del usuario o la organización.

Actividades

4. ¿Cómo se diferencian los sistemas operativos de red y los distribuidos en términos de funciones y aplicaciones, y cuáles son algunos ejemplos de estos tipos de sistemas operativos?
5. ¿Cómo se clasifican los sistemas operativos en términos de capacidad de manejo de usuarios y tareas, y cuál es la importancia de esta clasificación en la selección de un sistema operativo para un uso específico?

4.1. Clasificar los sistemas operativos según propósito

Los sistemas operativos pueden clasificarse según el propósito para el cual fueron desarrollados, atendiendo a las necesidades específicas de los usuarios y las aplicaciones:

- **Sistemas operativos de propósito general:** diseñados para cubrir una amplia gama de necesidades de computación, son utilizados en dispositivos personales, *laptops* y servidores. *Windows, macOS* y las diversas distribuciones de *Linux* caen en esta categoría, proporcionando funcionalidades versátiles que abarcan desde la navegación web hasta el procesamiento de datos complejos.

Linux Ubuntu, por ejemplo, ofrece una experiencia de usuario versátil y segura para ordenadores personales y servidores.

- **Sistemas operativos especializados:** incluyen sistemas operativos para dispositivos embebidos, sistemas automotrices, *smartphones* y otros dispositivos especializados. *Android* e *iOS* son ejemplos prominentes para dispositivos móviles, mientras que sistemas como *Embedded Linux* están diseñados específicamente para dispositivos embebidos.

Android es un sistema operativo especializado que potencia una amplia gama de smartphones.

4.2. Clasificar los sistemas operativos según su grado de implantación

Esta clasificación se enfoca en cómo los sistemas operativos gestionan los recursos computacionales, especialmente en términos de usuarios y procesos:

- **Monousuario:** están diseñados para ser utilizados por un solo usuario a la vez.
- **Multiusuario:** permiten que varios usuarios utilicen los recursos del ordenador simultáneamente, ya sea desde diferentes terminales o a través de redes.

- **Monotarea:** capaces de ejecutar una sola tarea o programa a la vez.
- **Multitarea:** ofrecen la capacidad de ejecutar varios programas o procesos al mismo tiempo.
- **Sistemas operativos distribuidos:** gestionan un grupo de ordenadores independientes y los hacen aparecer al usuario como un único sistema coherente.
- **Sistemas operativos en tiempo real:** responden a entradas en tiempo real, con garantías estrictas en cuanto a los tiempos de respuesta.

Sistemas operativos monousuario y multiusuario

Los sistemas operativos monousuario están diseñados para ser utilizados por un solo usuario en un momento dado. Este tipo de sistemas operativos se centra en proporcionar un entorno optimizado, seguro y personalizable para el usuario, garantizando que los recursos del sistema como la CPU, la memoria y el almacenamiento estén dedicados a sus operaciones. Sistemas operativos típicos de escritorio, como algunas ediciones de *Windows Home, macOS* en dispositivos personales y muchas distribuciones de *Linux* enfocadas al uso individual, ejemplifican esta categoría. Son ideales para dispositivos personales como ordenadores portátiles y de escritorio, donde la simplicidad de gestión y la personalización del entorno son prioritarias.

Por otro lado, los sistemas operativos multiusuario permiten que varios usuarios accedan y utilicen el sistema simultáneamente, compartiendo recursos, pero manteniendo espacios de trabajo individuales y seguros. Estos sistemas son esenciales en entornos de red, servidores y sistemas empresariales donde diferentes usuarios deben interactuar con el sistema y entre sí, accediendo a aplicaciones compartidas, bases de datos y archivos. Ejemplos de estos sistemas incluyen variantes de servidores como *Windows Server, UNIX* y algunas distribuciones de *Linux* diseñadas para entornos corporativos. Ofrecen funcionalidades avanzadas para la gestión de usuarios, como el control de acceso, la asignación de cuotas de recursos y el aislamiento de procesos para mantener la estabilidad y seguridad del sistema.

En el contexto actual, la elección entre un sistema operativo monousuario y multiusuario se guía por los requisitos específicos del entorno de uso. Los avances tecnológicos han permitido que los sistemas multiusuario ofrezcan cada vez más personalización y flexibilidad, acercándose en experiencia de usuario a los sistemas monousuario, mientras que mantienen las capacidades avanzadas de gestión y seguridad requeridas en entornos compartidos. La decisión entre uno u otro sistema operativo depende de la necesidad de acceso simultáneo de varios usuarios, la importancia de la seguridad de los datos, la gestión de recursos y la naturaleza de las tareas a realizar.

Ejemplo

Windows 11 Home (Monousuario)

Está diseñado principalmente para usuarios individuales en PC y *laptops*. Aunque este sistema permite crear múltiples cuentas de usuario, está optimizado para ser utilizado por una persona a la vez, enfocándose en ofrecer una experiencia personal y privada. Cada cuenta puede tener su entorno personalizado, incluyendo aplicaciones, configuraciones y archivos, pero la intención es que el sistema sea utilizado por un solo usuario en cualquier momento dado.

▪ Uso típico: ideal para consumidores en un entorno doméstico, donde los miembros de una familia pueden tener cuentas separadas para sus actividades personales como trabajar, jugar o navegar por internet, pero generalmente no usan el sistema simultáneamente.

▪ Ejemplo práctico: una persona utiliza su ordenador con *Windows 11 Home* para actividades profesionales durante el día. Por la noche, otro miembro de la familia inicia sesión en su cuenta personal en el mismo ordenador para realizar actividades de ocio o escolares.

Windows Server 2022 (Multiusuario)

Es un sistema operativo multiusuario diseñado para entornos empresariales y de servidor, permitiendo que múltiples usuarios accedan y utilicen el sistema de manera concurrente, típicamente a través de una red. Admite una amplia gama de funcionalidades empresariales, como *hosting* de sitios web, aplicaciones de negocios, administración de bases de datos y almacenamiento en red, proporcionando servicios y recursos a múltiples usuarios simultáneamente.

▪ Uso típico: utilizado por organizaciones para soportar y gestionar operaciones empresariales, incluyendo servir aplicaciones, administrar comunicaciones y datos, y facilitar el trabajo colaborativo a través de redes.

Continúa en página siguiente >>

<< Viene de página anterior

❚ Ejemplo práctico: en un entorno corporativo, múltiples empleados acceden a un servidor central que ejecuta *Windows Server 2022* para usar aplicaciones empresariales, acceder a bases de datos y colaborar en documentos en tiempo real, con el servidor administrando de manera eficiente sus accesos y recursos.

Sistemas operativos monotarea y multitarea

Los sistemas operativos monotarea están diseñados para ejecutar una sola tarea o programa en un momento dado. En estos sistemas, el enfoque principal es realizar una operación específica o gestionar un tipo particular de dispositivo donde la multitarea no es necesaria o podría ser contraproducente. Aunque en 2024 la prevalencia de tales sistemas ha disminuido significativamente debido a la evolución de las capacidades computacionales y las exigencias de multitareas simultáneas, aún pueden encontrarse en dispositivos embebidos o sistemas dedicados donde la simplicidad y la eficiencia son primordiales.

Las características principales de los sistemas operativos monotarea son:

- Optimización para tareas específicas, asegurando la eficiencia y la fiabilidad.
- Uso común en dispositivos con recursos limitados o donde la complejidad del sistema debe minimizarse.

Ejemplo

Un *firmware* es un electrodoméstico inteligente, como una cafetera programable, que ejecuta un conjunto específico de operaciones y no requiere la ejecución de múltiples aplicaciones simultáneamente.

Los sistemas operativos multitarea, por otro lado, son capaces de ejecutar varios programas o procesos al mismo tiempo, compartiendo recursos del sistema como la CPU, la memoria y el almacenamiento. Esta capacidad es fundamental en la mayoría de los sistemas operativos modernos utilizados en ordenadores personales, dispositivos móviles y servidores, permitiendo a los usuarios y a las aplicaciones realizar diversas funciones simultáneamente en un entorno eficiente y controlado.

Las características principales de los sistemas operativos multitarea son:

- Gestión avanzada de recursos para permitir la ejecución concurrente de múltiples aplicaciones.
- Soporte para que los usuarios realicen varias tareas simultáneamente, aumentando la productividad y la eficiencia del sistema.

Nota

En 2024, los sistemas operativos como *Windows 11, macOS Monterey* o diversas distribuciones de *Linux,* permiten a los usuarios tener abiertos simultáneamente varias aplicaciones, como un navegador web, un procesador de textos, un reproductor de música y *software* de comunicación. En este contexto, el papel del sistema operativo es gestionar los recursos para cada una de estas aplicaciones, asegurando su funcionamiento eficiente y sin interrupciones. Esto permite a los usuarios realizar múltiples tareas al mismo tiempo de manera efectiva y eficiente.

Sabía que...

En 2024, la tendencia general favorece a los sistemas multitarea debido a sus amplias capacidades, pero los sistemas monotarea mantienen su importancia en nichos específicos donde la optimización para una tarea concreta es fundamental.

Sistemas operativos distribuidos

Los sistemas operativos distribuidos representan una categoría avanzada de *software* que coordina y gestiona un conjunto de recursos de *hardware* independientes, pero interconectados, haciéndolos aparecer al usuario como un sistema unificado. Estos sistemas son fundamentales en entornos donde se requiere procesamiento distribuido, alta disponibilidad, escalabilidad y eficiencia en el manejo de recursos computacionales a gran escala.

Las características de los sistemas operativos distribuidos son:

- **Transparencia:** ofrecen una apariencia de sistema único e indistinguible al usuario, a pesar de estar compuestos por múltiples nodos o computadoras individuales. Esto incluye la transparencia de acceso, ubicación, concurrencia y fallos, permitiendo que los usuarios interactúen con un sistema aparentemente monolítico.
- **Coherencia y comunicación:** mantienen la coherencia de datos a través de una red de nodos, gestionando eficazmente la comunicación y el procesamiento entre las distintas máquinas. Esto asegura que las operaciones sean cohesivas y que los datos estén actualizados y sincronizados a través de los nodos.
- **Escalabilidad:** pueden expandirse añadiendo más nodos a la red sin interrupciones significativas del servicio o degradaciones del rendimiento, lo que permite a las organizaciones adaptar sus recursos informáticos a las demandas cambiantes.

Los sistemas operativos distribuidos son esenciales en la implementación de la computación en la nube, donde los recursos computacionales se ofrecen como servicios a través de internet, proporcionando escalabilidad, flexibilidad y acceso a demanda a aplicaciones y datos.

Además, facilitan el procesamiento y análisis de grandes volúmenes de datos, distribuyendo la carga de trabajo a través de múltiples nodos, lo que permite un análisis más rápido y eficiente de vastas cantidades de información; y, aseguran que los servicios críticos estén siempre disponibles, redistribuyendo la carga y las funciones automáticamente en caso de fallo de algún nodo, lo que es imprescindible en entornos empresariales donde el tiempo de inactividad puede tener consecuencias significativas.

Ejemplo

Un ejemplo representativo de un sistema operativo distribuido en 2024 podría ser una implementación avanzada de *Apache Hadoop,* un marco de *software* que permite el procesamiento distribuido de grandes conjuntos de datos a través de *clusters* de computadoras usando modelos de programación simples. *Hadoop* gestiona aplicaciones distribuidas proporcionando un marco de trabajo que ofrece almacenamiento de datos, procesamiento y administración de recursos, haciendo que el manejo de grandes volúmenes de datos sea más accesible y eficiente.

Sistemas operativos en tiempo real

Los sistemas operativos en tiempo real (RTOS) representan una categoría especializada dentro del amplio espectro de sistemas operativos, diseñados para cumplir con requisitos específicos donde el tiempo de respuesta es crítico. Estos sistemas son esenciales en entornos donde los procesos deben ejecutarse dentro de límites de tiempo estrictos, garantizando la precisión y la inmediatez en el procesamiento de datos y en la ejecución de tareas.

Las características de los sistemas operativos en tiempo real (RTOS) son:

- **Determinismo:** uno de los rasgos distintivos de un RTOS es su capacidad para proporcionar resultados de procesamiento en un tiempo garantizado. La predictibilidad en los tiempos de respuesta es clave, especialmente en sistemas donde el retraso o la falta de precisión temporal pueden causar resultados indeseables o incluso peligrosos.
- **Eficiencia en la gestión de recursos:** los RTOS están diseñados para manejar eficientemente los recursos del sistema, asegurando una asignación y liberación rápida y precisa de la memoria, la CPU y otros recursos del sistema, optimizando el rendimiento general y la fiabilidad.

- **Priorización de tareas:** permiten la asignación de prioridades a diferentes tareas o procesos, asegurando que las operaciones críticas reciban la atención inmediata del procesador, mientras que las tareas menos críticas se ejecutan según la disponibilidad de recursos.
- **Interrupciones y manejo de eventos:** están equipados con mecanismos eficaces para manejar interrupciones y eventos, permitiendo que el sistema responda rápidamente a las entradas externas o a los cambios en las condiciones de operación.

A continuación, se exponen algunas aplicaciones destacadas de estos sistemas:

- En fábricas automatizadas, los RTOS garantizan que las máquinas funcionen de manera sincronizada y eficiente, controlando los procesos de producción en tiempo real para maximizar la eficiencia y minimizar el tiempo de inactividad.
- En los sistemas de control en vehículos, como los sistemas de frenos antibloqueo (ABS) y otros sistemas de seguridad activa, dependen de RTOS para proporcionar respuestas rápidas y fiables.
- En aplicaciones como el control de vuelo, los sistemas de navegación y la robótica, los RTOS aseguran la precisión y la fiabilidad, donde el fallo o el retraso pueden tener consecuencias críticas.
- Los RTOS administran las infraestructuras de comunicación en tiempo real, asegurando la transferencia eficiente y precisa de datos a través de redes complejas.
- Equipos como los marcapasos, los sistemas de monitorización de pacientes y otros dispositivos médicos críticos dependen de RTOS para garantizar operaciones precisas y en tiempo real, donde la fiabilidad es vital.

Aplicación práctica

Los sistemas operativos pueden clasificarse según su capacidad para manejar recursos computacionales, usuarios y procesos. Esta clasificación es esencial para entender la amplitud de aplicaciones y entornos donde operan diferentes sistemas operativos.

A continuación, aparecen diferentes escenarios o necesidades computacionales. Identifique qué tipo de sistema operativo sería más adecuado para cada escenario, basándose en las clasificaciones proporcionadas:

a. Un sistema que debe responder a comandos de un operador de maquinaria en una fábrica, garantizando tiempos de respuesta rápidos y precisos.
b. Un ordenador personal utilizado para la edición de vídeo, donde se requiere ejecutar simultáneamente varios programas, como un editor de vídeo, un navegador web y un cliente de correo electrónico.
c. Un dispositivo como una tableta o *smartphone,* generalmente utilizado por una sola persona para realizar tareas como navegar por internet o jugar.
d. Un servidor web que aloja un sitio de comercio electrónico, al que acceden simultáneamente múltiples usuarios desde diferentes ubicaciones.
e. Un aula de informática en una universidad, donde varios estudiantes acceden a sus propios archivos y aplicaciones desde terminales individuales conectados a un servidor central.
f. Un conjunto de ordenadores que colaboran para realizar un cálculo científico complejo, trabajando como si fueran un solo sistema.

SOLUCIÓN

▌ Sistema operativo en tiempo real. Para un sistema que debe responder en tiempo real en una fábrica.
▌ Multitarea. Para un ordenador personal utilizado en la edición de vídeo con múltiples programas abiertos.
▌ Monousuario. Para dispositivos personales como tabletas o *smartphones.*
▌ Multiusuario. Para un servidor web que maneja accesos simultáneos de múltiples usuarios.
▌ Multiusuario. Para un aula de informática con terminales conectados a un servidor central.
▌ Sistemas operativos distribuidos. Para un grupo de ordenadores que realizan un cálculo científico como si fueran un solo sistema.

5. Conocer las políticas definidas en la organización, de aplicación en la instalación del sistema operativo

Las políticas definidas en una organización para la instalación del sistema operativo son directrices establecidas para asegurar que la configuración, actualización y mantenimiento del sistema operativo cumplan con los requisitos legales, técnicos, de seguridad y operativos. Las políticas deben asegurar el cumplimiento de la normativa española e internacional vigente relacionada con la protección de datos, como el Reglamento General de Protección de Datos (RGPD) de la UE, y otras leyes actualizadas como la Ley Orgánica de Protección de Datos Personales y garantía de los derechos digitales (LOPDGDD). Esto implica implementar medidas técnicas que garanticen la seguridad de los datos personales y la privacidad de los usuarios durante la instalación y uso del sistema operativo.

Las políticas de protección de datos deben alinear las medidas técnicas y de seguridad con la normativa internacional y nacional.

Las políticas de seguridad son fundamentales para proteger la infraestructura de TI de la organización de amenazas externas e internas. Esto incluye:

- Requisitos para la instalación de sistemas operativos actualizados y con parches de seguridad para prevenir vulnerabilidades.
- Configuraciones de seguridad recomendadas o mandatorias, como el uso de *firewalls,* programas antivirus actualizados y herramientas de detección de intrusos.

- Políticas de acceso que definan quién puede instalar o modificar el sistema operativo, asegurando que solo el personal autorizado y con la formación adecuada realice tales tareas.

Es fundamental la adhesión a estándares de la industria reconocidos, como ISO/IEC 27001, que proporcionan un marco para la gestión de la seguridad de la información, incluyendo aspectos relacionados con los sistemas operativos. Esto asegura que la instalación y gestión del sistema operativo sean coherentes con las prácticas reconocidas internacionalmente.

Además, la incorporación de políticas que promuevan la sostenibilidad y la eficiencia energética, acorde con las directrices de la Unión Europea para promover las tecnologías verdes y la reducción de la huella de carbono, puede influir en la elección del sistema operativo, priorizando aquellos que sean eficientes en términos de consumo energético y que ofrezcan opciones para optimizar el uso de recursos.

 Nota

Las políticas definidas en una organización para la instalación del sistema operativo están diseñadas para asegurar que la configuración, actualización y mantenimiento del sistema operativo cumplan con los requisitos legales, técnicos de seguridad y operativos. Estas políticas deben adherirse a la normativa española e internacional vigente, incluyendo el Reglamento General de Protección de Datos (RGPD) de la UE, y la actual Ley Orgánica de Protección de Datos Personales y Garantía de los Derechos Digitales (LOPDGDD), que ha reemplazado a la anterior LOPD. La implementación de estas políticas implica medidas técnicas para garantizar la seguridad y privacidad de los datos personales durante la instalación y uso del sistema operativo.

En relación con el RGPD se encuentra lo siguiente:

I **Principio de integridad y confidencialidad:** los sistemas operativos deben asegurar la protección de los datos personales contra accesos o alteraciones no autorizados.
I **Responsabilidad del procesador y controlador:** es esencial que los sistemas operativos cumplan con el RGPD, manteniendo una documentación detallada que demuestre la conformidad de las prácticas de tratamiento de datos.

Continúa en página siguiente >>

<< Viene de página anterior

▌ **Notificación de violaciones de datos:** deben existir mecanismos eficientes en el sistema operativo para detectar y notificar violaciones de datos a tiempo.

▌ **Derechos de los interesados:** los sistemas deben facilitar el ejercicio de derechos como el acceso, rectificación y supresión de datos.

Con respecto a la LOPDGDD:

▌ **Consentimiento del afectado:** los sistemas operativos deben poder gestionar y documentar el consentimiento de los usuarios de manera clara y transparente.

▌ **Medidas de seguridad:** se requieren medidas técnicas y organizativas para asegurar un nivel adecuado de seguridad en los sistemas operativos.

▌ **Evaluación de impacto y consulta previa:** en tratamientos de alto riesgo, se deben realizar evaluaciones de impacto sobre la protección de datos.

▌ **Formación y concienciación:** el personal involucrado en la gestión de sistemas operativos debe estar bien informado sobre la importancia de la protección de datos.

La LOPD ha sido derogada y reemplazada por la LOPDGDD, la cual se ha ajustado para alinearse mejor con el RGPD y adaptarse a las necesidades actuales, introduciendo ajustes en procedimientos administrativos y ampliando derechos digitales como el testamento digital y el derecho al olvido. La evolución de la legislación de protección de datos en España refleja la importancia creciente de la seguridad y el manejo adecuado de los datos personales en el contexto tecnológico actual.

6. Instalar y parametrizar los sistemas operativos

La instalación y parametrización de sistemas operativos es un proceso que comienza con la preparación del *hardware* compatible, la recopilación de controladores actualizados y la elección del sistema de archivos adecuado. La configuración implica la definición de parámetros como la zona horaria, la configuración regional y las preferencias de idioma.

La instalación puede ser manual, desatendida o automática, y en entornos de servidores se puede utilizar la clonación para replicar configuraciones en múltiples servidores. Una vez instalado, es esencial realizar pruebas exhaustivas y actualizar el sistema operativo para garantizar su fiabilidad, estabilidad y seguridad.

Configurar correctamente la red es esencial para la conectividad y la comunicación eficaz del sistema.

6.1. Realizar los preparativos previos a la instalación

Los preparativos previos a la instalación de un sistema operativo son un proceso meticuloso que involucra varias etapas clave que deben ser cuidadosamente ejecutadas para garantizar que el sistema esté optimizado, seguro y preparado para cumplir con las demandas operativas previstas:

1. Antes de proceder con la instalación, es fundamental evaluar la compatibilidad del *hardware* con el sistema operativo que se va a instalar. Esto implica verificar los requisitos mínimos del sistema, como la CPU, la memoria RAM, el espacio disponible en el disco duro y la compatibilidad de los componentes periféricos. Este paso asegura que el dispositivo pueda soportar eficientemente las funcionalidades y las demandas de rendimiento del nuevo sistema operativo.
2. Actualizar el *firmware* y la BIOS/UEFI del dispositivo a la última versión disponible es clave. Estas actualizaciones pueden incluir mejoras en la seguridad, nuevas funciones o correcciones de errores que pueden influir significativamente en la compatibilidad y el rendimiento del sistema operativo que se va a instalar.
3. Preparar los medios de instalación adecuados, ya sea una unidad USB de arranque, un DVD o un entorno de red apropiado, es esencial. Esto incluye descargar la imagen oficial del sistema operativo y utilizar herramientas confiables para crear un medio de instalación que pueda ser reconocido y ejecutado por el dispositivo.

4. Realizar un respaldo completo de los datos del dispositivo es un paso crítico para evitar la pérdida de información importante durante el proceso de instalación. Esto puede implicar la copia de archivos a un dispositivo de almacenamiento externo, un sistema de almacenamiento en la nube o una solución de respaldo en red.

5. Ajustar la configuración del sistema para modificar el orden de arranque y asegurar que el dispositivo se inicie desde el medio de instalación preparado. Esto generalmente se realiza accediendo a la configuración de BIOS/UEFI del dispositivo.

6. Determinar y planificar la estrategia de particionamiento del disco duro, lo cual es especialmente relevante si se desea configurar un arranque dual, mantener una partición de recuperación o si se necesita una organización específica del almacenamiento para el nuevo sistema.

7. Asegurarse de que el dispositivo tenga una conexión a internet estable y fiable, especialmente si la instalación del sistema operativo requiere la descarga de actualizaciones, controladores o *software* adicional durante el proceso de instalación.

8. Mantener una documentación detallada de la configuración actual del sistema y cualquier particularidad del *hardware* o del *software* existente. Esto es vital para referencia futura o en caso de que se necesite revertir cambios o resolver problemas surgidos durante la instalación.

 Ejemplo

Preparativos previos a la instalación de *Windows 11* en un portátil *HP Pavilion 15:*

■ **Evaluación de la compatibilidad del *hardware:*** se verifica que el portátil *HP Pavilion 15* cumple con los requisitos mínimos del sistema para *Windows 11:* procesador de 1 GHz o más rápido con dos o más núcleos en un procesador compatible de 64 bits, 4 Gb de RAM, 64 Gb de espacio en el disco duro, tarjeta gráfica compatible con *DirectX 12* o posterior con controlador *WDDM 2.0,* y una pantalla de alta definición (720p) que sea mayor de 9" diagonalmente12.

■ **Actualización del *firmware* y la BIOS/UEFI:** se actualiza la BIOS del portátil a la última versión disponible en el sitio web oficial de HP.

Continúa en página siguiente >>

<< Viene de página anterior

I **Preparación de los medios de instalación:** se descarga la imagen oficial de *Windows 11* desde el sitio web de *Microsoft* y se utiliza la herramienta de creación de medios de *Microsoft* para crear una unidad USB de arranque34.

I **Respaldo de datos:** se realiza un respaldo completo de los datos importantes, copiándolos en un disco duro externo y en la cuenta de almacenamiento en la nube de OneDrive.

I **Configuración del sistema:** se accede a la configuración de la BIOS del portátil y se modifica el orden de arranque para que se inicie desde la unidad USB.

I **Estrategia de particionamiento del disco duro:** se decide instalar *Windows 11* junto al actual sistema operativo *Linux,* por lo que se crea una nueva partición en el disco duro para *Windows 11,* utilizando la herramienta de particionamiento de discos de *Linux.*

I **Conexión a internet:** el portátil debe estar conectado a la red wifi, ya que la instalación de *Windows 11* descargará actualizaciones y controladores durante el proceso de instalación.

I **Documentación de la configuración del sistema:** se documenta la configuración actual del sistema y cualquier particularidad del *hardware* o del *software* existente, como la configuración de la tarjeta gráfica NVIDIA y la configuración de red del sistema operativo *Linux.*

 ## Aplicación práctica

Una trabajadora de TI está en proceso de preparar un computador para la instalación de un nuevo sistema operativo. Hasta ahora, ha realizado varios pasos críticos: evaluó la compatibilidad del *hardware,* actualizó el *firmware* y la BIOS/UEFI, preparó los medios de instalación, realizó un respaldo completo de los datos y ajustó la configuración de arranque del sistema.

¿Qué paso esencial le falta a la trabajadora para asegurarse de que el proceso de instalación del sistema operativo se desarrolle sin inconvenientes y esté optimizado para las necesidades operativas?

SOLUCIÓN

El paso que le falta a la trabajadora es determinar y planificar la estrategia de particionamiento del disco duro. Este paso es importante especialmente si necesita configurar un arranque dual, mantener una partición de recuperación o si se requiere una organización específica del almacenamiento para el nuevo sistema operativo.

6.2. Recolectar los controladores necesarios

La recolección de los controladores en la preparación para la instalación de un sistema operativo implica identificar, descargar y organizar los controladores adecuados para los componentes internos y periféricos del sistema. A continuación, se detalla cómo llevar a cabo esta tarea de manera efectiva:

1. Realizar un inventario exhaustivo del *hardware* del sistema, incluyendo componentes internos como la placa base, la tarjeta gráfica, el procesador, la tarjeta de red, así como cualquier dispositivo periférico conectado, como impresoras, escáneres o dispositivos de almacenamiento externo.
2. Emplear herramientas de *software* que pueden escanear el sistema y proporcionar un informe detallado del *hardware* presente. Estas herramientas suelen especificar los modelos exactos de los componentes, información clave para descargar los controladores correctos.
3. Acceder a los sitios web de los fabricantes de *hardware* para descargar los controladores más recientes. Es vital utilizar fuentes oficiales para evitar *software* malintencionado o controladores incompatibles.
4. Priorizar la descarga de las últimas versiones de los controladores para garantizar la compatibilidad con el nuevo sistema operativo y aprovechar las mejoras y correcciones más recientes.
5. Verificar que los controladores descargados sean compatibles con la versión y arquitectura (32 bits o 64 bits) del sistema operativo que se va a instalar.
6. Crear una estructura de carpetas clara donde almacenar los controladores, categorizándolos por tipo de dispositivo o por fabricante, facilitando así su localización durante el proceso de instalación.
7. Considerar la creación de un medio de instalación, como una unidad USB, que contenga todos los controladores necesarios, especialmente si se va a realizar una instalación limpia sin acceso inmediato a internet.
8. Verificar la integridad de los archivos descargados, utilizando sumas de comprobación cuando estén disponibles, para asegurar que no estén corruptos ni hayan sido alterados.
9. Mantener un registro de las versiones de los controladores y de los enlaces de descarga, así como cualquier instrucción específica del fabricante, lo que puede ser invaluable para futuras referencias o en caso de necesitar realizar una reinstalación.

10. Planificar el orden en el que se instalarán los controladores, generalmente comenzando con los controladores de la placa base/*chipset,* seguidos de los controladores de video, red y finalizando con los periféricos y otros dispositivos.

11. Asegurarse de tener un plan para actualizar los controladores posinstalación, especialmente si se prevé que el sistema operativo pueda requerir versiones más recientes tras su lanzamiento inicial.

Ejemplo

Se está preparando la instalación de un nuevo sistema operativo en un ordenador portátil profesional, específicamente un modelo *Dell Latitude 7420.*

Paso 1: Identificación del *hardware*
Primero, se utiliza una herramienta integrada en el sistema, como el Administrador de dispositivos en *Windows* o una herramienta de terceros como *Speccy* o *CPU-Z,* para identificar los componentes clave del hardware:

- CPU: Intel Core i7-1185G7
- Tarjeta gráfica: Intel Iris Xe Graphics
- Tarjeta de red: Intel Wi-Fi 6 AX201
- Disco duro: SSD NVMe integrado
- Otros componentes: *Bluetooth,* USB *ports,* cámara web, lector de tarjetas SD.

Paso 2: Descarga de controladores
A continuación, se visita el sitio web oficial de soporte de *Dell* y se selecciona el modelo específico del portátil. En la sección de soporte y descargas se encuentran los controladores más recientes que corresponden al *hardware* y al sistema operativo que se va a instalar, asegurándose de que son compatibles con la versión más reciente del sistema operativo, por ejemplo, *Windows 11 Pro.*

Se descarga el controlador específico para la Intel Iris Xe Graphics para asegurar la óptima resolución y rendimiento de video.

Se obtiene el último controlador para la Intel Wi-Fi 6 AX201, lo que garantizará una conexión inalámbrica estable y rápida.

Continúa en página siguiente >>

<< Viene de página anterior

Se descargan los controladores para el *chipset,* el *Bluetooth,* los puertos USB, la cámara web y el lector de tarjetas SD, directamente desde la página de *Dell,* asegurando la funcionalidad completa de todos los dispositivos integrados.

Paso 3: Organización de los controladores

Se crea una carpeta denominada «Controladores Latitude 7420» en una unidad USB externa y se almacenan todos los archivos descargados, clasificándolos por categoría para facilitar la instalación posterior.

Paso 4: Estrategia de instalación

Se planifica instalar primero el controlador del *chipset,* seguido por los controladores de video, red, y finalmente, los periféricos como el *Bluetooth* y la cámara web. Esta secuencia asegura que el *hardware* esencial se reconozca desde el principio, facilitando la instalación de los dispositivos restantes.

Una vez reinstalado el sistema operativo, comienza la instalación de los controladores utilizando la unidad USB preparada. Este proceso garantiza que todos los componentes del *hardware* sean reconocidos y funcionen correctamente, evitando conflictos y asegurando el máximo rendimiento del dispositivo. La conectividad a internet se establece rápidamente gracias a la correcta instalación del controlador wifi, permitiendo la descarga de cualquier actualización adicional necesaria directamente desde el sistema operativo.

Actividades

6. ¿Cuáles son los pasos críticos a seguir en los preparativos previos a la instalación de un sistema operativo para asegurar una instalación exitosa y compatible con el *hardware?*
7. ¿Cómo se deben seleccionar y organizar los controladores necesarios para la instalación de un nuevo sistema operativo y qué importancia tiene la verificación de su compatibilidad y actualidad?
8. ¿Qué estrategias se pueden utilizar para la instalación de sistemas operativos en múltiples dispositivos y cómo se garantiza la consistencia y eficacia en estos procesos?

6.3. Definir el tipo de sistema de archivo a utilizar, seleccionándolo de entre las posibles alternativas, en base a las necesidades del uso previsto

La elección del tipo de sistema de archivos adecuado debe estar alineada con las necesidades específicas del entorno operativo previsto y considerar una serie de factores clave que impactarán en el uso cotidiano del sistema.

Factores como el rendimiento son fundamentales; la velocidad de acceso, escritura y lectura de archivos, así como la gestión del espacio en disco varían entre los diferentes sistemas de archivos. Es vital seleccionar un sistema que ofrezca un equilibrio óptimo entre velocidad y eficiencia, adecuado para las cargas de trabajo y aplicaciones previstas. Además, la seguridad de los datos es crítica, con algunos sistemas, ofreciendo cifrado integrado y control detallado de permisos, lo cual es indispensable en entornos donde la confidencialidad y la integridad de los datos son prioritarias.

Por otro lado, la fiabilidad y la capacidad de recuperación ante fallos determinan también la selección del sistema de archivos. Un sistema fiable asegura la coherencia de los datos frente a adversidades como cortes de energía o fallos del sistema, y características como la facilidad de recuperación de datos y la resistencia a la fragmentación deben considerarse según el nivel de tolerancia a fallos requerido. La compatibilidad del sistema de archivos con el *hardware,* el sistema operativo y las aplicaciones en uso es igualmente esencial, especialmente en entornos mixtos o redes con diversos sistemas operativos. Entre las opciones comunes se incluyen NTFS para *Windows,* ext4 para *Linux,* APFS para *macOS* y FAT32 o exFAT para dispositivos de almacenamiento externos, seleccionados por su compatibilidad y características específicas.

A continuación, se presenta una tabla comparativa con algunas de las opciones más comunes y relevantes de sistemas de archivos utilizados en diferentes entornos y sistemas operativos:

	Descripción	Ventajas	Desventajas	Uso ideal
NTFS	Sistema de archivos estándar para *Windows*, con soporte para archivos grandes y seguridad integrada.	Alta seguridad, soporte para archivos grandes, compresión.	Principalmente para *Windows*, no ideal para *Linux* o *macOS*.	Sistemas *Windows*, especialmente en entornos empresariales o donde se requiere seguridad.
ext4	Sistema de archivos ampliamente utilizado en *Linux*.	Buen rendimiento, estabilidad, escalabilidad.	Menos funcionalidades que otros sistemas en ciertos casos.	Servidores *Linux*, sistemas de escritorio, dispositivos de almacenamiento.
XFS	Sistema de archivos de alto rendimiento, diseñado para escalabilidad y manejo de grandes volúmenes de datos.	Excelente escalabilidad, manejo de grandes archivos.	Complejidad en la recuperación de datos.	Servidores de grandes bases de datos, sistemas que requieren un manejo eficiente de grandes volúmenes de datos.
APFS	Sistema de archivos para *macOS*, optimizado para almacenamiento SSD.	Optimización para SSD, cifrado, eficiencia en el espacio.	Exclusivo de *macOS*, no utilizable en *Windows* o *Linux*.	Dispositivos *Apple*, especialmente *Macs* con SSD, para maximizar el rendimiento y la eficiencia.
FAT32	Sistema de archivos compatible con una amplia gama de dispositivos y sistemas operativos.	Amplia compatibilidad, simpleza.	Limitado a archivos de 4Gb, falta de características de seguridad.	Dispositivos extraíbles, sistemas donde se requiere intercambio entre diferentes sistemas operativos.

 Nota

La elección del sistema de archivos no es una decisión que deba tomarse a la ligera, ya que configura la base sobre la cual el sistema operativo gestionará toda la información.

6.4. Definir los valores de los parámetros habituales a configurar

Definir los valores de los parámetros habituales en la configuración de un sistema operativo garantiza el rendimiento óptimo, la seguridad y la usabilidad del sistema conforme a las necesidades específicas del usuario o la organización. Esta configuración debe considerar diversos aspectos técnicos y operativos. A continuación, se detalla cómo abordar esta tarea de manera efectiva:

- Establecer el idioma del sistema, formato de fecha, hora, moneda y otros ajustes regionales. Esto asegura que la interfaz de usuario, los informes y otros datos se presenten en el formato más familiar y útil para el usuario o conforme a las normativas locales.
- Definir la zona horaria correcta es esencial para que las marcas de tiempo en archivos, correos electrónicos y registros del sistema sean precisos, facilitando una programación adecuada y la sincronización con otros sistemas.
- Incluir ajustes como la configuración de IP (estática o dinámica), DNS, puerta de enlace y parámetros de *proxy* si es necesario. Una configuración de red adecuada es vital para asegurar la conectividad y el acceso a recursos compartidos y servicios en línea.
- Personalizar los planes de energía, especialmente en portátiles, para equilibrar el rendimiento con el ahorro de energía, ajustando aspectos como el brillo de la pantalla, el tiempo de espera antes de suspender el sistema y la gestión de la energía del procesador.
- Ajustar los parámetros de seguridad, incluyendo la configuración de *firewalls,* antivirus, actualizaciones automáticas y características de seguridad como el cifrado de disco y la autenticación de usuarios. Estos ajustes son fundamentales para proteger el sistema contra amenazas externas e internas.
- Configurar cómo y cuándo el sistema buscará e instalará actualizaciones. Mantener el sistema actualizado es clave para la seguridad, el rendimiento y la estabilidad, y puede configurarse para minimizar las interrupciones.
- Ajustar opciones que mejoran la usabilidad para personas con distintas capacidades como el tamaño del texto, los colores, las opciones de contraste o el uso de lectores de pantalla. Estas configuraciones ayudan a asegurar que el sistema sea inclusivo y accesible para todos los usuarios.

■ Configurar aspectos como el fondo de escritorio, los salvapantallas, la organización de íconos y las preferencias de la barra de tareas para adecuar el entorno de trabajo a las preferencias del usuario o a la identidad corporativa.

 Aplicación práctica

La configuración adecuada de un sistema operativo es fundamental para garantizar su rendimiento óptimo, seguridad y usabilidad. Personalizar y ajustar diferentes parámetros de configuración puede mejorar significativamente la experiencia del usuario y la eficiencia operativa.

Imagine que es la persona encargada de administrar los sistemas de una empresa y debe configurar los ordenadores de los empleados. Su tarea es desarrollar un plan que detalle cómo abordará la configuración de los sistemas operativos en cada equipo, teniendo en cuenta los parámetros habituales y las necesidades específicas de la organización.

Defina brevemente qué hará en cada aspecto del plan de configuración:

a. Ajustes regionales.
b. Zona horaria.
c. Configuración de red.
d. Planes de energía.
e. Seguridad.
f. Actualizaciones del sistema.
g. Accesibilidad.
h. Personalización del entorno de trabajo.

SOLUCIÓN

Ajustes regionales. Se configuran los ajustes regionales de cada equipo según la ubicación de la oficina y las preferencias de los empleados para asegurar una interfaz familiar y coherente.

Zona horaria. Se verifica y ajusta la zona horaria de cada equipo para sincronizar correctamente con los servidores de la empresa y otros sistemas.

Continúa en página siguiente >>

<< Viene de página anterior

Configuración de red. Se establecen configuraciones de red estáticas o dinámicas según las políticas de la empresa y se garantizará que todos los dispositivos puedan acceder de manera segura a los recursos necesarios.

Planes de energía. Se personalizan los esquemas de energía en portátiles para optimizar la duración de la batería y el rendimiento según el uso típico en la empresa.

Seguridad. Se implementa una política de seguridad sólida, activando y configurando *firewalls* y antivirus, y estableciendo políticas de actualizaciones automáticas y cifrado de disco.

Actualizaciones del sistema. Se configuran las actualizaciones automáticas para ejecutarse durante horas no laborales o momentos de baja actividad para minimizar las interrupciones.

Accesibilidad. Se ajustarán las configuraciones de accesibilidad según las necesidades individuales de cada empleado, garantizando un entorno de trabajo inclusivo.

Personalización del entorno de trabajo. Se configurará la apariencia de los escritorios para reflejar la identidad corporativa, manteniendo al mismo tiempo la posibilidad de personalización individual moderada.

 Actividades

9. ¿Cuáles son los factores clave a considerar al elegir un sistema de archivos para asegurar un rendimiento óptimo y la seguridad de los datos en diferentes entornos operativos?
10. ¿Qué ventajas ofrece el sistema de archivos APFS para dispositivos *macOS* y por qué es especialmente beneficioso para *Macs* con almacenamiento SSD?
11. ¿Cómo influye la configuración de los parámetros habituales, como la zona horaria y los ajustes de seguridad, en la operatividad y seguridad de un sistema operativo?

6.5. Instalar el sistema operativo, configurando el *hardware* con los controladores adecuados, que garanticen el correcto funcionamiento del sistema

A continuación, se explica cómo instalar y configurar los sistemas operativos *Windows 11* y *Ubuntu 23.04.*

 Nota

Linux es un sistema operativo en sí mismo, específicamente, es un *kernel* de sistema operativo que constituye el núcleo central de un sistema operativo. Varias distribuciones de *Linux* como *Ubuntu, Fedora* y *Debian,* entre otras, emplean este *kernel* y añaden su propio conjunto de *software* y herramientas para formar un sistema operativo completo. Aunque estas distribuciones pueden variar en términos de interfaces de usuario, *software* preinstalado y sistemas de gestión de paquetes, todas se fundamentan en el *kernel* de *Linux.* Por otro lado, *Windows 11* es también un sistema operativo en sí mismo. Es la última versión del sistema operativo de *Microsoft,* diseñado para proporcionar una experiencia de usuario más centrada y eficiente. Incluye una serie de nuevas características y mejoras en comparación con su predecesor, *Windows 10,* como una nueva interfaz de usuario, mejoras en la productividad y la eficiencia, y una mayor integración con *Microsoft Teams* y otras aplicaciones de *Microsoft.*

Instalación manual de *Windows 11* y *Ubuntu 23.04*

La instalación manual es el método tradicional que proporciona un control total sobre el proceso. Esta opción es ideal para instalaciones individuales donde se requieren configuraciones específicas o personalizadas.

Los pasos para la instalación de *Windows 11* son los siguientes:

1. Se descarga la imagen de *Windows 11* desde el sitio web oficial de *Microsoft.*

https://redirectoronline.com/uf18930201

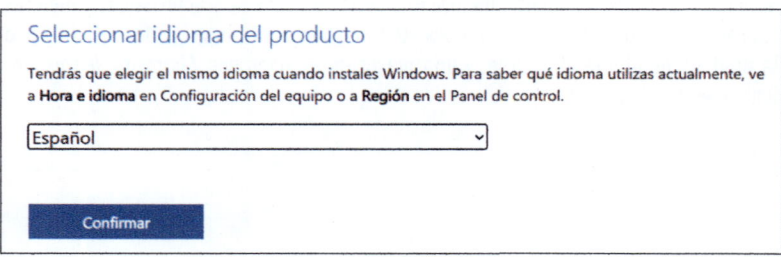

Descargar imagen de disco de Windows 11 (ISO)

Esta opción es para los usuarios que desean crear un medio de instalación de arranque (unidad flash USB, DVD) o crear una máquina virtual (archivo .ISO) para instalar Windows 11. Esta descarga es una ISO con múltiples ediciones que usa tu clave de producto para desbloquear la edición correcta.

Seleccionar descarga ⌄

Seleccionar descarga

Windows 11 (multi-edition ISO)

Descargar

Seleccionar idioma del producto

Tendrás que elegir el mismo idioma cuando instales Windows. Para saber qué idioma utilizas actualmente, ve a **Hora e idioma** en Configuración del equipo o a **Región** en el Panel de control.

Español ⌄

Confirmar

Windows 11 Español

64-bit Download

2. Se abre el archivo descargado y se ejecuta la aplicación.

Win11_23H2_Spanish_x64v2   09/05/2024 12:13   Archivo de image...   6.647.826 ...

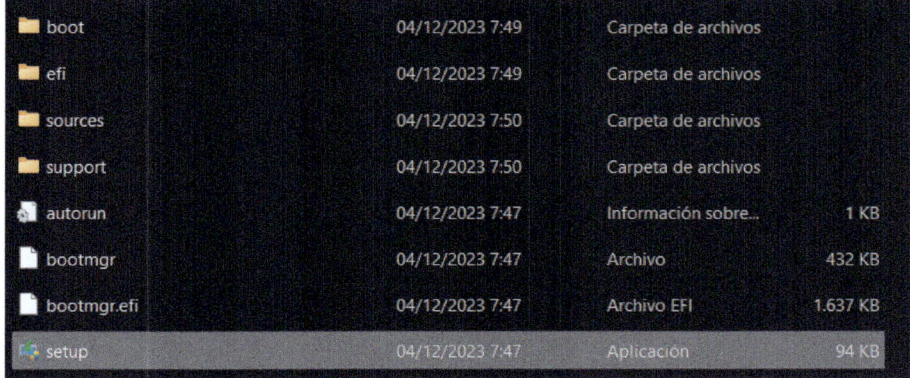

3. Se procede con la instalación mediante clic en el botón correspondiente.

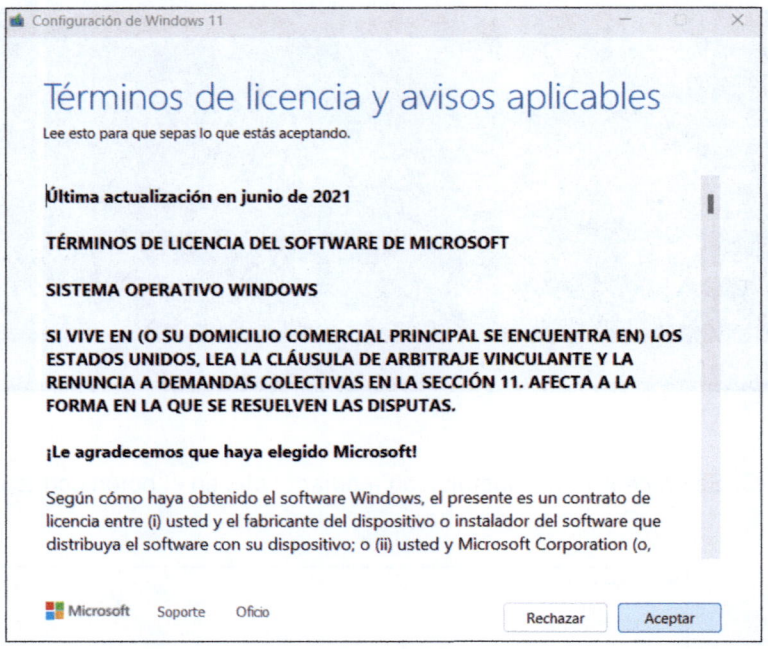

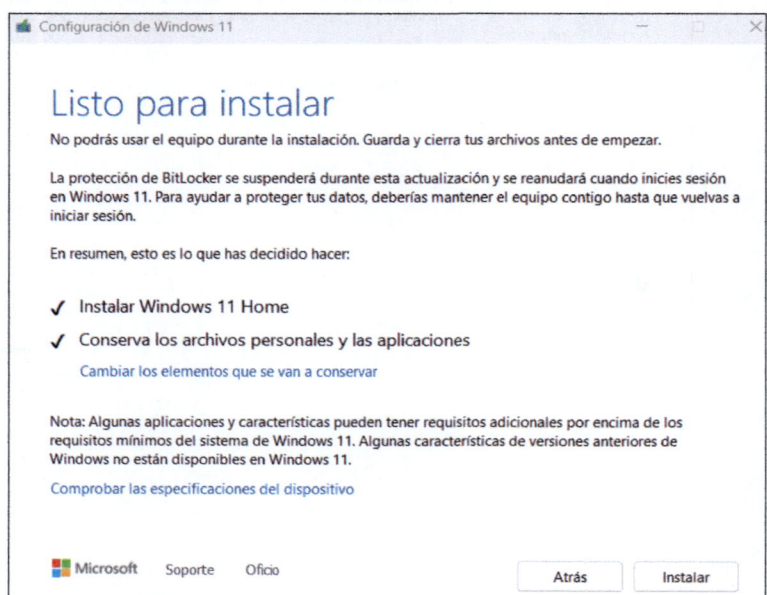

4. Se espera la finalización de la instalación, durante la cual el PC se reiniciará varias veces.

5. Se establece conexión a una red y se inicia sesión con una cuenta de *Microsoft.*

6. Se inicia sesión con el PIN establecido y se comienza a utilizar el nuevo escritorio de *Windows 11.*

Y los pasos para la instalación de *Ubuntu 24.04* desde *Linux* son:

1. Se descarga de la imagen ISO de *Ubuntu 24.04* (ubuntu-23.04-desktop-amd64.iso) desde el sitio web oficial de *Ubuntu.*

https://redirectoronline.com/uf18930202

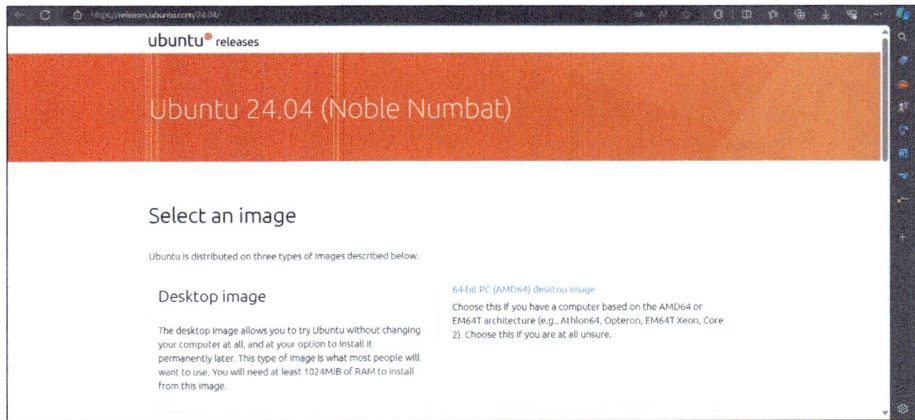

2. Se selecciona la imagen de *Ubuntu* para descarga en base al uso previsto del sistema. A continuación, se proporciona una descripción breve de cada opción disponible:

■ *Desktop image:* imagen de escritorio para PC de 64 bits (AMD64): 64-bit PC (AMD64) *desktop image.*

■ *Server install image:* imagen de instalación de servidor para PC de 64 bits (AMD64): 64-bit PC (AMD64) *server install image.*

■ *Netboot tarballTarball* de arranque en red para PC de 64 bits (AMD64): 64-bit PC (AMD64) *netboot tarball.* Se requiere un mínimo de 1024 MiB de RAM para la instalación desde esta imagen.

3. Se conecta un USB al ordenador.

4. Se abre una terminal e se identifica la unidad USB con el siguiente comando:

```
lsblk
```

5. Se crea la unidad USB de arranque con el comando *dd.* Por ejemplo, si la unidad USB es /dev/sdx y el archivo ISO está en ~/Descargas/ubuntu-24.04-desktop-amd64.iso, el comando sería:

```
sudo dd if=~/Descargas/ubuntu-24.04-desktop-amd64.iso of=/dev/sdx bs=4M; sync
```

1. Se reinicia el ordenador y presiona F12 repetidamente para arrancar desde la unidad USB.

2. Se selecciona el idioma, la distribución del teclado, el tipo de instalación y el esquema de particiones para *Ubuntu.*

3. Se introduce los datos personales.

4. Se espera a que finalice la instalación y se reinicia el ordenador.

5. Se actualiza el *software.*

Configurar la red

Configurar la red es esencial para asegurar que el sistema operativo recién instalado se comunique efectivamente con otros dispositivos y acceda a recursos de la red o de internet. Esto incluye la configuración de la dirección IP (estática o dinámica), DNS, puerta de enlace y parámetros de red necesarios para una integración óptima en el entorno de red existente.

Para configurar la red durante la instalación de *Windows 11* y *Ubuntu 24.04,* se siguen estos pasos:

- En *Windows 11:*

    1. Se hace clic en el icono de red en la bandeja del sistema de la barra de tareas.
    2. Se selecciona **Red e internet** en el menú desplegable y después en **Configuración de red avanzada.**

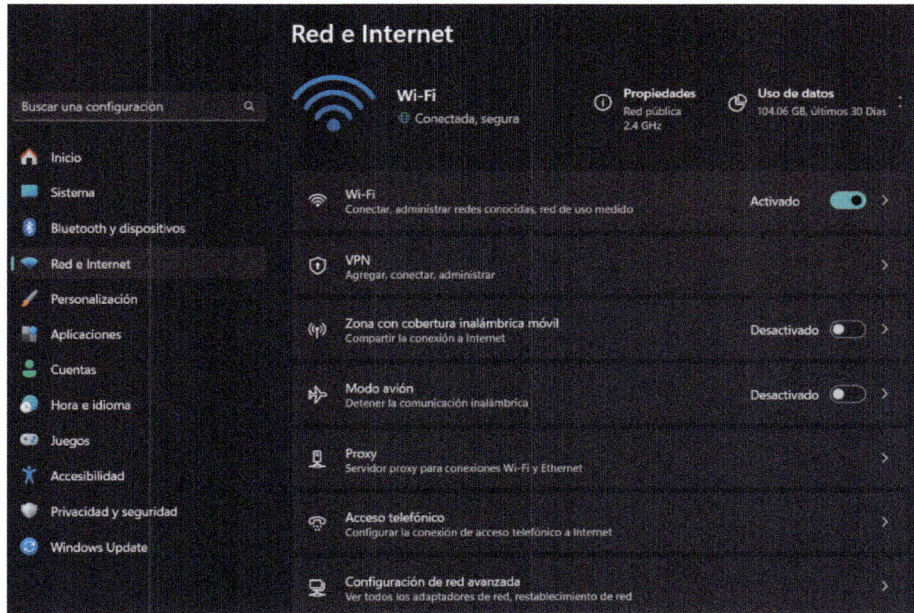

    3. Se elige la conexión *Ethernet* deseada, en caso de haber más de una disponible.

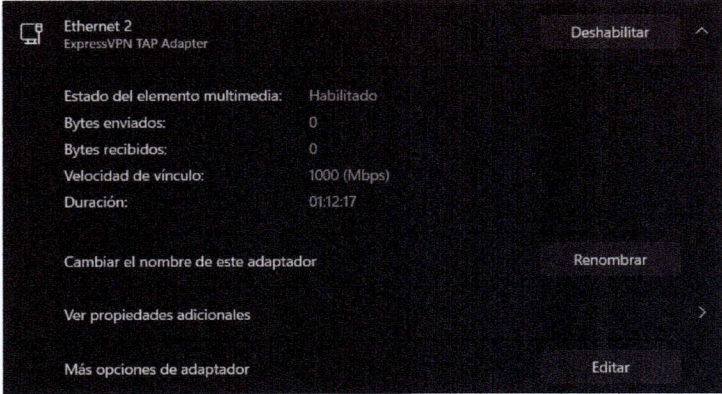

4. Se hace clic en **Más opciones del adaptador.**
5. Se elige **Protocolo de Internet versión 4 (TCP/IPv4)** y se hace clic en **Propiedades.**

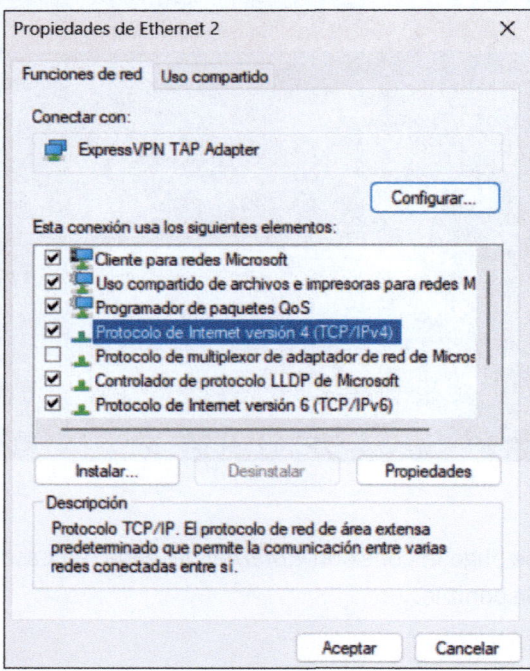

6. Se hace clic en **Propiedades** para **Conseguir una dirección IP automáticamente** y **Conseguir la dirección del servidor DNS automáticamente.**

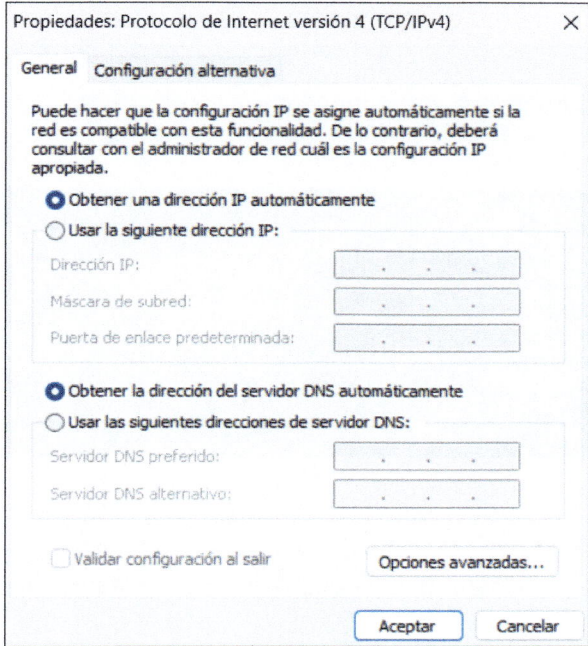

7. Se aceptan los cambios haciendo clic en **Aceptar.**

■ En *Ubuntu 24.04* el proceso es el siguiente:

1. Se verifica el nombre de la interfaz de red.
2. Se mueve el archivo de configuración predeterminado para evitar conflictos con el comando.
3. Se crea un nuevo archivo de configuración con un editor de texto, como nano.

```
# Paso 1: Verificar el nombre de la interfaz de red
ip addr

# Paso 2: Mover el archivo de configuración predeterminado para evitar conflictos
sudo mv /etc/netplan/00-installer-config.yaml /etc/netplan/00-installer-config.yaml.org

# Paso 3: Crear un nuevo archivo de configuración con un editor de texto, como nano
sudo nano /etc/netplan/01-netcfg.yaml
```

4. En el archivo, se introduce la configuración de la red. Por ejemplo:

```
network:
  ethernets:
    enp1s0:  # reemplazar 'enp1s0' con el nombre de la interfaz
      dhcp4: false
      addresses: [10.0.0.30/24]
      gateway4: 10.0.0.1
      nameservers:
        addresses: [10.0.0.10, 10.0.0.11]
  version: 2
```

I *network:* esta es la raíz de la configuración.

I *ethernets:* aquí se definen las configuraciones para las interfaces *Ethernet.*

I *enp1s0:* wste es el nombre de la interfaz de red que se quiere configurar. Se debe reemplazar "enp1s0" con el nombre de la interfaz de red.

I *dhcp4:* false: esto desactiva DHCP, lo que significa que se está utilizando una dirección IP estática.

I *addresses:* [10.0.0.30/24]: aquí se define la dirección IP estática que se quiere usar para la interfaz de red.

I *gateway4:* 10.0.0.1: esto establece la dirección IP del *gateway* predeterminado.

I *nameservers:* aquí se definen los servidores DNS que se quieren usar.

I *addresses:* [10.0.0.10, 10.0.0.11]: estas son las direcciones IP de los servidores DNS.

I *version 2:* esto especifica la versión de *Netplan* que se está utilizando.

5. Se guarda y cierra el archivo.

6. Se aplican los cambios con el comando.

7. Se verifica la nueva configuración.

```
# Paso 6: Aplicar los cambios
sudo netplan apply

# Paso 7: Verificar la nueva configuración
ip addr
```

Comprobar la correcta instalación del sistema operativo mediante pruebas de arranque y parada, y herramientas de diagnóstico

Tras la instalación, es clave realizar pruebas de arranque, revisar el gestor de arranque y utilizar herramientas de diagnóstico para verificar la correcta instalación. Estas pruebas ayudan a asegurar que el sistema operativo se inicie correctamente, que todos los dispositivos de *hardware* estén reconocidos y funcionando, y que no haya errores o problemas de compatibilidad.

Windows 11

En *Windows 11,* para las pruebas de arranque y parada hay que reiniciar la máquina varias veces para asegurarse de que el sistema operativo arranca correctamente sin errores. Además, es posible utilizar el Administrador de tareas ([Ctrl] + [Shift] + [Esc]) y el Visor de eventos (búsqueda en la barra de tareas) para verificar si hay errores de sistema durante el arranque o la ejecución.

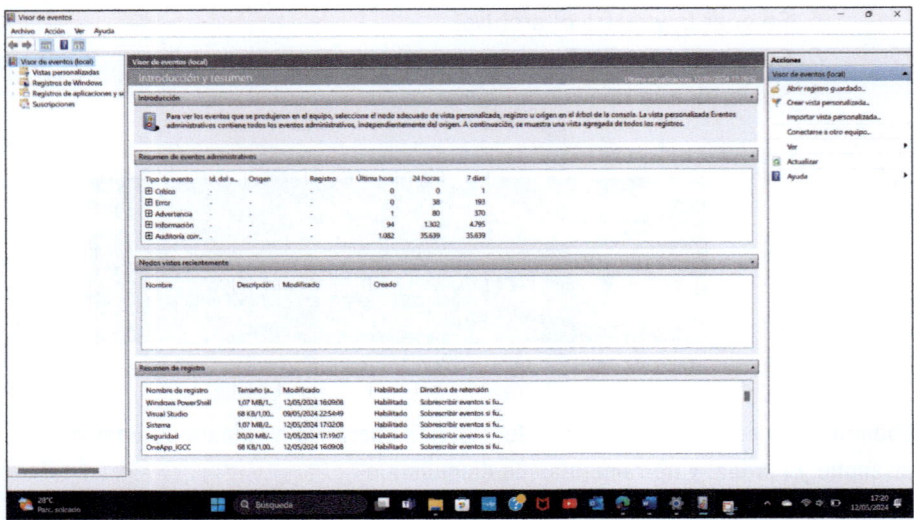

Windows 11 también incluye herramientas integradas como el Monitor de rendimiento y el Diagnóstico de memoria de *Windows,* accesibles desde el Panel de control o la Configuración, para verificar la estabilidad del sistema y los problemas de *hardware.*

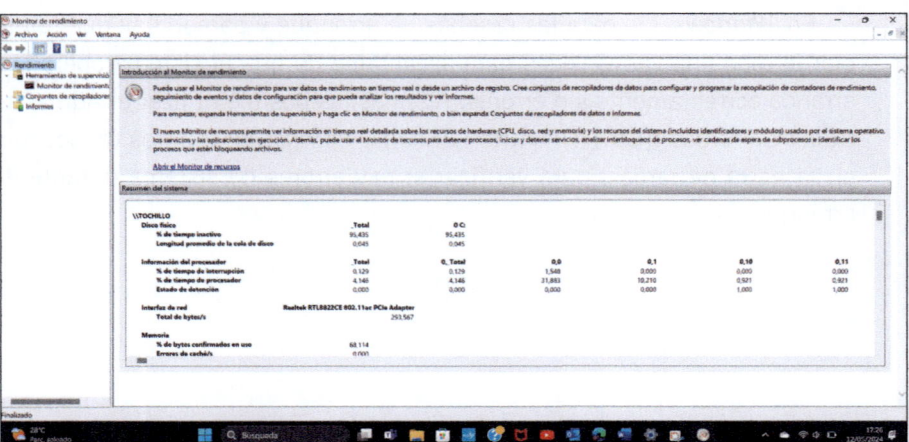

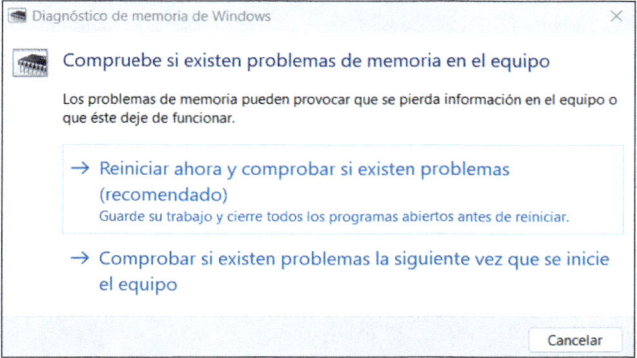

Ubuntu 24.04

En *Ubuntu 24.04* es similar a *Windows,* es recomendable reiniciar *Ubuntu* varias veces para confirmar que no hay problemas durante el arranque. Durante estos reinicios, se pueden emplear comandos como *dmesg* para revisar los mensajes del sistema y *systemctl* para verificar el estado de los servicios. Además, *Ubuntu* proporciona herramientas de diagnóstico que permiten un monitoreo detallado del sistema y de los componentes de *hardware.*

El Monitor del Sistema y *htop* son útiles para visualizar el uso de recursos en tiempo real. Para pruebas específicas de la memoria RAM, el comando *memtest* está disponible y se puede ejecutar desde una terminal para identificar posibles fallos en la memoria.

A continuación, se expone un *script* de ejemplo del uso de estos comandos:

```
# 1. Comando dmesg para revisar mensajes del sistema
dmesg | less

# 2. Comando systemctl para verificar el estado de los servicios
systemctl list-units --type=service
# Para verificar el estado de un servicio específico, como el servidor SSH
systemctl status ssh

# 3. Uso de htop para monitorizar el uso de recursos
htop

# 4. Comando memtest para probar la memoria RAM
# Primero, actualiza la lista de paquetes
sudo apt update
# Luego, instala memtester
sudo apt install memtester
# Finalmente, ejecuta memtester para probar 1024 MB de RAM cinco veces
sudo memtester 1024 5
```

Actualizar el sistema operativo

Actualizar el sistema operativo posinstalación es vital para asegurar que todas las funciones estén al día y para proteger el sistema contra vulnerabilidades.

En *Windows 11* el proceso de actualización es el siguiente: **Configuración → Windows Update → Buscar actualizaciones.**

Es recomendable instalar todas las actualizaciones disponibles para mantener el sistema seguro y actualizado.

En *Ubuntu 24.04* se puede realizar la actualización mediante la terminal, ejecutando los comandos *sudo apt update* seguido de *sudo apt upgrade* para actualizar todos los paquetes instalados. También se puede usar *sudo do-release-upgrade* para actualizaciones de versión más significativas:

```
# Actualizar la lista de paquetes disponibles
sudo apt update

# Actualizar todos los paquetes instalados
sudo apt upgrade

# Para actualizaciones de versión más significativas
sudo do-release-upgrade
```

Instalación desatendida

La instalación desatendida utiliza un archivo de respuesta o un *script* que contiene todas las instrucciones y configuraciones preestablecidas para la instalación, permitiendo que el proceso se ejecute sin necesidad de intervención manual. Esto es especialmente útil para desplegar el sistema operativo en múltiples máquinas simultáneamente, garantizando una configuración uniforme y ahorrando tiempo en entornos empresariales o educativos.

Para realizar una instalación desatendida en *Windows 11,* es necesario utilizar el Kit de Preinstalación de *Windows (Windows PE)* y crear un archivo de respuestas XML con *Windows System Image Manager.*

Para saber más

Enlaces de descarga:

Windows PE (WinPE)

https://redirectoronline.com/uf18930203

Windows System Image Manager Technical Reference

https://redirectoronline.com/uf18930204

Ubuntu, por su parte utiliza archivos de preconfiguración conocidos como *preseed* para realizar instalaciones desatendidas. Un ejemplo muy básico de cómo podría verse un archivo *preseed* es el siguiente:

```
# Ejemplo de archivo preseed para Ubuntu

d-i debian-installer/locale string es_ES
d-i console-setup/ask_detect boolean false
d-i console-setup/layoutcode string es
d-i keyboard-configuration/layoutcode string es
d-i netcfg/get_hostname string unassigned-hostname
d-i netcfg/get_domain string unassigned-domain
d-i time/zone string Europe/Madrid
d-i mirror/country string manual
d-i mirror/http/hostname string archive.ubuntu.com
d-i mirror/http/directory string /ubuntu
d-i mirror/http/proxy string
d-i clock-setup/utc boolean true
d-i partman-auto/method string regular
d-i partman-auto/choose_recipe select atomic
d-i partman-partitioning/confirm_write_new_label boolean true
d-i partman/choose_partition select finish
d-i partman/confirm boolean true
d-i partman/confirm_nooverwrite boolean true
d-i passwd/user-fullname string Usuario Ubuntu
d-i passwd/username string ubuntu
d-i passwd/user-password password ubuntu
d-i passwd/user-password-again password ubuntu
d-i user-setup/encrypt-home boolean false
tasksel tasksel/first multiselect ubuntu-desktop
d-i pkgsel/include string openssh-server build-essential
d-i grub-installer/only_debian boolean true
d-i finish-install/reboot_in_progress note
```

Instalación automática

La instalación automática se refiere a la utilización de herramientas de gestión de sistemas, como *Microsoft SCCM* en *Windows* o *Puppet* en *Ubuntu,* que pueden desplegar sistemas operativos a múltiples dispositivos en una red, configurando automáticamente según las políticas predefinidas. Este método es eficaz para mantener la coherencia en grandes flotas de dispositivos, minimizando el esfuerzo manual y maximizando la eficiencia operativa.

Clonar servidores

La clonación de servidores implica crear una imagen exacta del sistema operativo y sus configuraciones de un servidor (servidor fuente) y replicarla en otro u otros servidores (servidores destino). Esto es particularmente útil para configuraciones rápidas de múltiples servidores en un centro de datos o para la recuperación de desastres, asegurando que todos los servidores clonados operen de manera idéntica.

Clonar servidores implica copiar una imagen del sistema operativo de un servidor a otros. El proceso es el siguiente:

- **Creación de imagen:** usa herramientas de clonación para crear una imagen completa del sistema operativo, incluidas las aplicaciones y configuraciones.
- **Despliegue de la imagen:** utiliza *software* de clonación para aplicar la imagen a otros servidores, asegurando una configuración idéntica en múltiples máquinas.

 Ejemplo

A continuación, se presentan algunos ejemplos de herramientas que se pueden emplear para la clonación de servidores tanto en *Windows 11* como en *Ubuntu:*

Windows 11:

❙ *Acronis True Image:* esta herramienta ofrece capacidades completas de copia de seguridad y restauración en caso de desastres, permitiendo crear copias exactas del disco duro para la recuperación del sistema.

Continúa en página siguiente >>

<< Viene de página anterior

https://redirectoronline.com/uf18930205

▌ *Macrium Reflect:* proporciona funcionalidades de copia de seguridad y clonación de discos, facilitando la creación de imágenes precisas del disco duro.

https://redirectoronline.com/uf18930206

Ubuntu:

▌ *Clonezilla:* funciona como una herramienta de clonación de particiones y discos duros, permitiendo realizar imágenes completas de las particiones o del disco duro completo.

https://redirectoronline.com/uf18930207

▌ *Rsync:* esta herramienta de copia de seguridad es altamente versátil y permite sincronizar archivos entre dos localizaciones diferentes.

Continúa en página siguiente >>

<< Viene de página anterior

https://redirectoronline.com/uf18930208

7. Conocer y utilizar adecuadamente las herramientas de gestión del sistema operativo, de uso habitual

La gestión efectiva de un sistema operativo requiere el dominio de diversas herramientas especializadas que apoyan en la administración de usuarios, configuración de seguridad, mantenimiento de la red, gestión de servicios y monitorización del sistema. Herramientas integradas en sistemas operativos, como *Windows* y *Linux,* facilitan la creación y gestión de cuentas de usuario y grupos, esenciales para controlar el acceso a recursos del sistema. Además, la gestión de permisos del sistema de archivos es fundamental para la seguridad de los datos, utilizando interfaces gráficas en *Windows* y comandos como *chmod* y *chown* en *Linux.*

Las herramientas de configuración y diagnóstico de red son fundamentales para asegurar conectividad y optimizar el rendimiento, mientras que la gestión de servicios permite controlar aplicaciones y procesos críticos. La monitorización del sistema es indispensable para mantener la salud y el rendimiento del sistema, haciendo esencial para cualquier profesional de TI dominar estas herramientas para garantizar la estabilidad, seguridad y adaptabilidad del sistema operativo frente a las necesidades cambiantes del entorno.

7.1. Conocer y utilizar las herramientas de gestión de grupos y usuarios

La administración de grupos y usuarios es esencial para mantener la seguridad y la organización dentro de un sistema operativo. Permite especificar qué usuarios tienen acceso al sistema y determinar sus niveles de acceso.

En entornos *Windows* se utiliza la herramienta de **Administración de equipos** o el **Panel de control,** donde se pueden crear y gestionar cuentas de usuario, asignar usuarios a grupos específicos y establecer políticas que restrinjan o permitan diversas actividades. Los administradores pueden definir perfiles de usuario, asignar privilegios administrativos y restringir el acceso a determinados archivos y aplicaciones.

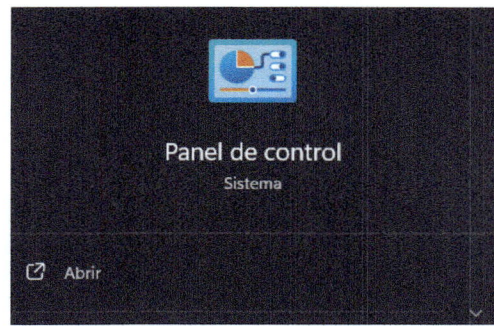

Apariencia del **Panel de control** en Windows 11

Cuentas de usuario en Windows 11

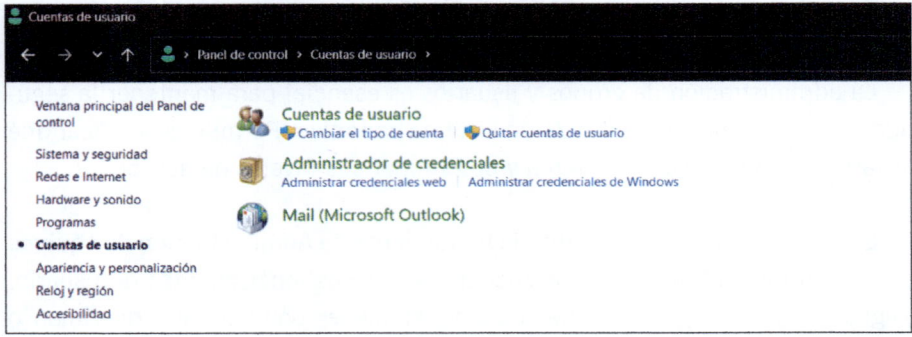

Opciones en **Cuentas de usuario**

Por otro lado, en entornos *Linux/Unix,* se maneja principalmente a través de la terminal, utilizando comandos como *useradd, usermod* y *groupadd* para agregar, modificar y gestionar usuarios y grupos. Estas acciones permiten configurar permisos específicos, definir directorios *home,* establecer interpretadores de comandos predeterminados y gestionar la información de *login.*

```
# Agregar un nuevo usuario llamado "ejemploUsuario"
sudo useradd ejemploUsuario

# Modificar el usuario existente, cambiando su nombre de login a "nuevoEjemploUsuario"
sudo usermod -l nuevoEjemploUsuario ejemploUsuario

# Agregar un nuevo grupo llamado "ejemploGrupo"
sudo groupadd ejemploGrupo

# Añadir el usuario al grupo secundario "ejemploGrupo"
sudo usermod -aG ejemploGrupo nuevoEjemploUsuario

# Cambiar el directorio home del usuario a "/home/nuevoHome"
sudo usermod -d /home/nuevoHome -m nuevoEjemploUsuario

# id nombre_de_usuario se utiliza para ver los grupos a los que pertenece un usuario
# ls -ld /home/nombre_de_directorio se utiliza para verificar los permisos de un directorio.
```

Uso de comandos useradd, usermod, y groupadd

Para saber más

Mediante el siguiente artículo se pueden conocer algunos aspectos específicos sobre cómo usar el terminal de *Linux* de manera adecuada:

https://redirectoronline.com/uf18930209

7.2. Conocer y utilizar correctamente las herramientas de gestión de permisos del sistema de archivos

Controlar los permisos en el sistema de archivos es vital para proteger la integridad y la seguridad de los datos, permitiendo especificar quién puede leer, escribir o ejecutar archivos.

En *Windows,* los permisos se gestionan a través de la interfaz gráfica de usuario, haciendo clic derecho en **Archivos** o **Carpetas,** seleccionando **Propiedades** y luego la pestaña **Seguridad.** Aquí, los administradores pueden modificar los permisos, asignando diferentes niveles de acceso a diferentes usuarios o grupos, lo que afecta cómo interactúan los usuarios con los archivos y directorios.

*Opción de **Propiedades** en Windows 11*

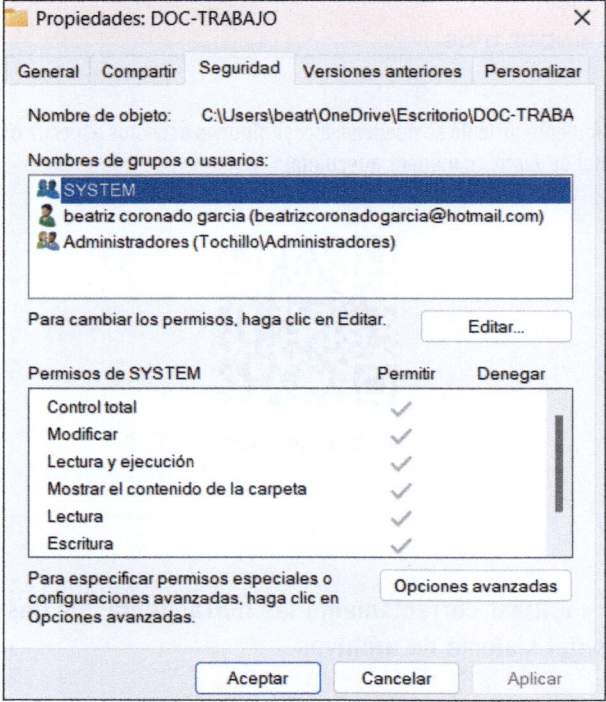

*Opciones de **Seguridad** en Windows 11*

Por otro lado, en sistemas basados en *Linux* los permisos se establecen utilizando comandos como *chmod, chown* y *chgrp,* que modifican los permisos de archivos, cambian el propietario de los archivos y alteran el grupo al que pertenecen los archivos, respectivamente. Estos comandos permiten una gran flexibilidad y precisión en la definición de quién puede acceder y modificar los archivos.

```
# Cambiar los permisos de un archivo o directorio usando chmod
# Asigna permisos de lectura, escritura y ejecución al propietario, y de lectura y ejecución al grupo y a otros.
sudo chmod 755 /ruta/del/archivo

# Cambiar el propietario de un archivo o directorio con chown
# Cambia el propietario a "nuevoPropietario" y el archivo especificado es /ruta/del/archivo
sudo chown nuevoPropietario /ruta/del/archivo

# Cambiar el grupo de un archivo o directorio con chgrp
# Cambia el grupo asignado a "nuevoGrupo" para el archivo en /ruta/del/archivo
sudo chgrp nuevoGrupo /ruta/del/archivo

# Ejemplo combinado: cambiar simultáneamente el propietario y el grupo de un archivo
sudo chown nuevoPropietario:nuevoGrupo /ruta/del/archivo

# Establecer permisos recursivos en un directorio y su contenido
sudo chmod -R 755 /ruta/del/directorio

# Cambiar el propietario y grupo de forma recursiva para todos los archivos y subdirectorios
sudo chown -R nuevoPropietario:nuevoGrupo /ruta/del/directorio
```

Uso de comandos chmod, chown y chgrp

 Nota

Aclaraciones sobre los comandos:

▪ *chmod 755* /ruta/del/archivo: este comando establece los permisos de lectura (r), escritura (w) y ejecución (x) para el propietario, y lectura y ejecución para el grupo y otros usuarios. El número 755 representa estos permisos en notación octal.
▪ *chown nuevoPropietario* /ruta/del/archivo: este comando cambia el propietario del archivo o directorio especificado al "nuevoPropietario". Solo el superusuario puede cambiar el propietario de un archivo.
▪ *chgrp nuevoGrupo* /ruta/del/archivo: este comando cambia el grupo del archivo o directorio al "nuevoGrupo". Es necesario tener permisos adecuados o ser el superusuario para cambiar el grupo de un archivo.

7.3. Conocer y utilizar correctamente las herramientas de configuración y diagnóstico de red

Las herramientas especializadas en la configuración y el diagnóstico de la red son esenciales para garantizar una conectividad óptima, solucionar problemas de red y mantener la seguridad y eficiencia de las comunicaciones de datos.

Las siguientes tablas resumen las herramientas y funciones para la configuración y el diagnóstico de red en *Windows* y *Ubuntu,* incluyendo tanto los pasos para acceder como el propósito de cada herramienta:

Windows		
Herramienta	Acceso	Propósito
Configuración de red	**Configuración → Red e internet**	Permite gestionar conexiones wifi, *Ethernet* y otras propiedades de red.
VPN	**Configuración → Red e internet → VPN**	Configurar y gestionar conexiones VPN para una navegación segura y privada.
Zona con cobertura inalámbrica móvil	**Configuración → Red e internet → Zona inalámbrica móvil**	Compartir conexión a internet del dispositivo con otros dispositivos.
Modo avión	**Configuración → Red e internet → Modo avión**	Desactiva todas las comunicaciones inalámbricas del dispositivo.
Proxy	**Configuración → Red e Internet → Proxy**	Configurar un servidor *proxy* para las conexiones de red.
Configuración avanzada de red	**Configuración → Red e internet → Configuración avanzada de red**	Ver y gestionar adaptadores de red, configurar opciones avanzadas y restablecer la configuración de red.
Firewall de Windows	**Panel de Control→ Sistema y Seguridad → *Firewall de Windows***	Gestionar configuraciones de seguridad para controlar el acceso a la red y proteger el sistema contra amenazas.

Ubuntu		
Herramienta	Comando/interfaz	Propósito
Network Manager (GUI)	Clic en el icono de red → **Configuraciones de red**	Administrar conexiones wifi, VPN y de red móvil desde una interfaz gráfica.
nmcli (CLI)	Terminal: *nmcli*	Administrar redes desde la línea de comandos para configuraciones rápidas o automatización.

Continúa en página siguiente >>

<< Viene de página anterior

Ubuntu

Herramienta	Comando/interfaz	Propósito
nmtui (CLI)	Terminal: *nmtui*	Proporciona una interfaz de texto para gestionar configuraciones de red, útil en entornos sin GUI.
ifconfig / ip (CLI)	Terminal: *ifconfig* o *ip addr*	Mostrar y modificar configuraciones de interfaz de red, como direcciones IP.
netplan	Editar archivos en */etc/netplan/*	Configurar interfaces de red usando YAML, específicamente para sistemas que utilizan *netplan.*
iptables / ufw (CLI)	Terminal: *iptables* o *ufw enable*	Configurar reglas de *firewall* para seguridad y filtrado de tráfico en la red.
Wireshark (GUI)	Terminal: *sudo apt install wireshark,* luego *wireshark*	Analizar el tráfico de red y diagnosticar problemas de red en una interfaz gráfica.

 ## Aplicación práctica

Un administrador de sistemas está configurando una red en un entorno *Ubuntu* para un nuevo departamento de la empresa. Necesita asegurarse de que la red esté correctamente configurada, segura y pueda diagnosticar cualquier problema que surja.

¿Cuál es el proceso que debe seguir para configurar y diagnosticar la red utilizando herramientas CLI adecuadas en *Ubuntu,* especialmente para ajustes de *firewall* y análisis de tráfico?

SOLUCIÓN

Para configurar y diagnosticar la red en *Ubuntu,* utilizando las herramientas de línea de comandos (CLI) adecuadas, debe seguir estos pasos:

Configuración de la Red y *Firewall:*

- Utilizar *nmcli* para administrar rápidamente las conexiones de red. Puede listar, modificar, conectar o desconectar interfaces de red usando comandos como *nmcli device*

Continúa en página siguiente >>

<< Viene de página anterior

> *status* para ver el estado de los dispositivos de red o *nmcli connection up id* <nombre> para activar una conexión específica.

I Configurar el *firewall* utilizando *ufw (Uncomplicated Firewall)*. Para habilitar el *firewall*, ejecutar *sudo ufw enable.* Para configurar reglas específicas, como permitir o denegar el acceso a ciertos puertos, usar comandos como *sudo ufw allow 22* para permitir conexiones SSH o *sudo ufw deny 23* para denegar *Telnet.*

Diagnóstico de la Red:

I Ejecutar *ifconfig* o *ip addr* para revisar las configuraciones de las interfaces de red, incluyendo direcciones IP asignadas, máscaras de *subred* y el estado operativo de las interfaces.

I Instalar y utilizar *Wireshark* para análisis detallado del tráfico de red. Instalar *Wireshark,* usando *sudo apt install wireshark* y luego iniciar la aplicación con *wireshark* para capturar y analizar paquetes de red en tiempo real, lo cual es crucial para diagnosticar problemas complejos de red.

7.4. Conocer y utilizar correctamente las herramientas de gestión de servicios

Las herramientas de gestión de servicios permiten a los administradores de sistemas iniciar, detener, reiniciar y gestionar el estado de los servicios del sistema operativo. Estas herramientas son esenciales para el mantenimiento rutinario, la solución de problemas y la optimización del rendimiento del sistema.

En sistemas basados en *Linux* (como *Ubuntu, CentOS* o *Debian),* el comando *systemctl* es una parte integral del *systemd,* el sistema de inicio y gestión de servicios. *Systemd* actúa como un sistema y gestor de servicios para *Linux,* proporcionando capacidades para gestionar tanto el arranque del sistema como los servicios que se ejecutan.

Ejemplo

Imagine que está administrando un servidor *Linux* en una pequeña empresa de tecnología ubicada en Barcelona. Este servidor está configurado para alojar el sitio web de la empresa, que utiliza el servidor web *Apache.* Como administrador de sistemas, su tarea es asegurar que el servicio de *Apache* esté funcionando correctamente, optimizar su disponibilidad y gestionar su operatividad.

A continuación, se describe cómo se utilizaría *systemctl* para gestionar el servicio *Apache* en este contexto:

▎ La empresa ha lanzado recientemente una actualización de su sitio web y necesita asegurarse de que *Apache* se esté ejecutando sin problemas para que los clientes puedan acceder al nuevo contenido sin interrupciones. También quieren garantizar que después de los reinicios del servidor, el servicio de *Apache* se inicie automáticamente.
▎ Al comenzar el día, lo primero que hace es verificar el estado del servicio *Apache* para asegurarse de que está activo y funcionando correctamente:

   ▎ *sudo systemctl status apache2*
   Este comando proporciona información detallada sobre el servicio *Apache,* incluyendo si está activo, en ejecución y muestra los últimos mensajes del *log* del sistema, lo cual es necesario para identificar cualquier problema reciente.

▎ Imagine que durante la revisión se encuentra que *Apache* no está en ejecución. Necesita iniciar el servicio inmediatamente para restaurar la funcionalidad del sitio web:

   ▎ *sudo systemctl start apache2*
   Al ejecutar este comando, inicia el servicio *Apache,* asegurando que el sitio web esté operativo y accesible para los usuarios y clientes.

▎ Imagine que necesita realizar una actualización crítica o modificar la configuración del servidor *Apache.* Antes de hacerlo, debe detener el servicio para evitar cualquier conflicto o pérdida de datos:

   ▎ *sudo systemctl stop apache2*
   Detiene el servicio para realizar las actualizaciones necesarias, asegurándose de que las modificaciones no afectarán a los usuarios activos, ya que planea hacerlo en un horario de bajo tráfico.

Continúa en página siguiente >>

<< Viene de página anterior

▎ Para garantizar que el servicio *Apache* se inicie automáticamente después de cualquier reinicio del sistema, especialmente importante en caso de actualizaciones automáticas o reinicios planificados, se utiliza el siguiente comando:

    ▎ *sudo systemctl enable apache2*
      Este paso es vital para asegurar la alta disponibilidad del sitio web, minimizando el tiempo de inactividad y garantizando que el servicio se recupere rápidamente después de los reinicios del servidor.

```
# Comando para revisar el estado actual del servicio Apache.
sudo systemctl status apache2

# Comando para iniciar el servicio Apache.
sudo systemctl start apache2

# Comando para detener el servicio Apache.
sudo systemctl stop apache2

# Comando para habilitar el servicio Apache para que se inicie automáticamente en el arranque del sistema.
sudo systemctl enable apache2
```

Representación visual en código del ejemplo

En sistemas *Windows,* el Administrador de servicios es una consola que permite a los usuarios iniciar, detener, pausar, reanudar o deshabilitar servicios. Se puede acceder a esta herramienta a través del **Panel de Control,** la línea de comandos con *services.msc,* o mediante *PowerShell* con *cmdlets* como *Get-Service, Start-Service* o *Stop-Service,* entre otros.

Ejemplo

Imagine que está en el departamento de TI de una empresa financiera en Madrid, que utiliza una infraestructura basada en *Windows Server* para alojar sus aplicaciones críticas de negocio. El administrador de sistemas necesita garantizar que todos los servicios relacionados con la base de datos y la seguridad (por ejemplo, *SQL Server* y *Windows Defender)* estén funcionando correctamente, especialmente durante las horas de mayor actividad bursátil, para procesar transacciones y proteger los datos contra amenazas.

Continúa en página siguiente >>

<< Viene de página anterior

La empresa lleva a cabo operaciones financieras que requieren un alto grado de precisión, rapidez y seguridad. El servidor que aloja la base de datos de transacciones y el sistema de seguridad debe estar operativo y actualizado en todo momento para garantizar la integridad y la disponibilidad de los datos.

El administrador de sistemas decide realizar una verificación rutinaria de los servicios críticos después de una actualización reciente del sistema operativo. A continuación, se describe cómo procedería utilizando tanto el Administrador de servicios *(services.msc)* como *PowerShell:*

▌ Usando el administrador de servicios *(services.msc):*

    ▪ Abrir el **Administrador de Servicios:** el administrador va al **Panel de Control** o presione [Win] + [R], escriba *services.msc* y presione [Enter]. Esto abre la consola del **Administrador de Servicios.**

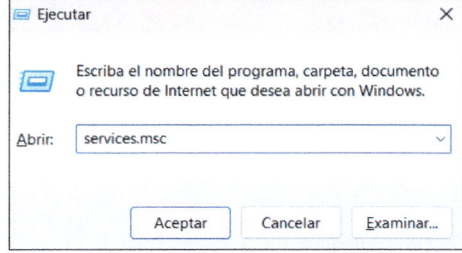

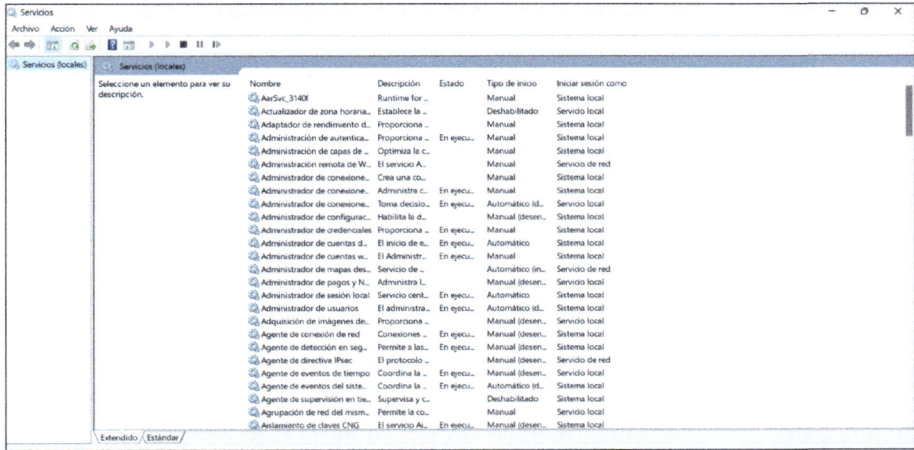

Continúa en página siguiente >>

<< Viene de página anterior

I Desplace la lista de servicios y localice "SQL Server (MSSQLSERVER)".
I Verifique que el estado sea "En ejecución". Si no es así, haciendo clic derecho sobre él y se selecciona **Iniciar** para activar el servicio.
I Busque el servicio "Servicio Antimalware de Windows Defender" en la lista.
I Se asegura de que el estado sea **En ejecución**. Si el servicio está detenido, se hace clic derecho y se selecciona **Iniciar.**

I Para realizar la misma tarea utilizando *PowerShell,* el administrador ejecutaría los siguientes comandos:

```powershell
# Obtener el estado del servicio SQL Server
$SqlServerService = Get-Service -Name "MSSQLSERVER"
if ($SqlServerService.Status -ne 'Running') {
    Start-Service -Name "MSSQLSERVER"
}

# Obtener el estado del servicio Windows Defender
$DefenderService = Get-Service -Name "WinDefend"
if ($DefenderService.Status -ne 'Running') {
    Start-Service -Name "WinDefend"
}
```

I En este *script* de *PowerShell:*

I *Get-Service* se utiliza para obtener la información actual del servicio especificado.
I Se comprueba si el estado del servicio no es "Running" (En ejecución). Si el servicio está detenido, se utiliza *Start-Service* para iniciarlo.

7.5. Conocer y utilizar correctamente las herramientas de monitorización de los sistemas facilitados por el fabricante del sistema

Las herramientas de monitorización están diseñadas específicamente para interactuar con el *hardware* y el *software* del sistema. Permiten supervisar una amplia gama de parámetros, incluyendo el uso de la CPU, memoria, almacenamiento, estado de la red y temperaturas del *hardware,* entre otros. Proporcionan alertas en tiempo real sobre cualquier irregularidad o fallo potencial, lo que ayuda a prevenir interrupciones del servicio y a minimizar el tiempo de inactividad. Además, facilitan la recopilación de datos históricos, que sirven para el análisis de tendencias, la planificación de la capacidad y la optimización de recursos.

Las siguientes tablas proporcionan información sobre diferentes herramientas de monitoreo y gestión de sistemas disponibles en los sistemas operativos *Windows* y *Ubuntu,* cada una con su método de acceso y propósito específico.

Windows		
Herramienta	Acceso	Propósito
Administrador de tareas	Clic derecho en la barra de tareas → **Administrador de Tareas**	Permite ver y gestionar aplicaciones y procesos en ejecución, uso de la CPU, memoria, disco y red.
Monitor de recursos	**Inicio** → escribir "Monitor de Recursos" → **[Enter]**	Proporciona información detallada sobre el uso de la CPU, memoria, disco y red.
Visor de eventos	**Inicio** → escribir "Visor de Eventos" → **[Enter]**	Muestra *logs* de eventos del sistema, aplicaciones, seguridad y otros, útiles para diagnóstico.
Rendimiento del Sistema en el Monitor de Recursos	**Inicio** → escribir "Monitor de Rendimiento" → **[Enter]**	Ofrece gráficos en tiempo real y registros históricos del rendimiento del sistema.

Ubuntu		
Herramienta	Acceso	Propósito
top	Terminal: escribir *top.*	Muestra una lista dinámica de los procesos en ejecución, incluyendo uso de la CPU y la memoria.
htop	Terminal: escribir *htop* (puede requerir instalación).	Una versión mejorada de top con una interfaz más amigable y funciones adicionales.
System Monitor	Buscar "System Monitor" desde el menú de aplicaciones.	Interfaz gráfica para visualizar y gestionar procesos, y monitorizar el uso de recursos.

Continúa en página siguiente >>

<< Viene de página anterior

Ubuntu		
Herramienta	Acceso	Propósito
vmstat	Terminal: escribir *vmstat.*	Proporciona información sobre procesos, memoria, paginación, bloqueo IO y actividad de la CPU.
dstat	Terminal: escribir *dstat.*	Herramienta versátil para generar estadísticas de sistema, que combina funcionalidades de *vmstat, iostat* y *ifstat.*
top	Terminal: escribir *top.*	Muestra una lista dinámica de los procesos en ejecución, incluyendo uso de la CPU y la memoria.
htop	Terminal: escribir *htop* (puede requerir instalación).	Una versión mejorada de top con una interfaz más amigable y funciones adicionales.

 Aplicación práctica

Un técnico de sistemas está aprendiendo a utilizar diversas herramientas de monitorización en sistemas operativos *Windows* y *Ubuntu* para supervisar y optimizar el rendimiento del sistema:

a. Administrador de tareas *(Windows).*
b. top *(Ubuntu).*
c. Monitor de recursos *(Windows).*
d. htop *(Ubuntu).*

¿Cuáles de estas herramientas permiten visualizar y gestionar procesos en ejecución y cuáles ofrecen información detallada sobre el uso de recursos?

SOLUCIÓN

Visualización y gestión de procesos en ejecución:

▌ Administrador de tareas *(Windows).*
▌ *top (Ubuntu).*
▌ *htop (Ubuntu).*

Continúa en página siguiente >>

<< Viene de página anterior

Información detallada sobre el uso de recursos:

▌ Monitor de recursos *(Windows)*.

8. Securizar el sistema atendiendo a las normas definidas

Securizar un sistema informático requiere implementar una serie de estrategias enfocadas en fortalecer la protección y asegurar la conformidad con políticas de seguridad. Esto incluye la configuración inicial de usuarios y grupos, donde es clave establecer controles de acceso adecuados y organizar a los usuarios en grupos para una gestión efectiva de permisos, utilizando el principio de privilegio mínimo y considerando medidas como contraseñas robustas y autenticación multifactorial.

Además, es vital asignar correctamente los permisos del sistema de archivos para proteger los datos sensibles y configurar de manera segura el registro y la red, incluyendo la gestión de *firewalls* y el cierre de puertos no utilizados para prevenir accesos no autorizados.

Por último, revisar y deshabilitar servicios innecesarios ayuda a minimizar vulnerabilidades y mejorar el rendimiento del sistema, reduciendo así la superficie de ataque y previniendo explotaciones.

8.1. Establecer la configuración inicial de usuarios y grupos

La configuración inicial de usuarios y grupos implica definir quiénes tendrán acceso al sistema y qué nivel de acceso se les otorgará. Esto debe hacerse siguiendo el principio de mínimo privilegio, asegurando que cada usuario tenga solo los permisos necesarios para llevar a cabo sus funciones laborales:

- **Creación de usuarios:** se deben crear cuentas individuales para cada usuario, utilizando identificadores únicos y estableciendo contraseñas robustas.
- **Configuración de grupos:** los usuarios deben ser asignados a grupos basados en sus roles o departamentos.
- **Políticas de seguridad:** establecer políticas que regulen la creación, modificación y eliminación de cuentas de usuario y grupos, incluyendo quién puede realizar estas tareas y bajo qué circunstancias.

La configuración de usuarios y grupos en *Windows* y *Ubuntu,* siguiendo el principio de mínimo privilegio, se puede hacer a través de los siguientes comandos:

Configuración en *Windows* usando *PowerShell:*

1. Crear un usuario:

```
# Crear un nuevo usuario llamado UsuarioEjemplo con una descripción
New-LocalUser -Name "UsuarioEjemplo"
-Password (Read-Host -AsSecureString "Introduce la contraseña")
-FullName "Usuario Ejemplo"
-Description "Usuario para el departamento de finanzas"
```

2. Añadir el usuario a un grupo:

```
# Una vez creado, puedes añadir el usuario a un grupo para facilitar la gestión de permisos.
Add-LocalGroupMember -Group "UsuariosFinanzas"
-Member "UsuarioEjemplo"
```

3. Establecer políticas de contraseña:

```
# Configura las políticas de contraseña para asegurar que sean robustas.
Set-ADDefaultDomainPasswordPolicy
-ComplexityEnabled $true
-MinPasswordLength 8
-MinPasswordAge (New-TimeSpan -Days 1)
-MaxPasswordAge (New-TimeSpan -Days 90)
-PasswordHistoryCount 24
```

Configuración en *Ubuntu* usando la terminal:

1. Crear un usuario:

```
# Este comando crea un usuario nuevo en Ubuntu con un directorio home y una shell especificada.
sudo useradd -m -s /bin/bash
-c "Usuario de Finanzas" UsuarioEjemplo
sudo passwd UsuarioEjemplo
```

2. Crear y gestionar grupos:

```
# Primero, crea un grupo y luego añade al usuario a este grupo.
sudo groupadd UsuariosFinanzas
sudo usermod -aG UsuariosFinanzas UsuarioEjemplo
```

3. Configurar políticas de contraseña:

```
# Establece políticas de contraseña para mejorar la seguridad.
# Abrir el archivo de configuración de PAM para editar
sudo nano /etc/pam.d/common-password

# Líneas a añadir o modificar en el archivo:
# password requisite pam_pwquality.so retry=3 minlen=8 difok=3
# password required pam_pwhistory.so remember=5
```

■ *password requisite pam_pwquality.so:* utiliza el módulo pam_pwquality, que proporciona herramientas para verificar la calidad de las contraseñas contra una serie de reglas.

■ *retry=3:* define el número de intentos que un usuario tiene para ingresar una contraseña válida antes de que el comando falle.

■ *minlen=8:* establece la longitud mínima de la contraseña en 8 caracteres.

■ *difok=3:* especifica cuántos caracteres deben ser diferentes respecto a la contraseña antigua al cambiarla.

■ *password required pam_pwhistory.so:* este módulo verifica que las nuevas contraseñas no coincidan con ninguna de las últimas contraseñas usadas por el usuario.

■ *remember=5:* configura el módulo para que recuerde las últimas 5 contraseñas, evitando que el usuario las reutilice.

■ *pwquality:* asegura que las contraseñas sean robustas y difíciles de adivinar.

■ *pwhistory:* evita la reutilización de contraseñas recientes, que es una práctica común que puede comprometer la seguridad si una contraseña anterior ha sido expuesta.

Ejemplo

Una empresa en Madrid tiene un departamento de TI que necesita configurar accesos para dos equipos: el equipo de desarrollo de *software* y el equipo financiero.

Se crean usuarios individuales para cada miembro del equipo. Por ejemplo, para un nuevo desarrollador llamado "Chiara Díaz", se establece un nombre de usuario "cdiaz" con una contraseña fuerte que cumpla con la política de la empresa (por ejemplo, más de 12 caracteres, combinación de mayúsculas, minúsculas, números y símbolos).

Se configuran dos grupos: «Desarrollo» y «Finanzas». Chiara se añade al grupo «Desarrollo». Esto se hace para facilitar la administración de permisos, ya que cualquier permiso otorgado al grupo «Desarrollo» se aplicará a todos sus miembros, incluida Chiara.

Continúa en página siguiente >>

`<< Viene de página anterior`

En *PowerShell:*

```
# Crear grupos para los equipos
New-LocalGroup -Name "Desarrollo"
New-LocalGroup -Name "Finanzas"

# Crear un usuario para el equipo de desarrollo
New-LocalUser -Name "cdiaz" -Password (ConvertTo-SecureString "StrongPassword!234" -AsPlainText -Force)
-FullName "Chiara Diaz" -Description "Desarrolladora en el equipo de Desarrollo"
Add-LocalGroupMember -Group "Desarrollo" -Member "cdiaz"
```

Código del ejemplo

En *Ubuntu:*

```
# Crear grupos para los equipos
sudo groupadd Desarrollo
sudo groupadd Finanzas

# Crear un usuario para el equipo de desarrollo
sudo adduser cdiaz --gecos "Chiara Diaz,RoomNumber,WorkPhone,HomePhone" --disabled-password
echo "cdiaz:StrongPassword!234" | sudo chpasswd
sudo usermod -aG Desarrollo cdiaz
```

Código del ejemplo

8.2. Configurar los permisos en el sistema de archivos

Los permisos en el sistema de archivos controlan el acceso a los datos almacenados en un sistema y son esenciales para proteger la información sensible contra el acceso no autorizado:

- **Definición de permisos:** es esencial establecer permisos claros y adecuados para archivos y directorios. En sistemas *Windows,* esto se puede gestionar a través de la pestaña de seguridad en las propiedades del archivo o carpeta. En sistemas *Linux,* se utilizan comandos como *chmod, chown* y *chgrp* para ajustar los permisos, el propietario y el grupo respectivamente.
- **Principio de menor privilegio:** los permisos deben asignarse de manera que cada usuario o grupo tenga el nivel más bajo de acceso necesario

para realizar sus tareas. Esto minimiza las posibilidades de que un usuario pueda acceder a información para la cual no está autorizado.

■ **Auditoría y revisión:** regularmente, se deben revisar los permisos asignados para asegurar que sigan siendo relevantes y correctos. Cualquier cambio indebido o permiso excesivo debe ser corregido para mantener la seguridad del sistema.

En *Windows,* para acceder a la pestaña de seguridad y modificar los permisos de los archivos o carpetas, simplemente se hace clic derecho sobre el archivo o carpeta que se desea configurar, se selecciona **Propiedades** del menú contextual y se navega a la pestaña **Seguridad.** En esta pestaña, se puede ver y cambiar los permisos asignados a diferentes usuarios o grupos, pudiendo controlar quién puede leer, escribir o ejecutar el archivo o carpeta en cuestión:

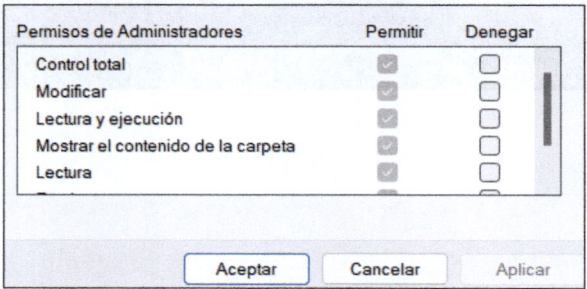

La siguiente tabla incluye los comandos más importantes para configurar los permisos en el sistema de archivos para *Linux:*

Ubuntu		
Comando	Descripción	Uso
chmod	Cambia los permisos de archivos o directorios.	*chmod 755 archivo* establece los permisos de lectura, escritura y ejecución para el propietario, y de lectura y ejecución para el grupo y otros.

Continúa en página siguiente >>

<< Viene de página anterior

Ubuntu

Comando	Descripción	Uso
chown	Cambia el propietario de un archivo o directorio.	**chown usuario:grupo archivo** cambia tanto el propietario como el grupo del archivo.
chgrp	Cambia el grupo de un archivo o directorio.	*chgrp grupo archivo* cambia el grupo asignado al archivo.
setfacl	*Establece listas de control de acceso (ACL) para archivos y directorios.*	**setfacl -m u:usuario:rwx archivo** concede permisos de lectura, escritura y ejecución a un usuario específico.
getfacl	Obtiene las listas de control de acceso (ACL) de archivos y directorios.	**getfacl archivo** muestra los permisos actuales, incluidos los ACL.

Ejemplo

La empresa del ejemplo anterior necesita asegurar que el equipo de desarrollo tenga acceso de lectura/escritura a sus proyectos de *software,* mientras que el equipo financiero debe tener acceso de solo lectura a los mismos proyectos para revisar la documentación técnica.

Se asigna al directorio C:\Proyectos permisos de lectura/escritura para el grupo "Desarrollo" y permisos de solo lectura para el grupo "Finanzas".

En un servidor *Windows,* un administrador podría configurar estos permisos usando la interfaz gráfica de usuario (haciendo clic derecho en la carpeta, seleccionando **Propiedades,** y luego la pestaña de **Seguridad)** o utilizando *PowerShell* del siguiente modo:

Continúa en página siguiente >>

<< Viene de página anterior

```
# Configurar el acceso de lectura/escritura para el grupo "Desarrollo":

# Definir la ruta del directorio
$FolderPath = "C:\Proyectos"
# Obtener el objeto de seguridad actual del directorio
$Acl = Get-Acl $FolderPath
# Crear un nuevo objeto de regla de acceso para el grupo "Desarrollo"
$Ar = New-Object System.Security.AccessControl.FileSystemAccessRule("Desarrollo", "Modify", "ContainerInherit,ObjectInherit", "None", "Allow")
# Agregar la regla de acceso al objeto ACL
$Acl.SetAccessRule($Ar)
# Aplicar el objeto ACL al directorio
Set-Acl -Path $FolderPath -AclObject $Acl


# Configurar el acceso de solo lectura para el grupo "Finanzas":

# Crear un nuevo objeto de regla de acceso para el grupo "Finanzas"
$Ar = New-Object System.Security.AccessControl.FileSystemAccessRule("Finanzas", "ReadAndExecute", "ContainerInherit,ObjectInherit", "None", "Allow")
# Agregar la regla de acceso al objeto ACL
$Acl.SetAccessRule($Ar)
# Aplicar el objeto ACL al directorio
Set-Acl -Path $FolderPath -AclObject $Acl
```

Código del ejemplo

8.3. Configurar los permisos en el registro de configuraciones

En cuanto a la configuración de permisos en sistemas operativos, tanto *Windows* como *Linux* implementan métodos para controlar el acceso a las configuraciones del sistema, aunque lo hacen de maneras diferentes.

El registro de *Windows* es una base de datos centralizada que almacena configuraciones, opciones y toda la información de *software* y *hardware* del sistema. El procedimiento incluye:

- Auditoría de los permisos actuales del registro para identificar configuraciones inseguras o accesos indebidos.
- Limitar el acceso al registro utilizando la herramienta Editor del Registro *(regedit),* ajustando los permisos en las claves específicas. Por ejemplo, se pueden modificar los permisos para que solo los administradores tengan permisos de escritura en claves críticas, mientras que otros usuarios tengan permisos restringidos o de solo lectura.
- Utilizar políticas de grupo para gestionar el acceso al registro en toda la organización, asegurando una configuración coherente y segura.
- Establecer un sistema de monitoreo y alertas para detectar cambios no autorizados en el registro.

Linux no utiliza un registro centralizado como *Windows.* Las configuraciones se manejan a través de archivos de texto en diferentes directorios, principalmente en /etc/. Para controlar el acceso a estas configuraciones, *Linux* utiliza permisos de archivo estándar y sistemas de control de acceso avanzados:

- Revisión de permisos de archivo en los directorios de configuración para asegurar que solo los usuarios autorizados puedan modificar archivos importantes.
- Establecer permisos adecuados usando comandos como *chmod* y *chown* para restringir el acceso a los archivos de configuración.
- Implementar políticas de seguridad mediante herramientas como *SELinux* o *AppArmor,* que proporcionan control de acceso basado en políticas para aplicaciones y procesos.
- Monitoreo de configuraciones a través de herramientas que rastrean los cambios en los archivos de configuración, como *auditd* o sistemas de gestión de configuración como *Ansible,* para detectar modificaciones no autorizadas.

 ## Aplicación práctica

Un técnico de sistemas está revisando las políticas de seguridad y las configuraciones de permisos de sistemas operativos en una infraestructura que incluye tanto servidores *Windows* como *Linux.* Es crucial entender las diferencias en la gestión de permisos entre estos dos sistemas operativos para aplicar medidas de seguridad adecuadas.

Clasifique los siguientes procedimientos de configuración de permisos según correspondan a *Windows* o a *Linux:*

- Uso de la herramienta *Editor del Registro* para limitar el acceso a las configuraciones.
- Establecimiento de permisos usando comandos como *chmod* y *chown.*
- Utilización de políticas de grupo para gestionar el acceso y la seguridad.
- Implementación de herramientas de seguridad como *SELinux* o *AppArmor* para controlar el acceso basado en políticas.

Continúa en página siguiente >>

<< Viene de página anterior

SOLUCIÓN

Windows:

I Uso de la herramienta *Editor del Registro* para limitar el acceso a las configuraciones: este procedimiento es específico de *Windows*, ya que utiliza un registro centralizado donde se almacenan todas las configuraciones del sistema.
I Utilización de políticas de grupo para gestionar el acceso y la seguridad: las políticas de grupo son una funcionalidad de *Windows* que permite la gestión centralizada del registro y otras configuraciones de seguridad en una red de computadoras.

Linux:

I Establecimiento de permisos usando comandos como *chmod* y *chown:* estos comandos son propios de los sistemas *Unix-like,* incluido *Linux,* y se utilizan para establecer permisos de archivo, lo que es crucial dado que *Linux* maneja configuraciones a través de archivos de texto en el sistema de archivos.
I Implementación de herramientas de seguridad como *SELinux* o *AppArmor* para controlar el acceso basado en políticas: estas herramientas proporcionan mecanismos avanzados de control de acceso en sistemas *Linux,* permitiendo una gestión detallada y segura de cómo las aplicaciones y procesos interactúan con los recursos del sistema.

8.4. Establecer los permisos en la configuración de red

La configuración de red segura es esencial para proteger los datos en tránsito y controlar el acceso a los recursos de la red. Los permisos de red adecuados ayudan a prevenir accesos no autorizados y aseguran que solo los dispositivos y usuarios legítimos puedan conectarse a la red.

Las estrategias a tener en cuenta para la configuración de red son:

1. Configurar adecuadamente los *firewalls* para permitir únicamente el tráfico necesario y bloquear el resto:

    I Acceder a la interfaz de administración del *firewall,* que puede ser una interfaz web, una aplicación dedicada o una línea de comando, dependiendo del dispositivo o *software* que se esté utilizando.

- Definir reglas que especifiquen claramente qué tráfico está permitido y cuál está bloqueado. Por ejemplo, se puede permitir el tráfico HTTP y HTTPS hacia los servidores web, mientras se bloquea todo el tráfico no solicitado a otros puertos.
- Hay que mantener el *firewall* actualizado con las últimas firmas de seguridad y parches, y revisar las reglas regularmente para ajustarlas a los cambios en el entorno de red y a las tácticas emergentes de amenazas.

Los *firewalls* actúan como barreras entre la red interna y el mundo exterior, permitiendo o bloqueando el tráfico según un conjunto de reglas de seguridad. Hay que asegurarse de que las reglas del *firewall* estén actualizadas y sean acordes con las políticas de seguridad de la empresa.

2. Implementar una segmentación efectiva de la red, separando los segmentos críticos de los menos críticos y asignando los permisos de red correspondientes. Esto limita el potencial de propagación de amenazas dentro de la red. La segmentación de la red divide la red en subredes más pequeñas, cada una con su propio conjunto de controles de seguridad, lo que ayuda a contener las amenazas y simplificar la gestión de la seguridad:

- Diseño de subredes: se definen las subredes basándose en los requisitos de la organización, como departamentos, tipos de usuarios o tipos de dispositivos.
- Implementación: se utiliza *switches* y *routers* para crear y gestionar estas subredes. Configure VLAN (Redes de Área Local Virtuales) en los *switches* para separar físicamente el tráfico de red de diferentes segmentos.
- Controles de acceso: se aplica listas de control de acceso (ACL) en los *routers* o los *firewalls* para controlar el tráfico entre subredes, asegurando que solo el tráfico autorizado pueda pasar de una subred a otra.

3. Definir políticas claras que especifiquen quién puede acceder a la red, cuándo y cómo. Esto incluye la configuración de VPN, el uso de redes wifi seguras y la implementación de autenticación y cifrado fuertes para accesos remotos:

■ Crear políticas formales que definan los requisitos de acceso, como la necesidad de autenticación, los horarios permitidos para el acceso y las restricciones basadas en roles.

■ Configurar VPN para permitir un acceso remoto seguro, utilizando protocolos que proporcionen cifrado y autenticación fuertes. Asegurar las redes wifi mediante el uso de WPA3, ocultando el SSID y aplicando un fuerte cifrado y autenticación.

■ Implementar soluciones de autenticación robustas, como la autenticación de dos factores (2FA), y asegurar que toda la comunicación de red esté cifrada, utilizando por ejemplo TLS para las conexiones web.

4. Los permisos de red deben revisarse y actualizarse regularmente para adaptarse a los cambios en la organización y para responder a las nuevas amenazas emergentes.

Ejemplo

Un ejemplo práctico de cómo establecer permisos en la configuración de red podría ser la configuración de reglas de *firewall* para controlar el tráfico de red. A continuación, se presenta un ejemplo utilizando *iptables,* una herramienta común en sistemas *Linux:*

```
# Primero, asegúrate de que todas las políticas estén configuradas para DENEGAR por defecto
sudo iptables -P INPUT DROP
sudo iptables -P FORWARD DROP
sudo iptables -P OUTPUT DROP

# Luego, permite el tráfico a ciertos puertos para usuarios específicos
# Supongamos que queremos permitir el tráfico HTTP y HTTPS solo para el usuario con ID 1001
sudo iptables -A OUTPUT -p tcp --dport 80 -m owner --uid-owner 1001 -j ACCEPT
sudo iptables -A OUTPUT -p tcp --dport 443 -m owner --uid-owner 1001 -j ACCEPT

# Guarda las reglas para que persistan después de un reinicio
sudo iptables-save
```

Código del ejemplo

8.5. Revisar y desinstalar o deshabilitar los servicios innecesarios

En el contexto de la seguridad informática, la revisión y la gestión adecuada de los servicios del sistema implica evaluar cuidadosamente todos los servicios en ejecución en los sistemas operativos y deshabilitar o desinstalar aquellos que no sean necesarios. La presencia de servicios innecesarios en un sistema puede representar vectores de ataque potenciales para los ciberdelincuentes y aumentar la superficie de ataque general del sistema.

El primer paso consiste en realizar un inventario completo de todos los servicios instalados y en ejecución en el sistema. Esto se puede llevar a cabo mediante el uso de herramientas integradas en el sistema operativo, como el Administrador de tareas en *Windows,* o mediante comandos como *systemctl* o *service --status-all* en sistemas basados en *Linux.*

Para cada servicio, se debe evaluar su propósito, necesidad y uso. Se determinará si el servicio es imprescindible para las operaciones comerciales cotidianas o para la funcionalidad del sistema. Es recomendable consultar la documentación oficial del servicio, las políticas internas de la empresa y las guías de mejores prácticas para entender mejor la relevancia y el impacto de cada servicio.

Es fundamental asegurarse de que los servicios necesarios estén configurados de acuerdo con las políticas de seguridad de la empresa. Esto implica una revisión meticulosa de los permisos de acceso, las configuraciones de red y la confirmación de que están actualizados con las últimas actualizaciones de seguridad.

En sistemas operativos *Windows,* es recomendable utilizar el Administrador de servicios o *PowerShell* para la gestión de los servicios innecesarios. Los comandos como *Stop-Service* se emplean para detener los servicios activos, mientras que *Set-Service -StartupType Disabled* se utiliza para deshabilitarlos, evitando así que se inicien automáticamente durante el arranque del sistema. Esta práctica permite desactivar o incluso desinstalar aquellos servicios que no son requeridos, optimizando la seguridad y el rendimiento del sistema.

En el entorno *Linux,* los comandos *systemctl stop [servicio]* y *systemctl disable [servicio]* son fundamentales. El primero detiene el servicio en ejecución y el segundo cambia la configuración para que el servicio no se inicie automáticamente en el arranque del sistema. Si un servicio se determina completamente innecesario, puede ser desinstalado del sistema, eliminando así cualquier posibilidad de que sea utilizado o explotado indebidamente.

Ejemplo

Imagine una empresa de tecnología en Lanzarote que utiliza una variedad de servidores *Windows* y *Linux* para alojar sus aplicaciones críticas de negocio.

El **proceso en un sistema *Windows*** sería:

▌ El administrador utiliza el Administrador de tareas y *PowerShell* para listar todos los servicios. Ejecuta el comando *Get-Service* en *PowerShell* para obtener un inventario completo de los servicios en ejecución.

▌ Se identifica que el servicio "Fax" está habilitado y en ejecución, aunque la empresa no utiliza máquinas de fax ni servicios relacionados. Se decide que este servicio es innecesario y representa un posible vector de ataque.

▌ Se utiliza el comando *Set-Service -Name Fax -StartupType Disabled* para deshabilitar el servicio de Fax, seguido de *Stop-Service -Name Fax* para detenerlo inmediatamente.

▌ Se registra la acción en la política de gestión de servicios de la empresa, anotando que el servicio de Fax fue deshabilitado para mejorar la seguridad y optimizar el rendimiento del sistema.

▌ Para revisar, deshabilitar y detener un servicio innecesario en *Windows,* utilizando *PowerShell,* se seguirían los siguientes pasos:

```
# Listar todos los servicios para revisar su estado actual
Get-Service

# Deshabilitar un servicio específico, por ejemplo, el servicio "Fax"
Set-Service -Name Fax -StartupType Disabled

# Detener el servicio "Fax" si está en ejecución
Stop-Service -Name Fax

# Confirmar que el servicio se ha deshabilitado y detenido
Get-Service -Name Fax
```

Código para el proceso en Windows

Continúa en página siguiente >>

<< Viene de página anterior

El **proceso en un sistema *Linux*** es el siguiente:

▌ Se utiliza el comando *systemctl list-units --type=service* para listar todos los servicios activos. Detecta que el servicio "cups.service" (Common UNIX Printing System) está activo, pero la empresa no tiene impresoras de red.

▌ Se concluye que "cups.service" es innecesario y podría ser un punto de entrada potencial para ataques si se deja en funcionamiento.

▌ Se ejecuta *systemctl stop cups.service* para detener el servicio y *systemctl disable cups.service* para asegurarse de que no se inicie automáticamente en el futuro.

▌ Se documenta la desactivación del servicio "cups" en la política de seguridad de la empresa, señalando que se eliminó para reducir la superficie de ataque y seguir las prácticas recomendadas de seguridad.

▌ Para gestionar los servicios en un sistema *Linux*, utilizando *systemctl*, el administrador ejecutaría los siguientes comandos:

```
# Listar todos los servicios para revisar su estado actual
systemctl list-units --type=service

# Detener un servicio específico, por ejemplo, el servicio "cups" (Common UNIX Printing System)
sudo systemctl stop cups.service

# Deshabilitar el servicio "cups" para que no se inicie en el arranque
sudo systemctl disable cups.service

# Verificar que el servicio "cups" está detenido y deshabilitado
systemctl status cups.service
```

Código para el proceso en Linux

Aplicación práctica

Una administradora de sistemas está realizando una auditoría de seguridad en la infraestructura de TI de su empresa para identificar y mitigar posibles vulnerabilidades. Parte de esta auditoría incluye la revisión de los servicios en ejecución en los servidores que operan tanto en *Windows* como en *Linux*.

¿Cuál es el procedimiento que debe seguir para evaluar y gestionar adecuadamente los servicios en ejecución en los sistemas operativos de la empresa?

Continúa en página siguiente >>

<< Viene de página anterior

SOLUCIÓN

Debe seguir los siguientes pasos:

I Realizar un inventario completo. Utilizar herramientas integradas como el Administrador de tareas en *Windows* y comandos como *systemctl* o *service --status-all* en sistemas basados en *Linux* para listar todos los servicios instalados y en ejecución.

I Evaluar cada servicio. Determinar el propósito, la necesidad y el uso de cada servicio documentado. Esto incluye revisar la documentación oficial del servicio y las políticas internas para entender su relevancia y el impacto en las operaciones de la empresa.

I Configuración de seguridad de los servicios necesarios. Asegurarse de que los servicios imprescindibles estén configurados según las políticas de seguridad de la empresa, incluyendo la revisión de permisos de acceso y configuraciones de red.

Gestión de servicios innecesarios:

I En *Windows:* usar el Administrador de servicios o *PowerShell* para detener servicios con *Stop-Service* y deshabilitar servicios no necesarios con *Set-Service -StartupType Disabled,* lo cual impide su ejecución automática en el arranque.

I En *Linux:* utilizar *systemctl stop [servicio]* para detener servicios y *systemctl disable [servicio]* para evitar que se inicien automáticamente en el arranque. Si un servicio es completamente innecesario, proceder a desinstalarlo del sistema.

---

9. Documentar la instalación

La elaboración detallada de la documentación de instalación constituye un pilar fundamental en la administración de sistemas tecnológicos, ofreciendo un recurso esencial para el mantenimiento posterior, el diagnóstico de fallos y la verificación de normativas. Se detalla a continuación cómo efectuar adecuadamente este registro en un contexto corporativo.

9.1. Registrar el proceso y las incidencias habidas, así como las medidas adoptadas para su resolución

Es fundamental consignar de manera exhaustiva todos los pasos seguidos durante la instalación, anotando cualquier eventualidad surgida y las tácticas empleadas para su rectificación. Este registro sirve como una guía invaluable para el personal técnico que pueda encontrarse con situaciones parecidas a futuro.

Los aspectos necesarios para documentar son:

- **Secuencia de la instalación:** relato detallado de cada acción llevada a cabo, con indicación precisa de fechas y tiempos.
- **Eventualidades documentadas:** descripción de cualquier contratiempo o desviación de lo previsto, detallando cuándo y cómo ocurrieron, su impacto y los usuarios implicados.
- **Soluciones aplicadas:** explicación detallada de las medidas correctivas adoptadas, incluyendo consultas a soporte técnico externo o documentación técnica relevante.
- **Confirmación de resultados:** aseguramiento de que la solución fue efectiva, con pruebas realizadas para validar la eficacia de las acciones correctivas.

Ejemplo

En este ejemplo se expone cómo se podría documentar la instalación de un servidor web *Apache* en un sistema operativo *Linux*.

Secuencia de la instalación:

- Fecha y hora: 1 de abril de 2024, 10:00 a. m.
- Acción: Inicio de la instalación del servidor web *Apache.*
- Comando ejecutado: *sudo apt-get install apache2.*

Eventualidades documentadas:

- Fecha y hora: 1 de abril de 2024, 10:15 a. m.
- Incidente: error durante la instalación, el paquete *apache2* no se encontró.
- Impacto: la instalación se detuvo.
- Usuarios implicados: administrador del sistema.

Continúa en página siguiente >>

<< Viene de página anterior

Soluciones aplicadas:

- Fecha y hora: 1 de abril de 2024, 10:20 a. m.
- Acción: actualización de la lista de paquetes disponibles.
- Comando ejecutado: *sudo apt-get update.*
- Fecha y hora: 1 de abril de 2024, 10:30 a. m.
- Acción: reintentar la instalación del servidor web *Apache.*
- Comando ejecutado: *sudo apt-get install apache2*

Confirmación de resultados:

- Fecha y hora: 1 de abril de 2024, 10:45 a. m.
- Prueba realizada: verificar que el servicio *Apache* está en ejecución.
- Comando ejecutado: *sudo systemctl status apache2.*
- Resultado: el servicio *Apache* está activo y en ejecución.

9.2. Detallar los valores de los parámetros establecidos

La especificación precisa de los valores de configuración establecidos durante la instalación debe incluir una descripción exhaustiva de cada configuración, la lógica detrás de los valores seleccionados y cómo estos se ajustan a las políticas operativas y de seguridad de la organización.

Algunos detalles importantes que incluir serían:

- **Descripción de configuraciones:** listado completo de todas las configuraciones ajustadas durante la instalación, abarcando nombres, valores designados y sus respectivas ubicaciones en el sistema o aplicación.
- **Razonamiento de las configuraciones:** explicación sobre la elección de determinados valores o configuraciones, respaldada por referencias a requisitos normativos, políticas corporativas o estándares recomendados.
- **Implicaciones operativas y de seguridad:** evaluación del impacto que la configuración de estos parámetros tiene en la funcionalidad, rendimiento y seguridad del sistema o aplicación instalados.

- **Directrices para ajustes o cambios futuros:** orientaciones para modificar estas configuraciones en adelante si es necesario y procedimientos para revertir a configuraciones previas si surgen inconvenientes.

Ejemplo

En este ejemplo se expone cómo se podría documentar la configuración de un servidor web *Apache* en un sistema operativo *Linux.*

Descripción de configuraciones:

- Archivo de configuración: /etc/apache2/apache2.conf
- Valores de configuración establecidos:

  - *KeepAlive:* On
  - *MaxKeepAliveRequests:* 100
  - *KeepAliveTimeout:* 5

Razonamiento de las configuraciones:

- *KeepAlive:* se establece en On para permitir más de una solicitud por conexión, lo que puede mejorar el rendimiento del servidor.
- *MaxKeepAliveRequests:* se establece en 100 para limitar el número de solicitudes permitidas por conexión. Esto puede ayudar a prevenir el agotamiento de recursos del servidor debido a conexiones de larga duración.
- *KeepAliveTimeout:* se establece en 5 para limitar el tiempo que el servidor esperará por solicitudes adicionales antes de cerrar la conexión.

Implicaciones operativas y de seguridad:

- Estas configuraciones están diseñadas para equilibrar el rendimiento del servidor y la utilización de recursos. Permitir múltiples solicitudes por conexión puede mejorar el rendimiento, pero también puede aumentar la utilización de recursos. Al limitar el número de solicitudes y el tiempo de espera, se ayuda a mitigar este riesgo.

Directrices para ajustes o cambios futuros:

- Estos valores pueden necesitar ser ajustados en el futuro, dependiendo de las necesidades específicas del servidor y la carga de trabajo. Para hacerlo, simplemente se

Continúa en página siguiente >>

<< Viene de página anterior

editan los valores en el archivo de configuración y se reinicia el servidor *Apache* con *sudo systemctl restart apache2*.

I Si se experimentan problemas después de cambiar estas configuraciones, se puede revertir a los valores anteriores, editando nuevamente el archivo de configuración y reiniciando el servidor.

Actividades

12. ¿Qué pasos se deben seguir para auditar y limitar el acceso al registro de *Windows* utilizando la herramienta *Editor del Registro (regedit)?*
13. ¿Cómo se implementan los controles de acceso en sistemas *Linux* para gestionar los permisos de archivos de configuración críticos y qué herramientas se utilizan para este propósito?
14. ¿Cuáles son las estrategias clave para configurar los *firewalls* y segmentar la red a fin de mejorar la seguridad y gestionar el acceso en un entorno corporativo?
15. ¿Cómo se pueden definir y gestionar las políticas de acceso a la red para garantizar conexiones seguras, incluyendo la configuración de VPN y el cifrado de comunicaciones?

10. Resumen

En el estudio de los sistemas operativos, se reconoce su función esencial como intermediarios entre el *hardware* y las aplicaciones, facilitando una operatividad coordinada y mejorando el rendimiento y la experiencia del usuario. A lo largo de su evolución, han pasado de ser interfaces básicas a sistemas avanzados, adaptándose a las crecientes demandas tecnológicas, manejando tareas complejas y ofreciendo interfaces de usuario intuitivas. Los componentes fundamentales de los sistemas operativos, como la administración de procesos, la gestión de memoria y el manejo de archivos, permiten la ejecución concurrente de aplicaciones, optimización de la memoria y organización efectiva de los datos, asegurando al mismo tiempo la seguridad y facilidad de uso.

Históricamente, la evolución de los sistemas operativos refleja una adaptación continua a las necesidades cambiantes, desde los sistemas de lote de los años 50 hasta los modernos sistemas operativos que integran tecnologías como la virtualización, la computación en la nube y medidas de seguridad avanzadas. Constituidos por varios elementos clave como el *kernel,* la interfaz de usuario y el sistema de archivos, estos componentes trabajan en conjunto para asegurar que el sistema operativo funcione de manera eficiente y estable, proveyendo una base sólida para todas las operaciones informáticas.

Es imprescindible seguir políticas organizativas al instalar sistemas operativos, las cuales son clave para asegurar que la configuración del sistema cumpla con los estándares legales, técnicos y de seguridad. Estas políticas pueden incluir el cumplimiento de normativas específicas, la implementación de medidas de protección de datos y la adhesión a estándares de seguridad reconocidos. El proceso de instalación y configuración requiere una planificación cuidadosa, selección adecuada del sistema de archivos y ajuste preciso de los parámetros, destacando la importancia de un procedimiento meticuloso que asegure la compatibilidad y optimización del sistema.

Además, la utilización adecuada de herramientas de gestión del sistema operativo es esencial para mantener la seguridad, eficiencia y estabilidad. La configuración de la seguridad es una tarea integral que abarca diversas estrategias para reforzar la protección y asegurar la conformidad con políticas de seguridad establecidas, incluyendo la gestión adecuada de permisos y la configuración segura de la red y del sistema. La documentación exhaustiva del proceso de instalación y configuración es esencial para el mantenimiento futuro y la resolución de problemas, asegurando que el sistema esté alineado con las políticas de seguridad organizativas.

Ejercicios de repaso y autoevaluación

1. ¿Cuál es una función clave de los sistemas operativos en la gestión de procesos?

2. Mencione dos características importantes del sistema de archivos NTFS:

3. ¿Qué función del sistema operativo se relaciona directamente con la asignación y liberación de memoria?

4. Elija la afirmación correcta sobre el sistema de archivos XFS:

   a. Diseñado principalmente para *macOS*.
   b. Conocido por su alta escalabilidad y rendimiento en grandes archivos y volúmenes de datos.
   c. Ofrece características como la corrección de errores y el manejo de dispositivos múltiples.
   d. Optimizado para dispositivos de estado sólido (SSD).

5. ¿Cuál es una función esencial de los sistemas operativos en tiempo real (RTOS)?

_____

_____

_____

_____

6. Describa el proceso de clonación de servidores:

_____

_____

_____

_____

7. ¿Qué valor típico se usa para una dirección IP privada en redes domésticas o de pequeña empresa en España?

_____

_____

_____

_____

8. ¿Cuál de las siguientes es una tarea de la gestión de redes en los sistemas operativos?

    a. Administración de la CPU y memoria.
    b. Supervisión y gestión de dispositivos periféricos.
    c. Habilitar la comunicación y el intercambio de información entre ordenadores en una red.
    d. Configuración de la zona horaria y el idioma del sistema.

9. ¿Qué sistema de archivos fue diseñado específicamente para *Linux* y presenta mejoras como el registro por diario *(journaling)?*

    a. FAT32
    b. NTFS
    c. ext3
    d. HFS+

10. En el contexto de la configuración de red en sistemas operativos, ¿qué define la máscara de *subred?*

_____
_____
_____
_____

11. Identifique la función del control de dispositivos en los sistemas operativos.

_____
_____
_____
_____

12. ¿Qué característica es exclusiva del sistema de archivos *APFS* utilizado por *Apple?*

    a. Soporte para nombres de archivos *Unicode.*
    b. Corrección de errores y manejo de dispositivos múltiples.
    c. Cifrado nativo, *snapshots* y clonación de archivos.
    d. Soporte para tamaños de archivo de hasta 9 *exabytes.*

13. Mencione dos tipos de dispositivos que interactúan con los sistemas de E/S e indique un ejemplo de cada uno:

_____
_____
_____
_____
_____
_____

14. ¿Qué descripción corresponde al proceso de clonación de servidores?

    a. Proceso de actualización remota del sistema operativo en varios servidores.
    b. Copiar una imagen del sistema operativo de un servidor a otros para configuraciones idénticas.

  c. Conectar varios servidores para compartir recursos de procesamiento.
  d. Creación de respaldos periódicos de servidores en un centro de datos.

15. Mencione tres tipos de sistemas operativos según su grado de implantación.

_____
_____
_____
_____
_____
_____

Capítulo 3
Software de aplicación

Contenido

1. Introducción

El *software* de aplicación comprende programas informáticos diseñados para asistir al usuario en la realización de tareas específicas. Estos programas se clasifican según sus funcionalidades, adaptándose a distintos propósitos que van desde la automatización de procesos administrativos hasta la facilitación de la colaboración y comunicación en entornos laborales.

Los paquetes ofimáticos se destacan por su capacidad para mejorar la productividad, ofreciendo herramientas para el procesamiento de textos, creación de hojas de cálculo, gestión de presentaciones y manejo de bases de datos. Su uso es fundamental en la automatización de tareas ofimáticas, permitiendo una gestión documental eficiente y una colaboración efectiva.

Las herramientas colaborativas, como el *software* ERP (Planificación de Recursos Empresariales) y CRM (Gestión de Relaciones con Clientes), juegan un papel vital en las organizaciones modernas. El ERP integra diversas funciones de la empresa, optimizando procesos y mejorando la gestión de recursos, mientras que el CRM se centra en fortalecer las relaciones con los clientes, impulsando las ventas y la fidelización.

La selección e instalación del software de aplicación deben alinearse con las políticas organizacionales, asegurando la compatibilidad, la seguridad y el cumplimiento de las normativas de gestión de licencias. Este proceso incluye la verificación de los requisitos del software, el seguimiento de las instrucciones del fabricante y la realización de actualizaciones pertinentes para garantizar su óptimo funcionamiento.

La implementación adecuada del *software* de aplicación es clave para aprovechar al máximo sus beneficios, facilitando tareas específicas y contribuyendo al logro de los objetivos estratégicos de la organización, lo que se traduce en una mayor eficiencia operativa y una ventaja competitiva sostenible.

En este capítulo se abordarán los aspectos fundamentales del *software* de aplicación, profundizando en su clasificación, las funcionalidades específicas de los paquetes ofimáticos y el papel necesario de las herramientas colaborativas como los sistemas ERP y CRM. Se explorará cómo la selección, instalación y gestión adecuadas de estos programas son esenciales para la optimización de procesos y la mejora de la productividad en el entorno organizacional.

2. Distinguir entre los distintos tipos de *software* de aplicación atendiendo a su uso

La categorización de los distintos tipos de *software* de aplicación según su uso se realiza atendiendo a las funcionalidades específicas y los objetivos que se pretenden alcanzar con su implementación. A continuación, se describen las principales categorías de *software* de aplicación:

- **Software de productividad.** Esta categoría engloba programas como procesadores de texto, hojas de cálculo, herramientas de presentación y *software* de gestión de proyectos. Son esenciales para tareas diarias en cualquier organización, facilitando la creación, edición y gestión de documentos, la organización de datos y la planificación de proyectos. Su uso se ha vuelto indispensable para agilizar procesos, mejorar la comunicación y optimizar la gestión del tiempo.
- **Software de comunicación.** Herramientas como clientes de correo electrónico, aplicaciones de mensajería instantánea y plataformas de videoconferencia se incluyen en esta categoría. En el año 2024, su importancia es crítica para la colaboración en tiempo real, permitiendo intercambios eficientes y efectivos de información, manteniendo equipos conectados, especialmente en entornos de trabajo híbridos o completamente remotos.
- **Software de gestión empresarial.** Aquí se encuentran los sistemas ERP y CRM, que son clave para integrar y automatizar los principales procesos de negocio. Los sistemas ERP combinan todas las operaciones fundamentales como finanzas, recursos humanos y cadena de suministro, mientras que los CRM se centran en la gestión de las interacciones con los clientes, la optimización de las ventas y la mejora del servicio de atención.
- **Herramientas de diseño.** Incluyen *software* de edición gráfica, diseño asistido por computadora (CAD) y herramientas de modelado en 3D. Son esenciales para profesionales en campos como el diseño gráfico, la arquitectura y la ingeniería, permitiendo la creación de contenidos

visuales, diseños arquitectónicos y prototipos de productos con alta precisión y creatividad.

- **Software de análisis de datos.** Programas de análisis estadístico, herramientas de *big data* y *software* de visualización de datos permiten a las organizaciones examinar grandes volúmenes de datos para extraer *insights* relevantes, apoyar la toma de decisiones y prever tendencias de mercado. Su aplicación se ha vuelto esencial en un mundo dominado por el análisis de datos, donde la capacidad de interpretar y actuar según estos datos puede significar una ventaja competitiva clave.

Ejemplo

Software de productividad:

- *Microsoft Office 365:* incluye herramientas como *Word, Excel, PowerPoint* y *Outlook,* que son esenciales para la creación de documentos, análisis de datos, presentaciones y gestión de comunicaciones por correo electrónico.
- *Google Workspace:* proporciona aplicaciones como *Google Docs, Sheets, Slides* y *Gmail,* facilitando la colaboración en tiempo real y la gestión eficiente de documentos en la nube.

Software de comunicación:

- *Slack:* plataforma de comunicación empresarial que permite la mensajería instantánea, integración con múltiples aplicaciones y canales organizados para distintos equipos o proyectos.
- *Zoom:* herramienta de videoconferencia que se ha consolidado como una solución clave para reuniones virtuales, *webinars* y colaboración en línea, con funcionalidades avanzadas para soportar una amplia gama de necesidades empresariales.

Software de gestión empresarial:

- *SAP S/4HANA:* un sistema ERP integral que ofrece capacidades avanzadas para gestionar finanzas, cadena de suministro, manufactura, servicios, ventas y otros procesos de negocio en tiempo real.
- *Salesforce:* plataforma de CRM líder en el mercado que permite a las empresas gestionar las relaciones con los clientes, automatizar las ventas y personalizar el *marketing,* mejorando la satisfacción del cliente y aumentando las ventas.

Continúa en página siguiente >>

<< Viene de página anterior

Herramientas de diseño:

I *Adobe Creative Cloud: suite* que incluye *Photoshop, Illustrator, InDesign* y otras herramientas líderes para la edición de imágenes, diseño gráfico, publicación digital y creación de contenido multimedia.
I *AutoCAD: software* de diseño asistido por computadora utilizado ampliamente en arquitectura, ingeniería y construcción para la creación de planos precisos y modelos en 3D.

Software de análisis de datos:

I *Tableau:* una herramienta de visualización de datos que permite a los usuarios crear y compartir cuadros de mando interactivos y comprensibles, que ilustran patrones, tendencias y correlaciones a partir de datos complejos.
I *IBM SPSS Statistics:* programa avanzado de análisis estadístico que proporciona técnicas predictivas, análisis en profundidad y soluciones de modelado para investigadores, analistas de datos y estadísticos.

Los software de aplicación ayudan a los usuarios a realizar tareas específicas en ordenadores o dispositivos móviles.

Actividades

1. ¿Cómo contribuyen los *softwares* de productividad, como procesadores de texto y hojas de cálculo, al funcionamiento diario de una organización y cuáles son sus principales beneficios en términos de gestión de tareas y optimización de procesos?
2. ¿Cuál es la importancia del *software* de comunicación, especialmente en el año 2024, y cómo estos facilitan la colaboración y el intercambio de información en entornos de trabajo híbridos o remotos?
3. ¿Cómo ayudan los sistemas ERP y CRM en la gestión empresarial, y cuáles son sus roles específicos en la integración y automatización de procesos de negocio?
4. En el contexto de análisis de datos, ¿qué papel juegan las herramientas de *big data* y *software* de visualización en la toma de decisiones empresariales y en la identificación de tendencias de mercado?

Aplicación práctica

La correcta selección de *software* de aplicación es clave para cumplir con las necesidades específicas y objetivos de diferentes áreas de una organización. Conocer las principales categorías de *software* y su aplicación práctica puede mejorar significativamente la eficiencia y efectividad en diversos entornos profesionales.

Identifique, de las siguientes situaciones, qué categoría de *software* de aplicación es la más adecuada para cada una:

a. Un equipo de arquitectos necesita diseñar un nuevo edificio y crear representaciones detalladas en 3D de su estructura.
b. Una empresa de *marketing* está planificando una campaña y necesita organizar, analizar y visualizar grandes cantidades de datos sobre el comportamiento del consumidor.
c. Una firma de consultoría requiere una solución para gestionar eficientemente sus finanzas, recursos humanos y relaciones con los clientes.
d. Un grupo de profesores necesita una manera eficiente de crear y editar documentos de texto, preparar presentaciones y gestionar planes de clase.
e. Un equipo distribuido geográficamente necesita herramientas efectivas para la comunicación y colaboración en tiempo real.

Continúa en página siguiente >>

<< Viene de página anterior

SOLUCIÓN

❚ Herramientas de diseño. Para los arquitectos que necesitan crear representaciones en 3D y diseños detallados.
❚ *Software* de análisis de datos. Para la empresa de *marketing* que necesita analizar y visualizar datos del comportamiento del consumidor.
❚ *Software* de gestión empresarial. Para la firma de consultoría que necesita integrar la gestión de finanzas, recursos humanos y relaciones con clientes.
❚ *Software* de productividad. Para los profesores que requieren herramientas para la creación y edición de documentos y la gestión de proyectos educativos.
❚ *Software* de comunicación. Para el equipo distribuido que necesita comunicarse y colaborar eficientemente en tiempo real.

---

3. Conocer los distintos paquetes ofimáticos de uso habitual

Los paquetes ofimáticos proporcionan una serie de aplicaciones integradas que facilitan la creación, edición, gestión y compartición de documentos y datos. Estos paquetes se han adaptado a las nuevas demandas tecnológicas, ofreciendo funcionalidades avanzadas que promueven la eficiencia, la colaboración remota y la accesibilidad. A continuación, se presentan cuatro de los paquetes ofimáticos con mayor uso:

▪ **Microsoft Office 365:** este paquete es ampliamente reconocido por su completa suite de aplicaciones que incluye *Microsoft Word, Excel, PowerPoint, Outlook, OneNote* y *Access.* En 2024, *Office 365* sigue siendo líder en el mercado, ofreciendo soluciones tanto en la nube como en instalaciones locales. Sus herramientas están diseñadas para favorecer la colaboración en tiempo real, permitiendo a los usuarios trabajar conjuntamente en documentos desde ubicaciones remotas, integrándose perfectamente con *Microsoft Teams,* una plataforma que combina chat, reuniones, notas y adjuntos.

Microsoft Office 365 destaca por su capacidad para la colaboración en la nube y local. (© Fotografía: Koshiro K / Shutterstock.com)

■ *Google Workspace* (anteriormente *G Suite):* destaca por su enfoque basado en la nube, permitiendo un acceso y una colaboración fácil en documentos, hojas de cálculo y presentaciones a través de *Google Docs, Sheets* y *Slides.* Esta *suite* fomenta el trabajo colaborativo en tiempo real con funcionalidades que permiten la edición simultánea por parte de múltiples usuarios y el almacenamiento en *Google Drive,* garantizando así un entorno de trabajo flexible y accesible desde cualquier dispositivo con conexión a internet.

Google Workspace destaca por su naturaleza completamente en la nube, promoviendo una colaboración eficiente y accesibilidad universal. (© Fotografía: mindea / Shutterstock.com)

■ *LibreOffice:* este paquete ofimático de código abierto es altamente valorado por su flexibilidad y su costo cero. Incluye procesador de textos *(Writer),* hojas de cálculo *(Calc),* herramienta de presentaciones *(Impress),* base de datos (Base) y *software* de dibujo y fórmulas *(Draw,*

Math). Es compatible con numerosos formatos de archivo, incluidos los de *Microsoft Office,* y es elegido por organizaciones que buscan una alternativa libre y personalizable a las opciones de *software* propietario.

LibreOffice ofrece una suite ofimática completa y compatible con diversos formatos. (© Fotografía: JarTee / Shutterstock.com

■ **Apple iWork:** disponible exclusivamente para dispositivos *Apple;* esta suite incluye *Pages* (procesador de textos), *Numbers* (hojas de cálculo) y *Keynote* (presentaciones). *iWork* es conocido por su interfaz intuitiva y su diseño enfocado en la estética, ofreciendo plantillas sofisticadas y herramientas de diseño que permiten crear documentos visualmente impactantes. La integración con *iCloud* facilita la colaboración y el acceso a los documentos desde cualquier dispositivo *Apple.*

Apple iWork emplea herramientas y plantillas que permiten crear documentos estéticamente atractivos. (© Vladimka production / Shutterstock.com)

A continuación, se expone una tabla que resume las ventajas, desventajas y características principales de la interfaz de cada paquete ofimático.

Paquete Ofimático	Ventajas	Desventajas	Características de la Interfaz
Microsoft Office 365	*Integración completa con Windows y otros servicios Microsoft. Amplia gama de herramientas avanzadas. Colaboración en tiempo real y almacenamiento en la nube con OneDrive. Soporte amplio y actualizaciones regulares.*	*Coste de suscripción puede ser elevado. Puede ser complejo para usuarios no familiarizados con sus múltiples funciones.*	Interfaz familiar y refinada, adaptada a la productividad con fácil acceso a herramientas y funciones. Personalización del entorno de trabajo y cinta de opciones adaptativa.
Google Workspace	Fuerte enfoque en la colaboración en tiempo real. Fácil acceso y edición desde cualquier dispositivo con internet. Integración con otros servicios de Google. Opciones flexibles de suscripción.	Menos funcionalidades offline. Puede requerir una curva de aprendizaje para usuarios acostumbrados a interfaces tradicionales de ofimática.	Diseño minimalista y centrado en el usuario, con una interfaz intuitiva que promueve la colaboración y la eficiencia. Accesibilidad mejorada y coherencia visual en todas las aplicaciones.
LibreOffice	Gratis y de código abierto. Buen soporte de formatos, incluidos los de Microsoft Office. Flexibilidad y personalización. No requiere suscripción.	Interfaz menos moderna que sus competidores. Puede carecer de algunas funcionalidades avanzadas. Menos integración con servicios de nube.	Interfaz clásica con opciones de personalización. Menús y barras de herramientas configurables, apoyando la eficiencia y la familiaridad para los usuarios tradicionales.
Apple iWork	Interfaz intuitiva y fácil de usar. Excelente integración con el ecosistema Apple. Diseñado para aprovechar las características de hardware de Apple. Gratis para usuarios de Apple.	Exclusivo para usuarios de dispositivos Apple. Menos funcionalidades que otros paquetes ofimáticos grandes. Colaboración limitada con usuarios no Apple.	Estética refinada y centrada en el diseño, con una experiencia de usuario optimizada para dispositivos Apple. Funciones de arrastrar y soltar mejoradas y plantillas visualmente atractivas.

Aplicación práctica

La elección de un paquete ofimático adecuado es fundamental en el entorno empresarial y educativo. Cada paquete ofrece ventajas y desventajas únicas y características de interfaz que pueden adaptarse mejor a diferentes necesidades y preferencias.

Evalúe y seleccione el paquete ofimático más adecuado para cada situación:

a. Un *startup* que trabaja remotamente y necesita una colaboración fluida y constante entre su equipo, que utiliza una variedad de dispositivos y sistemas operativos.
b. Una universidad que busca una solución ofimática gratuita y personalizable para sus laboratorios de informática, que usan principalmente *hardware* antiguo.
c. Una agencia de diseño que utiliza exclusivamente dispositivos *Apple* y requiere una interfaz intuitiva y atractiva para la creación de documentos y presentaciones.
d. Una empresa de servicios financieros que utiliza principalmente productos y servicios de *Microsoft,* requiriendo herramientas avanzadas y almacenamiento en la nube seguro.

SOLUCIÓN

❚ *Google Workspace.* Ideal para el *startup* remoto, por su enfoque en la colaboración en tiempo real y accesibilidad desde cualquier dispositivo.
❚ *LibreOffice.* Apropiado para la universidad debido a su naturaleza gratuita, código abierto y buena compatibilidad con *hardware* antiguo.
❚ *Apple iWork.* Perfecto para la agencia de diseño, proporcionando una experiencia de usuario óptima y estética en dispositivos *Apple.*
❚ *Microsoft Office 365.* La mejor elección para la empresa de servicios financieros, con su integración completa con otros servicios de *Microsoft* y robustas herramientas de productividad.

4. Distinguir las distintas funcionalidades que son capaces de prestar las herramientas colaborativas

Las herramientas colaborativas se han consolidado como pilares fundamentales para mejorar la integración, la eficiencia y la interacción tanto interna como externa en las organizaciones. Estas soluciones tecnológicas avanzadas son clave para responder a las demandas de un mercado dinámico y altamente competitivo, facilitando la optimización de los procesos y la gestión estratégica de las relaciones con los clientes.

El *software* ERP emerge como una solución integral que unifica diversas funciones empresariales —desde la gestión financiera hasta la operativa, pasando por los recursos humanos y la cadena de suministro— en un único sistema coherente. Esta integración proporciona una visibilidad completa del negocio, optimizando los procesos, mejorando la toma de decisiones basada en datos y asegurando el cumplimiento normativo. La automatización de tareas que ofrece el ERP no solo incrementa la productividad, sino que también minimiza los errores y maximiza la eficiencia operativa.

Por otro lado, el *software* CRM se especializa en fortalecer las relaciones con los clientes, centralizando y analizando la información de interacción para personalizar el servicio y mejorar la satisfacción. Este sistema es invaluable para los equipos de ventas y *marketing,* ya que automatiza y optimiza las operaciones de ventas, facilita la creación de campañas de *marketing* dirigidas y eficaces, y mejora el servicio de atención al cliente. Al implementar un CRM, las empresas pueden anticiparse a las necesidades de los clientes, fidelizar su base de clientes y potenciar el crecimiento del negocio.

Las herramientas colaborativas actuales, especialmente los sistemas ERP y CRM, se han adaptado para incorporar funcionalidades que promueven la colaboración en tiempo real, la gestión eficaz de proyectos y una comunicación fluida y eficiente dentro de las organizaciones. La integración con otras aplicaciones y servicios amplía aún más su capacidad para crear un ecosistema de trabajo cohesivo y adaptable. En última instancia, la elección e implementación de estas herramientas deben alinearse con la estrategia global de la empresa, garantizando que la tecnología se utilice de manera que maximice su valor añadido y contribuya al éxito y sostenibilidad del negocio.

Los sistemas ERP unifican y automatizan procesos de negocio; los CRM gestionan las relaciones con clientes para mejorar satisfacción y lealtad.

4.1. Conocer la necesidad de servicio que cubre el *software* ERP

El *software* ERP (Planificación de Recursos Empresariales) es un sistema integral diseñado para abordar y unificar todas las áreas fundamentales del negocio, proporcionando una solución cohesiva que mejora la eficiencia operativa y respalda la toma de decisiones estratégicas.

El *software* ERP cubre una amplia gama de necesidades de servicio dentro de la organización, ejerciendo las siguientes funciones:

- Centraliza las funciones críticas del negocio, como finanzas, recursos humanos, producción, ventas y logística, en un único sistema integrado. Esta unificación facilita una visión holística de la empresa, permitiendo un flujo de trabajo más fluido y coherente, reduciendo redundancias y mejorando la precisión de los datos.
- Mediante la automatización de procesos repetitivos y la estandarización de las prácticas de trabajo, el ERP incrementa la eficiencia operativa, reduce los costos y minimiza los errores humanos. Las empresas pueden agilizar operaciones, lo que se traduce en un ciclo de producción más rápido y una reducción en los tiempos de entrega.

- Con capacidades avanzadas de análisis y generación de informes, el *software* ERP proporciona *insights* valiosos que apoyan la toma de decisiones estratégicas. Los líderes empresariales pueden acceder a información actualizada y precisa, lo que permite una planificación y gestión más efectivas del negocio.
- Los sistemas ERP modernos están diseñados para ser flexibles y escalables, adaptándose al crecimiento de la empresa y a los cambiantes entornos de mercado. Pueden configurarse para cumplir con las necesidades específicas del negocio y son capaces de evolucionar junto con la organización, asegurando que la inversión en el sistema continúe generando valor a largo plazo.
- Facilitan el cumplimiento de las regulaciones y normativas aplicables al sector, integrando funcionalidades que ayudan a mantener la conformidad. Además, mejoran la seguridad de los datos empresariales mediante controles de acceso seguros y auditorías detalladas.

Algunos de los *softwares* ERP más populares en España en los últimos años son:

- **SAP Business One:** SAP se mantiene como una de las principales elecciones a nivel global en el ámbito de soluciones ERP, manteniendo su popularidad tanto en España como internacionalmente.
- **Microsoft Dynamics 365:** integrante de la *suite* empresarial de *Microsoft;* este sistema es preferido por numerosas compañías gracias a su perfecta integración con otras aplicaciones de *Microsoft.*
- **Oracle ERP Cloud:** *Oracle,* un gigante mundial en SaaS, brinda dos destacadas soluciones ERP: *Oracle NetSuite* y *Oracle Fusion Cloud,* ambas reconocidas por su potencia y eficiencia.
- **Infor ERP:** este sistema ha sido distinguido por *IDC MarketScape* como líder en soluciones ERP, en la nube, destinadas a grandes empresas, subrayando su reputación y fiabilidad en el sector.
- **Epicor ERP:** *Epicor* ha obtenido reconocimiento en el cuadrante mágico de Gartner para soluciones ERP, en la nube, enfocadas en empresas orientadas a productos, consolidando su posición como líder en el mercado.

Actividades

5. ¿Cómo contribuye la centralización de funciones críticas del negocio en un único sistema ERP a la mejora de la eficiencia operativa y la toma de decisiones en una organización?
6. ¿De qué manera el *software* ERP ayuda a reducir costos y mejorar la precisión de los datos a través de la automatización de procesos y la estandarización de prácticas de trabajo?
7. ¿Cuál es el impacto del *software* ERP en la planificación y gestión estratégica del negocio, especialmente en términos de análisis de datos y generación de informes?
8. ¿Cómo se adaptan los sistemas ERP modernos al crecimiento y los cambios en la empresa, y de qué manera facilitan el cumplimiento de regulaciones y la seguridad de los datos empresariales?

Ejemplo

En este ejemplo se expone la implementación de *SAP S/4HANA* en una empresa manufacturera.

Se considera una empresa manufacturera que opera a nivel global, con múltiples plantas de producción, una cadena de suministro extensa y una base de clientes diversificada. Antes de implementar *SAP S/4HANA*, la empresa enfrentaba desafíos significativos en la gestión de su operación: procesos desintegrados, sistemas dispares, dificultades en la obtención de datos en tiempo real y retos en la adaptación a los cambios del mercado y en el cumplimiento normativo.

Después de la implementación de *SAP S/4HANA*:

■ *SAP S/4HANA* unificó todas las operaciones de la empresa, desde la gestión de inventarios y la producción hasta las finanzas y las ventas, en un único sistema. Esto eliminó los silos de información, facilitando una operación cohesiva y mejorando la colaboración entre departamentos.
■ La automatización de procesos clave, como la planificación de la producción, la gestión de inventarios y la contabilidad, redujo los errores manuales y aceleró las operaciones. La empresa pudo responder más rápidamente a las demandas de los clientes y mejorar los tiempos de entrega, lo que se tradujo en un incremento de la satisfacción del cliente y en una reducción de costos operativos.

Continúa en página siguiente >>

<< Viene de página anterior

▎ La capacidad de análisis en tiempo real de *SAP S/4HANA* proporcionó a la empresa *insights* valiosos sobre su operación, desde la eficiencia de la línea de producción hasta las tendencias de ventas y la gestión financiera. Esto permitió a los gerentes tomar decisiones informadas, anticiparse a problemas potenciales y ajustar estrategias proactivamente.

▎ A medida que la empresa crecía y sus necesidades cambiaban, *SAP S/4HANA* se adaptaba fácilmente, permitiendo la incorporación de nuevas funcionalidades, la expansión a nuevas geografías y la integración con nuevas tecnologías, como IoT (Internet de las Cosas) para la gestión de la cadena de suministro y la producción inteligente.

 Para saber más

A través del siguiente enlace se pueden conocer en profundidad las características fundamentales de *SAP S/4HANA:*

https://redirectoronline.com/uf18930301

4.2. Conocer la necesidad de servicio que cubre el *software* CRM

El *software* CRM (Customer Relationship Management o Gestión de Relaciones con Clientes) desempeña un papel fundamental en las organizaciones, al enfocarse en la optimización de la interacción empresa-cliente. Este tipo de *software* es diseñado para recopilar, analizar y aplicar información relevante sobre los clientes, con el objetivo de mejorar los servicios ofrecidos, personalizar la comunicación y, en última instancia, impulsar las ventas.

El *software* CRM atiende varias necesidades esenciales dentro de una organización:

- Permite a las empresas comprender mejor a sus clientes al almacenar información clave como historiales de compra, preferencias y *feedback*. Este conocimiento posibilita la personalización de productos o servicios y la adaptación de estrategias de *marketing* y ventas para satisfacer de manera más efectiva las necesidades y deseos del cliente.
- Facilita la gestión de contactos, seguimientos, cierres de ventas y posventa, optimizando el ciclo de ventas y mejorando la eficiencia del equipo de ventas. La automatización ayuda a eliminar tareas repetitivas, permitiendo que el personal se concentre en actividades que generan más valor, como el cierre de acuerdos o la construcción de relaciones con clientes potenciales.
- Proporciona las herramientas para crear y gestionar campañas de *marketing* que se ajustan a los patrones de comportamiento y las preferencias de los clientes, mejorando la efectividad de estas campañas y aumentando el retorno de inversión en *marketing*.
- Ofrece análisis avanzados que transforman los datos de clientes en *insights* accionables, permitiendo a las empresas tomar decisiones informadas, prever tendencias de mercado, y ajustar rápidamente sus estrategias para mantenerse competitivas.
- Integra herramientas para mejorar la respuesta y la resolución de consultas o problemas de los clientes, lo que se traduce en una mayor satisfacción del cliente y, potencialmente, en una mayor lealtad y retención de clientes.

Algunos de los *softwares* CRM más populares en España en los últimos años son:

- **Salesforce:** es reconocido mundialmente como un líder en el ámbito de las soluciones CRM, destacando por su extenso abanico de funcionalidades. Su popularidad se extiende globalmente, siendo la elección preferente de muchas organizaciones.
- **HubSpot:** es la preferencia de numerosas empresas, particularmente las pequeñas y medianas, gracias a su interfaz intuitiva y su especialización en el *marketing* de atracción *(inbound marketing)*.

- **Microsoft Dynamics 365:** es integrante de la *suite* empresarial de *Microsoft,* es seleccionado frecuentemente por las empresas debido a su capacidad para integrarse sin fisuras con otras aplicaciones de *Microsoft.*
- **Zoho CRM:** destaca en el mercado, siendo la opción favorita para las empresas en búsqueda de una solución que combine rentabilidad con alta capacidad de personalización.
- **SAP CRM:** forma parte del conjunto de soluciones ofrecidas por SAP, es la opción predilecta de las grandes corporaciones que necesitan una solución sólida y completa.

 ## Aplicación práctica

La elección del *software* de Gestión de Relaciones con Clientes (CRM) adecuado es esencial para el éxito empresarial. Cada CRM ofrece distintas funcionalidades y ventajas, lo que los hace más apropiados para ciertos tipos de empresas y necesidades específicas.

Ante las siguientes situaciones, evalúe y seleccione el *software* CRM más adecuado para cada uno, basándose en la descripción de los *softwares* CRM populares en España:

a. Una multinacional que busca una solución CRM robusta y completa, que pueda integrarse con otras herramientas de gestión a gran escala.
b. Una empresa emergente de *marketing* digital que necesita una solución CRM con una interfaz intuitiva y enfoque en el *inbound marketing.*
c. Una corporación con una infraestructura TI basada en productos *Microsoft,* buscando un CRM que se integre fácilmente con sus sistemas existentes.
d. Un negocio local que requiere una solución CRM asequible y altamente personalizable para adaptarse a sus necesidades específicas.
e. Una organización global que necesita un CRM con un amplio abanico de funcionalidades para manejar operaciones complejas en diferentes países.

SOLUCIÓN

I *SAP* CRM. Ideal para la multinacional por su robustez y capacidad de integración a gran escala.
I *HubSpot.* Perfecto para la empresa emergente de *marketing* digital, con su interfaz intuitiva y enfoque en el *inbound marketing.*

Continúa en página siguiente >>

<< Viene de página anterior

I *Microsoft Dynamics 365.* La mejor opción para la corporación que utiliza principalmente productos *Microsoft,* gracias a su integración sin fisuras.
I *Zoho* CRM. Adecuado para el negocio local, ofreciendo rentabilidad y alta capacidad de personalización.
I *Salesforce.* Óptimo para la organización global, con su extenso abanico de funcionalidades y popularidad a nivel mundial.

---

5. Conocer las políticas definidas en la organización, de aplicación en la elección e instalación del *software* de aplicación

Las organizaciones han implementado políticas detalladas para la elección e instalación de *software* de aplicación, garantizando que estas prácticas estén alineadas con los objetivos estratégicos y cumplan con los estándares de seguridad y eficiencia.

La primera etapa en este proceso implica la verificación de la autorización para la instalación del *software.* Esto requiere una revisión exhaustiva que asegura la compatibilidad del *software* con el entorno tecnológico existente, su aprobación por parte del departamento de seguridad informática y su conformidad con las regulaciones legales y las políticas de la compañía. Este paso es clave para prevenir la introducción de vulnerabilidades en la infraestructura IT y garantizar que el *software* apoye, efectivamente, las necesidades del negocio.

Posteriormente, se enfatiza la importancia de adherirse a las listas de aplicaciones permitidas, las cuales han sido cuidadosamente evaluadas y autorizadas para su uso dentro de la organización. Este enfoque mantiene la integridad de los sistemas de la empresa y facilita la gestión de las licencias de *software* y el cumplimiento de las políticas internas.

Por último, el registro detallado de la instalación del *software* constituye un aspecto fundamental de la política, permitiendo un seguimiento preciso de los activos de *software* y asegurando que el inventario de TI esté permanentemente actualizado. Este registro facilita la gestión futura del *software,* incluyendo actualizaciones, mantenimiento y auditorías de seguridad, contribuyendo a una infraestructura tecnológica sólida y segura.

5.1. Comprobar la autorización de la instalación

La comprobación de la autorización para la instalación de *software* garantiza que cualquier nuevo *software* o actualización cumpla con las regulaciones internas y externas, manteniendo la integridad y la seguridad de los sistemas informáticos.

La comprobación de la autorización implica varios aspectos clave:

- Antes de proceder con cualquier instalación, es fundamental asegurar que el *software* esté alineado con las políticas de TI de la organización. Esto incluye verificar que el *software* cumpla con los estándares técnicos, operativos y de seguridad establecidos, asegurando que su implementación no contravenga las normativas internas establecidas para la gestión de la infraestructura tecnológica.
- La autorización debe ser obtenida de los encargados de la gestión de TI o del comité correspondiente dentro de la organización. Este paso es esencial para asegurar que todas las implicaciones de la instalación, como los requerimientos de *hardware,* la compatibilidad con otros sistemas y las necesidades de mantenimiento, han sido evaluadas y aprobadas por los expertos pertinentes.
- Es imperativo que el *software* cumpla con las leyes y regulaciones vigentes, especialmente en lo que respecta a la seguridad de datos y la privacidad. La verificación de la autorización debe incluir una revisión de que el *software* no exponga a la organización a riesgos legales o de seguridad, y que cumpla con normativas como el Reglamento General de Protección de Datos (RGPD) o estándares específicos del sector.
- Mantener un registro detallado de las autorizaciones de instalación es esencial para futuras auditorías, seguimiento y gestión de licencias. Este registro debería incluir detalles como la fecha de la autorización, el nombre del *software,* la versión, el responsable de la autorización y cualquier condición o restricción relevante asociada a la instalación.

Ejemplo

Imagine que una empresa quiere instalar un nuevo *software* de gestión de proyectos llamado "LannisterMagic 2024". A continuación, se exponen los pasos que seguirían:

El equipo de TI revisaría las especificaciones técnicas del *software* para asegurarse de que cumple con los estándares técnicos, operativos y de seguridad de la empresa. Esto podría implicar comprobar que el *software* es compatible con el sistema operativo actual de la empresa, que no interfiere con otros sistemas y que cumple con las políticas de seguridad de la empresa, como la encriptación de datos y la autenticación de dos factores. Podrían utilizar una lista de verificación de conformidad interna que cubra todos los estándares técnicos, operativos y de seguridad de la empresa.

Una vez que el equipo de TI ha revisado el *software,* presentarían su evaluación al comité de gestión de TI de la empresa. Este comité revisaría la evaluación y, si están satisfechos con los resultados, darían su aprobación para la instalación del *software.* Esta aprobación podría ser dada por el CTO o el gerente de TI de la empresa. Además, podrían utilizar un sistema de gestión de proyectos o una herramienta de colaboración para presentar su evaluación y obtener la aprobación.

El equipo de TI también verificaría que el *software* cumple con todas las leyes y regulaciones pertinentes. Esto podría implicar comprobar que el *software* no incumple el RGPD u otras normativas de privacidad y seguridad de datos. Por ejemplo, si el *software* recopila datos de los usuarios, el equipo de TI tendría que asegurarse de que estos datos se recopilan, almacenan y utilizan de acuerdo con el RGPD.

Una vez obtenida la autorización, el equipo de TI documentaría todos los detalles de la autorización en un registro. Este registro incluiría la fecha de la autorización, la versión del *software,* el responsable de la autorización y cualquier condición o restricción relevante asociada a la instalación. Esta documentación podría ser almacenada en un sistema de gestión de documentos seguro y accesible para futuras auditorías y seguimiento.

5.2. Utilizar adecuadamente las listas de aplicaciones permitidas

La gestión eficiente de las listas de aplicaciones permitidas asegura que solo se utilicen *software* y aplicaciones que han sido previamente evaluados, seleccionados y aprobados, alineándose con las necesidades estratégicas y operativas de la empresa, y manteniendo la cohesión con las políticas de seguridad establecidas.

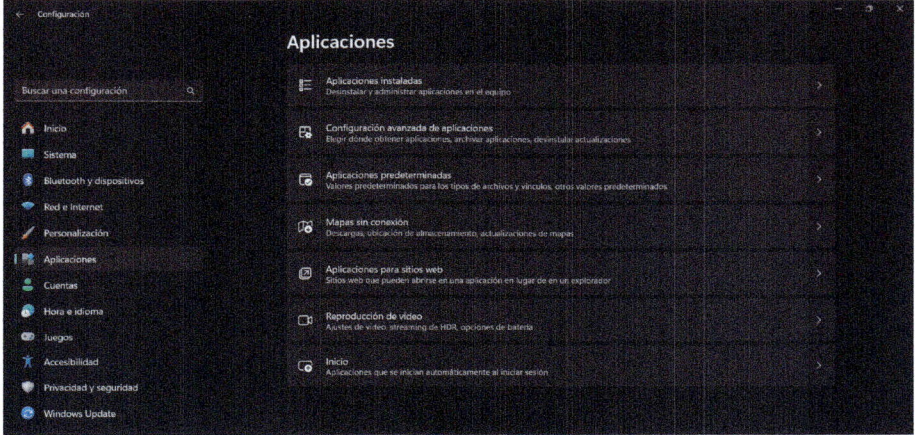

Lista de aplicaciones en Windows 11. Accesible a través de **Configuración → Aplicaciones**

La implementación cuidadosa de estas listas implica una evaluación rigurosa de cada aplicación para verificar su compatibilidad, utilidad y seguridad, garantizando que cumplan con los estándares corporativos y que apoyen efectivamente los objetivos empresariales. Es fundamental mantener un registro actualizado que detalle las versiones autorizadas, permitiendo a la organización beneficiarse de las funcionalidades más recientes y seguras, y evitando los riesgos asociados con el uso de *software* obsoleto o no seguro.

Las auditorías periódicas de la lista permiten adaptar continuamente el repertorio de *software* a las dinámicas cambiantes del entorno tecnológico y a las evoluciones en las estrategias de negocio. Este proceso dinámico ayuda a identificar aplicaciones redundantes, obsoletas o inseguras que necesitan ser reemplazadas o eliminadas, manteniendo así la relevancia y eficacia del inventario de *software.*

Para reforzar esta estrategia, es esencial que todos los miembros de la organización estén debidamente informados y formados sobre la importancia de adherirse a las listas de aplicaciones autorizadas. La concienciación sobre los riesgos del *software* no autorizado y la claridad en los procedimientos para la inclusión de nuevas aplicaciones son fundamentales para cultivar un entorno de TI seguro y regulado.

Además, es imprescindible establecer protocolos claros para la acción rápida y efectiva en caso de detección de aplicaciones no autorizadas, lo que incluye medidas para la desinstalación segura y la mitigación de posibles impactos negativos. Este enfoque integral protege los activos digitales de la organización, y también facilita una gestión más eficiente de las tecnologías de la información, contribuyendo significativamente a la estabilidad y al rendimiento óptimo del sistema empresarial.

A continuación, se expone una tabla que detalla los pasos para utilizar adecuadamente las listas de aplicaciones permitidas, incluyendo ejemplos concretos que ilustran cómo pueden implementarse estas prácticas en una organización:

Paso	Descripción	Ejemplo
Evaluación y selección	*Revisar y seleccionar aplicaciones que cumplen con los requisitos de la empresa en términos de seguridad, funcionalidad y compatibilidad.*	Antes de aprobar *Slack* para comunicación interna, se evalúa su seguridad, funcionalidad de integración y compatibilidad con herramientas existentes.
Control de versiones	Mantener actualizadas las versiones de las aplicaciones para garantizar la seguridad y eficiencia.	Se establece una política para actualizar regularmente el *software* de gestión de proyectos, como *Trello,* a la última versión estable.
Auditorías regulares	Realizar revisiones periódicas de las aplicaciones permitidas para asegurar su relevancia y seguridad.	Se programan auditorías semestrales para revisar la lista de *software* permitido, eliminando aplicaciones obsoletas o añadiendo nuevas necesarias.
Formación y concienciación	Informar y capacitar a los empleados sobre la importancia de usar solo aplicaciones autorizadas.	Se organizan talleres trimestrales para educar a los empleados sobre los riesgos del *software* no autorizado y cómo solicitar nuevas aplicaciones.
Procedimientos de respuesta	Establecer protocolos de acción en caso de detección de aplicaciones no autorizadas.	Se crea un procedimiento estandarizado que el departamento de TI sigue cuando se descubre *software* no autorizado en la red corporativa.

Aplicación práctica

La gestión de listas de aplicaciones permitidas es un componente fundamental en la seguridad y eficiencia de las TI en cualquier organización. Requiere una serie de pasos cuidadosos para garantizar que las aplicaciones utilizadas cumplan con los estándares de seguridad y funcionalidad.

A continuación, se presentan varias situaciones relacionadas con la gestión de *software* en una organización. Su tarea es identificar qué paso del proceso de implementación de listas de aplicaciones permitidas es el más adecuado para abordar cada situación:

a. La empresa necesita asegurarse de que la nueva aplicación de gestión de tareas se integra bien con sus sistemas existentes y cumple con los estándares de seguridad.
b. Se ha detectado el uso de un programa de diseño gráfico no aprobado por el departamento de TI en varios equipos de la empresa.
c. Es necesario actualizar el *software* antivirus en todos los equipos de la empresa para proteger contra las últimas amenazas de seguridad.
d. Los empleados necesitan entender mejor por qué es importante no instalar *software* que no esté en la lista aprobada por la empresa.
e. La dirección de TI planea revisar todas las aplicaciones utilizadas en la empresa para eliminar las que ya no son necesarias o seguras.

SOLUCIÓN

I La empresa necesita asegurarse de que la nueva aplicación de gestión de tareas cumpla con los estándares de seguridad: evaluación y selección.
I Se ha detectado el uso de un programa de diseño gráfico no aprobado: procedimientos de respuesta.
I Actualizar el *software* antivirus en todos los equipos: control de versiones.
I Los empleados necesitan entender por qué no deben instalar *software* no aprobado: formación y concienciación.
I Revisar todas las aplicaciones utilizadas para eliminar las obsoletas o inseguras: auditorías regulares.

5.3. Registrar la instalación realizada

El registro detallado de las instalaciones de *software* es fundamental para asegurar la trazabilidad, el control de los activos tecnológicos y para mantener la alineación con las políticas de seguridad y cumplimiento normativo. La documentación exhaustiva de cada instalación, que incluye datos como la fecha, el nombre del *software,* la versión y los detalles del sistema afectado, es esencial para una gestión efectiva del ciclo de vida del *software* y para facilitar las operaciones de mantenimiento y soporte técnico.

Actualizar el inventario de TI tras cada instalación permite a las organizaciones mantener un control riguroso sobre sus recursos tecnológicos, asegurando que todas las herramientas y sistemas estén debidamente contabilizados y gestionados. Este control es indispensable para optimizar los costes asociados a las licencias de *software,* evitando gastos innecesarios o el uso no autorizado de programas sin licencia, lo cual podría exponer a la empresa a riesgos legales y de seguridad.

Además, el registro meticuloso facilita la realización de auditorías internas y externas, proporcionando un historial claro que demuestra el cumplimiento con las regulaciones aplicables y con las políticas internas de la organización. Esta documentación resulta invaluable para los equipos de TI, ya que les permite ofrecer un soporte más eficiente, planificar las actualizaciones necesarias y garantizar que la infraestructura tecnológica responda adecuadamente a las necesidades del negocio.

Ejemplo

A continuación, se detallan los pasos concretos para registrar adecuadamente la instalación de esta aplicación, siguiendo las mejores prácticas de TI de una empresa que decide implementar una nueva herramienta de gestión de proyectos, como *Asana:*

Paso 1: Documentación detallada de la instalación:

I Se crea un registro en el sistema de seguimiento de la empresa donde se detalla que *Asana* se instaló el 15 de septiembre de 2024.
I Se incluyen detalles como la versión de *Asana* 2024.3, los nombres de los sistemas o dispositivos específicos en los que se instaló y la técnico de TI responsable, Galadriel Sanz.

Continúa en página siguiente >>

<< Viene de página anterior

Paso 2: Actualización del inventario de TI:

I El inventario centralizado de *software* de la empresa se actualiza para reflejar la nueva adición, especificando que 100 licencias de *Asana* han sido implementadas para el departamento de proyectos.
I Se añade la información relevante como la categoría de *software* (gestión de proyectos), la fecha de compra y la fecha de expiración de la licencia.

Paso 3: Gestión de licencias:

I Se registra la compra de las licencias de *Asana* en el *software* de gestión de activos de TI, indicando el número de licencias, el costo y la duración del contrato.
I Se programa una alerta para revisar el uso de las licencias semestralmente y una notificación de renovación 60 días antes de la expiración del contrato.

Paso 4: Auditorías y cumplimiento:

I Se planifica una auditoría interna para marzo de 2025 para verificar la correcta utilización de *Asana* conforme a las políticas de seguridad y uso de *software* de la empresa.
I Se documentan las políticas de acceso a *Asana,* asegurando que solo los empleados autorizados puedan utilizar la herramienta, conforme a las normativas de protección de datos.

Paso 5: Soporte y mantenimiento:

I Se establece un procedimiento estándar de operación (SOP) para cualquier incidente técnico relacionado con *Asana,* que incluye instrucciones detalladas para el equipo de soporte sobre cómo abordar problemas comunes y cómo escalar incidentes.
I Se programa una revisión trimestral del rendimiento y la integración de *Asana* con otras herramientas utilizadas por la empresa, para asegurar una operatividad sin interrupciones.

6. Instalar el *software* de aplicación, atendiendo a las recomendaciones del fabricante, y a las normas de seguridad de la organización

La instalación de *software* de aplicación en las organizaciones se inicia con una verificación exhaustiva de los requisitos del *software,* donde se evalúan las necesidades de compatibilidad del sistema, los requerimientos de *hardware* y las dependencias de *software* necesarias para su correcto funcionamiento. Esta etapa previa es esencial para garantizar que la infraestructura tecnológica de la empresa esté preparada para integrar el nuevo *software* sin contratiempos.

Posteriormente, la instalación se lleva a cabo siguiendo las instrucciones proporcionadas por el fabricante, asegurando así que el *software* se instale correctamente y funcione según lo previsto. Este paso es fundamental para evitar problemas de implementación que puedan afectar la operatividad del *software* o la seguridad del sistema informático.

Por último, mantener el *software* actualizado es un aspecto esencial del proceso, implicando la implementación regular de actualizaciones y parches que mejoran su funcionalidad y seguridad. Este mantenimiento continuo es vital para responder a las nuevas amenazas de seguridad, corregir errores y mejorar el rendimiento general del *software.*

6.1. Comprobar los requisitos del *software* de manera previa a la instalación

La comprobación de los requisitos del *software* antes de su instalación garantiza que el *software* se adecúe perfectamente al entorno tecnológico de la empresa, evitando así problemas de compatibilidad, rendimiento o seguridad que podrían surgir tras la instalación.

Para realizar una comprobación efectiva de los requisitos del *software,* las organizaciones deben seguir una serie de prácticas clave:

1. Se verifica que el sistema operativo de los dispositivos donde se va a instalar el *software* sea compatible con este. Es clave asegurarse que las versiones del sistema operativo cumplan con las especificaciones mínimas requeridas por el *software* para su correcto funcionamiento. Para ello, se realizan las siguientes acciones:

▋ Identificar la versión del sistema operativo requerida: consultar la documentación del *software* para conocer la versión específica del sistema operativo que es compatible.

▋ Verificar la versión actual del sistema operativo: revisar en los dispositivos o sistemas donde se instalará el *software* cuál es la versión del sistema operativo instalada actualmente.

▋ Comparar requisitos con el estado actual: asegurarse de que la versión del sistema operativo en los dispositivos coincide o supera la versión requerida por el *software.*

2. Se analizan los recursos de *hardware* necesarios, como la capacidad del procesador, la cantidad de memoria RAM y el espacio disponible en el disco duro. Esta revisión ayuda a confirmar que los dispositivos cuentan con la capacidad necesaria para ejecutar el *software* de manera óptima, evitando así problemas de rendimiento que podrían afectar la productividad del usuario. Los pasos son los siguientes:

▋ Consultar los requisitos mínimos y recomendados: revisar la documentación proporcionada por el fabricante del *software* para conocer los detalles específicos sobre los requerimientos de *hardware,* como procesador, RAM y espacio en disco.

▋ Evaluar el *hardware* disponible: utilizar herramientas de diagnóstico o revisar manualmente las especificaciones del *hardware* en los dispositivos para asegurar que cumplen con los requisitos establecidos por el *software.*

▋ Determinar la necesidad de actualizaciones de *hardware:* si el *hardware* actual no cumple con los requisitos, planificar las actualizaciones o cambios necesarios antes de la instalación del *software.*

3. Se identifican y revisan otras aplicaciones o bibliotecas de *software* que deben estar presentes o instalarse previamente para que el *software* principal funcione correctamente. La falta de estas dependencias puede impedir la instalación del *software* o causar errores en su ejecución. Esto implica:

▌ Identificar dependencias y requisitos previos: revisar la documentación del *software* para listar todas las dependencias, como bibliotecas, *frameworks* o aplicaciones auxiliares necesarias para su funcionamiento.

▌ Chequear la presencia de las dependencias: verificar en los sistemas correspondientes si las dependencias requeridas ya están instaladas y son compatibles con la versión del *software* a instalar.

▌ Instalar o actualizar las dependencias necesarias: proceder con la instalación o actualización de cualquier dependencia faltante o desactualizada, siguiendo las instrucciones específicas del proveedor del *software* o de la dependencia.

4. En el caso de actualizaciones o nuevas versiones de *software* ya instalado, se verifica que la actualización sea compatible con las configuraciones y personalizaciones existentes, asegurando una transición sin problemas y sin pérdida de funcionalidades previas. Para ello, hay que seguir los siguientes pasos:

▌ Revisar historial y configuraciones actuales: evaluar la versión actual del *software* y cualquier configuración específica o personalización que pueda verse afectada por una actualización.

▌ Consultar notas de la versión y documentación de actualización: revisar la documentación de la nueva versión para entender los cambios, mejoras o posibles incompatibilidades con versiones anteriores.

▌ Planificar la actualización cuidadosamente: asegurar que las actualizaciones no interrumpirán los procesos empresariales críticos y que cualquier ajuste necesario se ha planificado con antelación.

Ejemplo

Para ilustrar cómo comprobar los requisitos del *software* de manera previa a la instalación, utilizando, por ejemplo, *Microsoft 365 en Windows 11,* hay que seguir los siguientes pasos:

Continúa en página siguiente >>

<< Viene de página anterior

1. **Verificar la compatibilidad del sistema operativo.** Para verificar la compatibilidad del sistema operativo antes de instalar *Microsoft 365,* es esencial seguir un proceso sistemático:

   a. Identificar la versión del sistema operativo requerida:

   ı Consultar la página de requisitos del sistema de *Microsoft 365,* que indica que *Microsoft 365* es compatible con *Windows 11.*

https://redirectoronline.com/uf18930302

En este caso, se seleccionan **Planes de *Microsoft 365* para empresas, educación y administración pública** y se verifican los requisitos de los componentes:

Recursos de Microsoft 365 y Office

Información de Microsoft 365 y Office

Use los vínculos siguientes para encontrar información sobre Microsoft 365 o la versión de Office que está pensando en comprar o que está empezando a usar.

- ○ Office Hogar y Empresas 2019, Office Hogar y Estudiantes 2019
- ○ Office Hogar y Empresas 2021, Office Hogar y Estudiantes 2021
- ○ Microsoft 365 Personal
- ○ Familia Microsoft 365
- ○ Aplicaciones de Microsoft 365 para empresas, Microsoft 365 Empresa Estándar
- ○ Características adicionales en tu tableta Windows con Microsoft 365
- ○ Características adicionales en tu iPad* y iPhone con Microsoft 365
- ○ Características adicionales en tu tableta y teléfono Android con Microsoft 365
- ○ Requisitos del sistema de OneDrive

Requisitos del sistema para Microsoft 365 y Office

Microsoft 365 es una suscripción que incluye versiones premium de aplicaciones de Office en todos los dispositivos, actualizaciones mensuales de características y 1 TB de almacenamiento en la nube. Office 2019 es una compra única que incluye versiones clásicas de las aplicaciones de Office instaladas en un PC o Mac (o 5+ con una licencia por volumen).

- ○ Planes de suscripción de Microsoft 365
- ○ Conjuntos de aplicaciones de Office 2019
- ○ Conjuntos de aplicaciones de Office 2021
- ○ Conjuntos de aplicaciones de Office LTSC 2021
- ○ Productos de servidor de oficina
- ○ Aplicaciones independientes de Office 2021
- ○ Aplicaciones independientes de Office 2019

Continúa en página siguiente >>

<< Viene de página anterior

Recursos de Microsoft 365 y Office

Información de Microsoft 365 y Office

Use los vínculos siguientes para encontrar información sobre Microsoft 365 o la versión de Office que está pensando en comprar o que está empezando a usar.

- Office Hogar y Empresas 2019, Office Hogar y Estudiantes 2019
- Office Hogar y Empresas 2021, Office Hogar y Estudiantes 2021
- Microsoft 365 Personal
- Familia Microsoft 365
- Aplicaciones de Microsoft 365 para empresas, Microsoft 365 Empresa Estándar
- Características adicionales en tu tableta Windows con Microsoft 365
- Características adicionales en tu iPad® y iPhone con Microsoft 365
- Características adicionales en tu tableta y teléfono Android con Microsoft 365
- Requisitos del sistema de OneDrive

Requisitos del sistema para Microsoft 365 y Office

Microsoft 365 es una suscripción que incluye versiones premium de aplicaciones de Office en todos los dispositivos, actualizaciones mensuales de características y 1 TB de almacenamiento en la nube. Office 2019 es una compra única que incluye versiones clásicas de las aplicaciones de Office instaladas en un PC o Mac (o 5+ con una licencia por volumen).

- Planes de suscripción de Microsoft 365
- Conjuntos de aplicaciones de Office 2019
- Conjuntos de aplicaciones de Office 2021
- Conjuntos de aplicaciones de Office LTSC 2021
- Productos de servidor de oficina
- Aplicaciones independientes de Office 2021
- Aplicaciones independientes de Office 2019

| *Microsoft 365* requiere que el sistema operativo sea *Windows 8.1* o posterior, incluyendo *Windows 10* y *Windows 11*.

b. Verificar la versión actual del sistema operativo:

| Para verificar la versión del sistema operativo en *Windows 11,* se debe hacer clic derecho en el icono de Inicio, seleccionar **Sistema,** y luego desplazarse a **Especificaciones de Windows.** Aquí, se mostrará información detallada sobre la edición, versión y compilación del sistema operativo instalado.

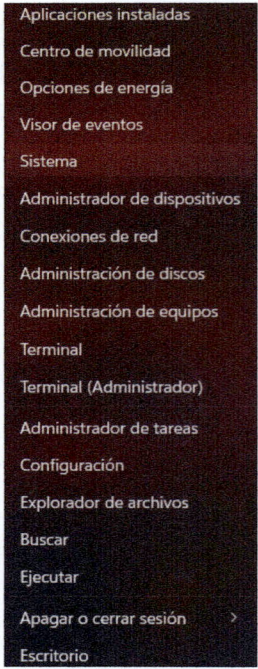

Aplicaciones instaladas

Centro de movilidad

Opciones de energía

Visor de eventos

Sistema

Administrador de dispositivos

Conexiones de red

Administración de discos

Administración de equipos

Terminal

Terminal (Administrador)

Administrador de tareas

Configuración

Explorador de archivos

Buscar

Ejecutar

Apagar o cerrar sesión

Escritorio

Continúa en página siguiente >>

<< Viene de página anterior

c. Comparar requisitos con el estado actual:

ı Una vez identificada la versión actual del sistema operativo, se debe comparar con los requisitos mínimos establecidos por *Microsoft 365*. Por ejemplo, si *Microsoft 365* requiere al menos la versión 2004 de *Windows 10,* cualquier versión de *Windows 11* sería compatible, ya que todas las versiones de *Windows 11* son más recientes que la versión 2004 de *Windows 10.*

2. Analizar los recursos de *hardware* necesarios:

a. Consultar los requisitos mínimos y recomendados:

ı De acuerdo con *Microsoft 365,* se requiere un procesador de 1.6 GHz o más rápido, 4 Gb de RAM para la versión de 64 bits y 2 Gb de RAM para la versión de 32 bits, y al menos 4 Gb de espacio disponible en disco.

b. Evaluar el *hardware* disponible:

ı Para verificar estas especificaciones, se puede acceder al menú **Sistema** en *Windows 11,* donde se encuentra información sobre el procesador y la memoria RAM. Para detalles más específicos del *hardware,* como el tipo exacto de procesador y la cantidad de RAM instalada, puede ser útil utilizar herramientas de diagnóstico adicionales como el **Administrador de dispositivos:**

Continúa en página siguiente >>

<< Viene de página anterior

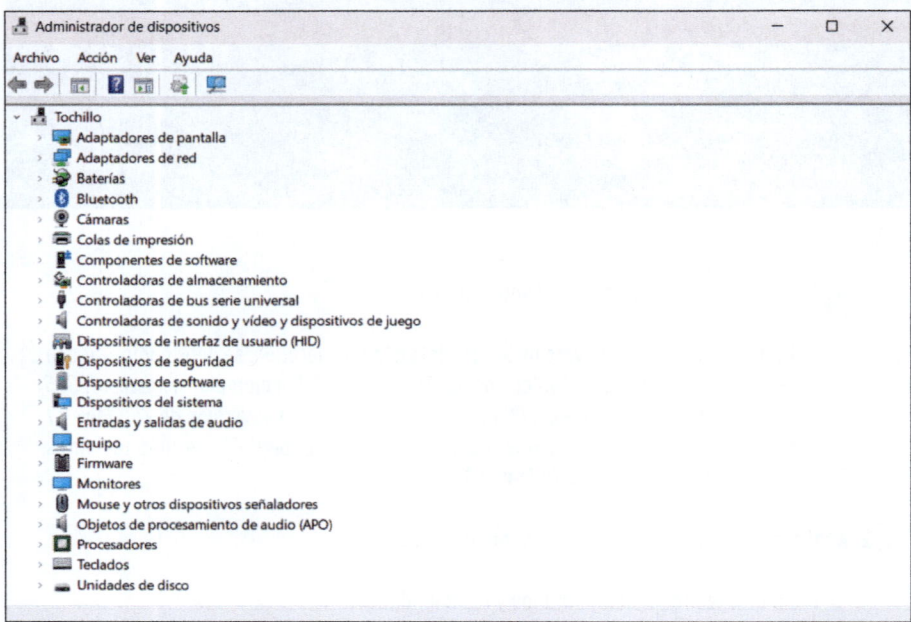

c. Determinar la necesidad de actualizaciones de *hardware:*

   Si el dispositivo no cumple con estos requisitos, se debe considerar actualizar el *hardware* antes de instalar *Microsoft 365* para garantizar un rendimiento óptimo.

3. Identificar y revisar otras aplicaciones o bibliotecas de *software* necesarias:

a. Identificar dependencias y requisitos previos:

   Microsoft 365 puede requerir la instalación de componentes adicionales como *Microsoft* .NET *Framework* o *Visual Studio Tools* para *Office* para funcionar correctamente.

b. Revisar la presencia de las dependencias:

   Para verificar si estas aplicaciones y componentes ya están instalados en el sistema, se puede acceder al **Panel de control** y seleccionar **Programas y características**.

Continúa en página siguiente >>

<< Viene de página anterior

c. Instalar o actualizar las dependencias necesarias:

ı Si las dependencias requeridas no están presentes o necesitan una actualización, es necesario descargar e instalar las versiones adecuadas.

4. Verificar la compatibilidad de actualizaciones o nuevas versiones:

a. Revisar historial y configuraciones actuales:

ı Antes de proceder con una actualización de *Microsoft 365,* es importante revisar las versiones del *software* ya instaladas y cualquier configuración o personalización relevante que pueda verse afectada por la actualización.

b. Consultar notas de la versión y documentación de actualización:

ı Se deben revisar las notas de la versión más reciente de *Microsoft 365* para comprender los cambios introducidos, mejoras realizadas y posibles incompatibilidades con versiones anteriores del *software.*

c. Planificar la actualización cuidadosamente:

ı Es esencial asegurarse de que las actualizaciones propuestas no interrumpirán operaciones críticas.

6.2. Seguir las instrucciones de instalación dadas por el fabricante

Seguir las instrucciones de instalación proporcionadas por el fabricante del *software* es un paso fundamental para garantizar que la implementación del *software* se realice correctamente. Este proceso implica una serie de acciones detalladas que deben ejecutarse para evitar problemas futuros y maximizar los beneficios del *software.*

A continuación, se describen los pasos esenciales para seguir adecuadamente las instrucciones de instalación del fabricante:

1. **Revisión de la documentación.** Antes de iniciar la instalación, es clave revisar toda la documentación proporcionada por el fabricante. Esto

incluye manuales de usuario, guías de instalación y notas de la versión. Estos documentos suelen contener información valiosa sobre el proceso de instalación, configuraciones recomendadas y posibles problemas conocidos con soluciones sugeridas.

2. **Preparación del entorno de instalación.** Asegurarse de que el entorno donde se va a instalar el *software* esté preparado conforme a las recomendaciones del fabricante. Esto puede incluir desactivar ciertos programas, asegurar una conexión de red estable si la instalación es en línea, o configurar parámetros específicos del sistema que faciliten una instalación exitosa.

3. **Seguir al asistente de instalación.** Utilizar el asistente de instalación proporcionado por el *software,* si está disponible, siguiendo paso a paso las indicaciones que se presentan. Estos asistentes están diseñados para guiar al usuario a través del proceso de instalación, asegurando que se realicen todas las configuraciones necesarias para una correcta implementación del *software.*

4. **Personalización de la configuración.** Durante el proceso de instalación, ajustar las configuraciones según las necesidades específicas de la organización, siempre dentro de las opciones ofrecidas por el fabricante. Esto puede incluir la selección de componentes a instalar, la configuración de parámetros operativos o la personalización de la interfaz de usuario.

5. **Verificación de la instalación.** Una vez completada la instalación, realizar una verificación para asegurar que el *software* ha sido instalado correctamente y funciona como se espera. Esto puede implicar la ejecución de pruebas de *software,* la revisión de los registros de instalación o la confirmación de que todas las funciones principales están operativas.

6. **Consulta de soporte técnico.** En caso de encuentros con dificultades o errores durante la instalación, es recomendable consultar el soporte técnico del fabricante o la base de conocimientos en línea. El fabricante puede ofrecer soluciones específicas, parches o la asistencia necesaria para completar la instalación con éxito.

Ejemplo

Continuando con el proceso de instalación de *Microsoft 365,* siguiendo las instrucciones del fabricante, los siguientes pasos son esenciales para garantizar una implementación exitosa del *software:*

1. **Revisión de la documentación.** Antes de iniciar cualquier proceso de instalación, hay que revisar los manuales de usuario, las guías de instalación rápida y las notas de la versión:

    ▪ *Microsoft* ofrece una variedad de recursos de aprendizaje para *Microsoft 365,* incluyendo vídeos y tutoriales:

https://redirectoronline.com/uf18930303

    ▪ También se pueden encontrar guías descargables para diferentes aplicaciones como *Microsoft Teams, Excel, OneDrive,* etc.

https://redirectoronline.com/uf18930304

    ▪ Para instalar *Microsoft 365* en un ordenador a través de la guía de instalación rápida, se debe visitar el siguiente enlace:

Continúa en página siguiente >>

<< Viene de página anterior

https://redirectoronline.com/uf18930305

I *Microsoft* también ofrece guías de iniciación rápida para algunas aplicaciones:

https://redirectoronline.com/uf18930306

I *Microsoft* proporciona un historial de actualizaciones de Aplicaciones de *Microsoft 365* ordenado por fecha en:

https://redirectoronline.com/uf18930307

I También se puede encontrar información de versión para Novedades a Aplicaciones *Microsoft 365* en:

https://redirectoronline.com/uf18930308

Continúa en página siguiente >>

<< Viene de página anterior

2. **Preparación del entorno de instalación.** Esto puede implicar verificar que la conexión a internet sea estable y suficientemente rápida, especialmente si la instalación de Microsoft 365 se realiza en línea. Además, es importante asegurarse de que el sistema operativo esté actualizado para evitar incompatibilidades.

3. **Seguir al asistente de instalación.** Durante la instalación de *Microsoft 365,* se debe seguir cuidadosamente el asistente de instalación proporcionado por el *software.* Para comenzar a instalar hay que dirigirse a:

https://redirectoronline.com/uf18930309

Si aún no se ha iniciado sesión, seleccionar la opción **Iniciar sesión** e utilizar la cuenta asociada a esta versión de *Microsoft 365,* que puede ser una cuenta de *Microsoft* o una cuenta profesional o educativa. El siguiente paso en la instalación según el tipo de cuenta es:

ı Cuenta de *Microsoft:* en la página principal de *Microsoft 365,* seleccionar **Instalar aplicaciones.**

ı Cuenta profesional o educativa: en la página principal, seleccionar **Instalar aplicaciones.** Si la página de inicio es diferente, ir a aka.ms/office-install.

Continúa en página siguiente >>

<< Viene de página anterior

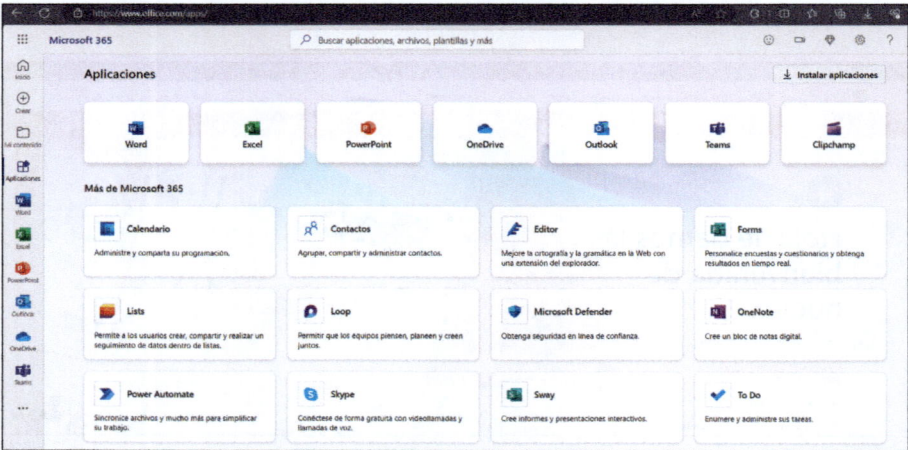

4. Personalización de la configuración. En el transcurso de la instalación, es posible personalizar la configuración según las necesidades específicas de la organización. La versión de 64 bits se instala por defecto a menos que se detecte una versión previamente instalada de 32 bits de *Microsoft 365* u *Office.* Para cambiar de versión, hay que desinstalar primero Microsoft 365 u Office, volver a iniciar sesión en www.office.com, seleccionar **Otras opciones de instalación**, elegir el idioma y la versión deseada (64 o 32 bits) y seleccionar **Instalar**.

Continúa en página siguiente >>

<< Viene de página anterior

Continúa en página siguiente >>

<< Viene de página anterior

5. Verificación de la instalación. Una vez completada la instalación, es importante verificar que *Microsoft 365* haya sido instalado correctamente y funcione según lo previsto. Esto incluye la comprobación de que todas las aplicaciones de *Office* se inician correctamente, revisar que las configuraciones aplicadas sean las adecuadas y, si es necesario, realizar pruebas básicas de funcionalidad.

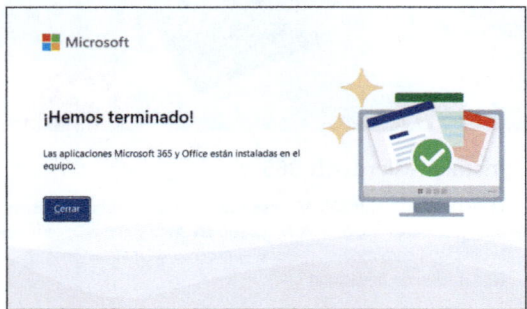

6. Consulta de soporte técnico. El soporte técnico puede proporcionar soluciones específicas, parches o la asistencia necesaria para resolver cualquier problema. Además, la base de conocimientos en línea de *Microsoft* es una excelente fuente de información para solucionar problemas comunes y obtener consejos de instalación.

 ## Aplicación práctica

La correcta instalación de *software* es fundamental para garantizar su funcionalidad y evitar problemas futuros. Seguir meticulosamente las instrucciones del fabricante es esencial para una implementación exitosa.

Imagine que es la persona encargada de TI en una empresa y debe planificar y ejecutar la instalación de un nuevo *software*.

Desarrolle un plan detallado que describa cómo abordará cada paso esencial del proceso de instalación, siguiendo las instrucciones proporcionadas por el fabricante.

Continúa en página siguiente >>

<< Viene de página anterior

SOLUCIÓN

▪ Revisión de la documentación: se revisará detenidamente el manual de usuario, las guías de instalación y las notas de la versión para comprender completamente el proceso y prepararse para posibles problemas.

▪ Preparación del entorno de instalación: se desactivarán programas innecesarios, se asegurará una conexión de red estable y se configurará el sistema según las recomendaciones del fabricante.

▪ Seguir el asistente de instalación: se seguirán cuidadosamente las instrucciones del asistente de instalación, asegurándose de no omitir ningún paso importante.

▪ Personalización de la configuración: se seleccionarán componentes específicos para instalar y se configurarán parámetros operativos y la interfaz de usuario según las necesidades de la empresa.

▪ Verificación de la instalación: se ejecutarán pruebas de funcionamiento, se revisarán los registros de instalación y se confirmará que todas las funciones clave estén operativas.

▪ Consulta de soporte técnico: si se encuentran dificultades, se contactará al soporte técnico del fabricante o se consultará la base de conocimientos en línea para obtener ayuda.

6.3. Actualizar el *software* de aplicación

La actualización del *software* de aplicación debe seguir una serie de pasos estratégicos para garantizar que las nuevas versiones del *software* se implementen correctamente y aporten el máximo valor a la organización:

Antes de proceder con cualquier actualización, es fundamental realizar una planificación exhaustiva. Esto implica revisar la documentación del fabricante sobre la nueva versión, entender las nuevas características, mejoras y correcciones que aporta, y evaluar cómo estos cambios afectarán a los sistemas actuales. Es importante también considerar el momento más adecuado para realizar la actualización, preferiblemente en momentos de baja actividad, para minimizar el impacto en las operaciones empresariales.

Antes de aplicar la actualización, se debe verificar que el entorno de TI actual es compatible con la nueva versión del *software*. Esto incluye revisar los requisitos del sistema, asegurar que el *hardware* y el *software* existentes son compatibles y confirmar que no hay conflictos con otras aplicaciones. La evaluación de la compatibilidad ayuda a prevenir problemas que podrían surgir posactualización, como incompatibilidades o malfuncionamientos.

Es recomendable realizar pruebas de la nueva actualización en un entorno de prueba o desarrollo que simule el entorno de producción. Esto permite identificar posibles problemas, evaluar el impacto de la actualización en los procesos empresariales y garantizar que la transición sea lo más fluida posible. Las pruebas deben ser exhaustivas, cubriendo todas las funcionalidades clave para asegurar que el *software* actualizado funcionará correctamente en el entorno real.

Una vez que la planificación y las pruebas se han completado satisfactoriamente, se procede con la implementación de la actualización. Es vital seguir las instrucciones específicas del fabricante para aplicar la actualización, ya que esto puede variar significativamente entre diferentes *software*. La implementación debe ser monitoreada de cerca para detectar y resolver rápidamente cualquier problema que pueda surgir.

Después de instalar la actualización, se debe realizar una verificación completa para asegurar que el *software* funciona como se espera y que todas las nuevas características y correcciones están operativas. Esto también incluye verificar que no haya efectos adversos en la interoperabilidad con otros sistemas y que todos los datos y configuraciones han sido mantenidos correctamente.

Ejemplo

En *Microsoft Store,* por ejemplo, se pueden actualizar las aplicaciones en la sección de biblioteca:

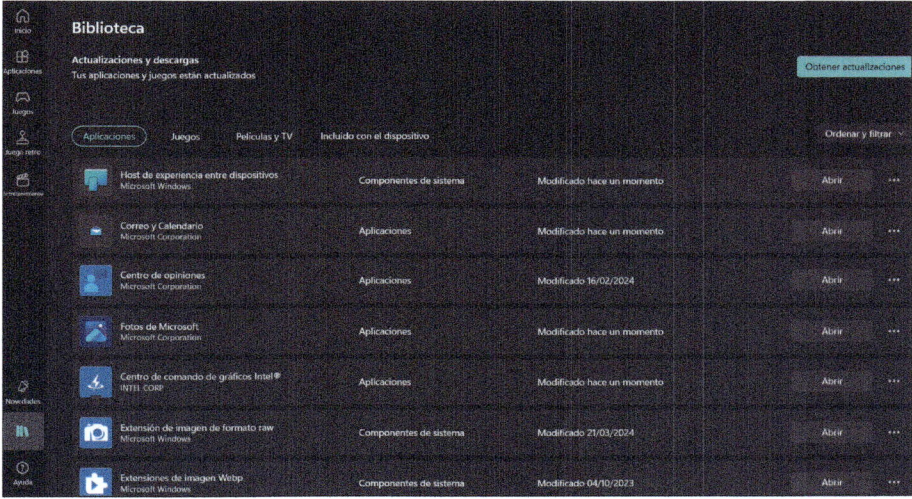

Además, al seleccionar la aplicación aparecen las características, las novedades de la versión y los requisitos:

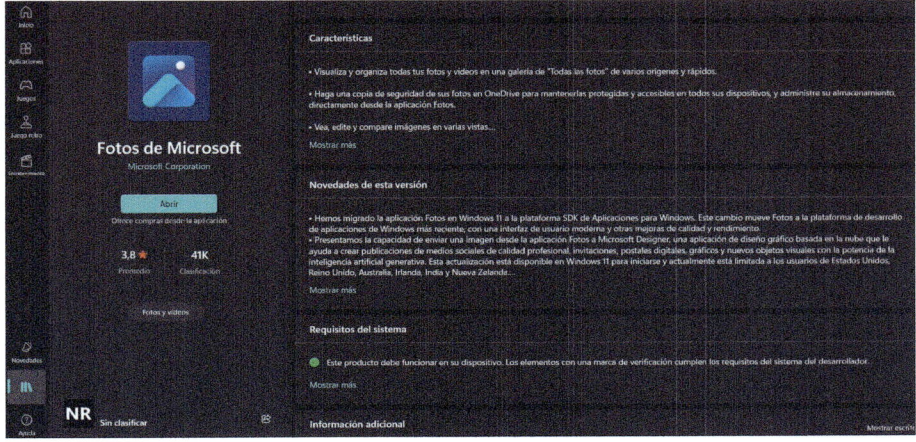

Es importante documentar todo el proceso de actualización, incluyendo los detalles de la versión instalada, los cambios realizados y cualquier incidencia relevante durante el proceso.

7. Comprobar el correcto funcionamiento del *software* de aplicación

Comprobar el correcto funcionamiento del *software* de aplicación tras su instalación o actualización es una práctica esencial en la gestión de TI. Este proceso garantiza que el *software* funcione adecuadamente, cumpla con los requisitos operativos y ofrezca la funcionalidad esperada, contribuyendo así a la continuidad y eficiencia de las operaciones empresariales. A continuación, se describen los pasos detallados para asegurar una verificación efectiva:

1. **Pruebas funcionales.** Realizar pruebas funcionales exhaustivas para asegurar que todas las características y funciones del *software* operan como se espera. Esto incluye:

   ▪ Ejecutar casos de prueba que cubran todas las funcionalidades del *software.*
   ▪ Validar que la entrada de datos produzca los resultados esperados.
   ▪ Comprobar la integración con otros sistemas y que el flujo de datos entre aplicaciones sea correcto.

   Por ejemplo, las pruebas funcionales en *Microsoft Word* podrían incluir:

   ▪ Ejecutar un conjunto de casos de prueba que abarquen todas las funcionalidades de *Word,* como la edición de texto, inserción de imágenes, uso de plantillas y herramientas de revisión. Y, validar que la entrada de datos, como la escritura de texto y la inserción de elementos gráficos, produzca los resultados esperados en el documento:

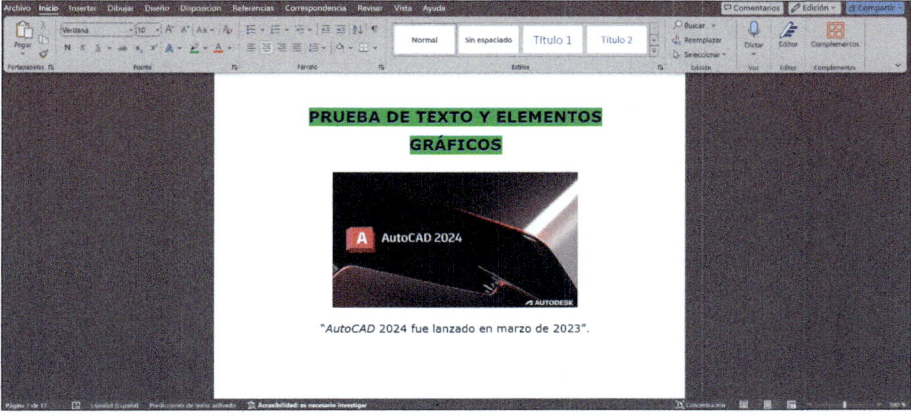

■ Comprobar la integración de *Word* con otros sistemas, como el correo electrónico para enviar documentos y la colaboración en línea
a través de *OneDrive* o *SharePoint,* asegurando que el flujo de datos
entre estas aplicaciones sea fluido y sin errores.

2. **Pruebas de regresión.** Llevar a cabo pruebas de regresión para asegurarse de que las nuevas actualizaciones no hayan introducido problemas en
las funcionalidades existentes. Esto implica:

■ Revisar las funcionalidades que eran operativas antes de la instalación o actualización.
■ Utilizar *scripts* de pruebas automatizados si están disponibles, para
agilizar el proceso.

3. **Pruebas de usabilidad.** Evaluar la usabilidad del *software* para confirmar
que la interfaz de usuario es intuitiva y cumple con las expectativas del
usuario final. Considerar:

■ La facilidad de navegación a través de la aplicación.
■ La claridad de los mensajes y notificaciones proporcionados al
usuario.
■ La consistencia en el diseño y la experiencia de usuario en diferentes secciones del *software.*

4. **Verificación de la seguridad.** Comprobar que las características de seguridad del *software* funcionan correctamente, especialmente si la actualización incluyó cambios en los protocolos de seguridad o en la gestión de datos. Esto incluye:

- Confirmar que los controles de acceso y permisos estén funcionando como se configuró.
- Verificar la encriptación de datos, si es aplicable, y la protección contra vulnerabilidades conocidas.

5. **Monitorización del rendimiento.** Monitorear el rendimiento del *software* para detectar cualquier problema de velocidad, estabilidad o recursos. Esto puede involucrar:

- Observar el uso de CPU, memoria y otros recursos del sistema.
- Identificar y resolver cuellos de botella o problemas de rendimiento que podrían afectar la experiencia del usuario.

6. **Documentación de incidencias y retroalimentación.** Registrar cualquier incidencia detectada durante las pruebas y obtener retroalimentación de los usuarios finales. Asegurar que:

- Se documenten detalladamente todos los problemas encontrados para su posterior análisis y corrección.
- Se recoja la opinión de los usuarios finales sobre la funcionalidad y usabilidad del *software.*

7. **Implementación de correcciones:**

- Implementar las correcciones necesarias en caso de detectar fallos o mal funcionamiento, y repetir el ciclo de pruebas para confirmar que las soluciones son efectivas.

Ejemplo

A continuación, se presentan las acciones específicas para cada etapa del proceso de verificación en una empresa que recientemente ha implementado una actualización en su sistema de gestión de relaciones con clientes, *Salesforce.*

Pruebas funcionales:

▮ Desarrollar y ejecutar un conjunto detallado de casos de prueba que abarquen todas las funcionalidades clave de *Salesforce,* incluyendo gestión de *leads,* oportunidades, y soporte al cliente.
▮ Realizar pruebas de entrada de datos en los módulos de ventas y *marketing* para asegurar que se generen los informes de ventas y análisis de campañas correctos.
▮ Validar las interfaces de integración con otras plataformas como ERP y plataformas de *e-mail marketing,* garantizando que la sincronización y transferencia de datos se realice sin errores.

Pruebas de regresión:

▮ Ejecutar un conjunto de pruebas de regresión para asegurar que las funcionalidades que ya existían antes de la actualización se mantengan intactas y completamente operativas.
▮ Utilizar herramientas de automatización para ejecutar estas pruebas de regresión, facilitando una revisión rápida y eficiente de las funcionalidades tras la actualización.

Pruebas de usabilidad:

▮ Evaluar la experiencia de usuario en la plataforma *Salesforce* actualizada, concentrándose en la facilidad de navegación, claridad de las interfaces y coherencia visual.
▮ Organizar sesiones de prueba con usuarios finales para recoger comentarios sobre la facilidad de uso y efectividad de las nuevas características y ajustes en la interfaz.

Verificación de la seguridad:

▮ Revisar los ajustes de seguridad posactualización para asegurar que las configuraciones y políticas de seguridad cumplan con los estándares deseados y protejan adecuadamente la información sensible.
▮ Realizar pruebas específicas para validar la eficacia de los controles de acceso y seguridad, asegurando que los derechos y permisos de los usuarios se ajusten correctamente según sus roles.

Continúa en página siguiente >>

<< Viene de página anterior

Monitorización del rendimiento:

I Monitorizar cómo la plataforma *Salesforce* actualizada gestiona los recursos del sistema, poniendo especial atención a aspectos como la estabilidad, velocidad de respuesta y eficiencia en el uso de recursos.
I Identificar y abordar posibles cuellos de botella o problemas de rendimiento, como demoras en el procesamiento de transacciones o tiempos de carga lentos.

Documentación de incidencias y retroalimentación:

I Documentar de manera meticulosa cualquier problema encontrado durante las pruebas, incluyendo detalles específicos que permitan una fácil reproducción del problema para facilitar su resolución.
I Recoger y analizar retroalimentación de los usuarios para identificar áreas de mejora y realizar ajustes en la configuración o funcionalidades según sea necesario.

Implementación de correcciones:

I Priorizar y corregir los errores identificados, basándose en su impacto en los procesos críticos de negocio y la experiencia del usuario.
I Realizar ciclos adicionales de pruebas para asegurar que las correcciones implementadas resuelvan efectivamente los problemas sin introducir nuevos errores.

 Aplicación práctica

Verificar el correcto funcionamiento del *software* tras su instalación o actualización es un paso clave en la gestión de TI. Este proceso asegura que el *software* cumple con los estándares requeridos y funciona eficientemente.

Desarrolle un plan detallado para llevar a cabo la verificación del *software* después de su instalación o actualización. Deberá seguir los siguientes pasos y proporcionar ejemplos concretos de cómo ejecutaría cada uno de ellos en su organización:

I Pruebas funcionales.
I Pruebas de regresión.
I Pruebas de usabilidad.

Continúa en página siguiente >>

<< Viene de página anterior

▮ **Verificación de la seguridad.**
▮ **Monitorización del rendimiento.**
▮ **Documentación de incidencias y retroalimentación.**
▮ **Implementación de correcciones**.

SOLUCIÓN

▮ Pruebas funcionales: tras instalar la última versión de un *software* de contabilidad, se realizan pruebas para verificar si todas las funciones de reporte financiero operan correctamente, ejecutando escenarios de prueba que cubran el cálculo de impuestos y la generación de balances.
▮ Pruebas de regresión: después de actualizar el sistema de gestión de recursos humanos, se emplearán *scripts* automatizados para comprobar que las funcionalidades de gestión de tiempo y asistencia sigan funcionando como antes de la actualización.
▮ Pruebas de usabilidad: se evaluará la nueva interfaz del *software* de gestión de proyectos para confirmar que las herramientas de planificación sean fácilmente accesibles y comprensibles para los usuarios.
▮ Verificación de la seguridad: se comprobará que el *software* de comunicación interna actualizado mantenga eficazmente la encriptación de los mensajes y la autenticación de usuarios.
▮ Monitorización del rendimiento: se monitorizará cómo el nuevo programa antivirus afecta el rendimiento de los sistemas, evaluando el uso de CPU y memoria durante análisis completos.
▮ Documentación de incidencias y retroalimentación: se documentará cualquier problema reportado por los usuarios tras la instalación de una nueva herramienta de colaboración en línea, recopilando sus opiniones sobre facilidad de uso y funcionalidad.
▮ Implementación de correcciones: en caso de detectar fallos en el nuevo *software* de diseño gráfico, hay que coordinarse con el equipo de TI para desarrollar y aplicar un parche. Posteriormente, se realizará una nueva ronda de pruebas para validar la solución.

8. Desplegar masiva y desatendidamente *software* de aplicación

Implementar *software* de forma masiva y automatizada permite a las organizaciones instalar o actualizar aplicaciones en numerosos dispositivos simultáneamente, con mínima o nula intervención humana. Este método eficaz es fundamental para asegurar una implementación uniforme y precisa, optimizando los procesos operativos y minimizando el margen de error. A continuación, se detalla cómo se estructura este proceso:

1. **Preparativos iniciales.** La fase de preparación es esencial para definir el alcance del proyecto, seleccionar el *software* a instalar y los sistemas destino. Durante esta etapa, es vital:

   ▪ Determinar las necesidades empresariales y los requisitos específicos del *software.*
   ▪ Elaborar un listado detallado de los equipos donde se realizará la instalación, asegurando que cumplen con los estándares necesarios.
   ▪ Establecer un calendario para la implementación, preferiblemente en horarios de baja actividad, para reducir el impacto en las operaciones cotidianas.

2. **Configuración de los paquetes de instalación.** El desarrollo de paquetes de instalación automatizados es un paso crítico que implica:

   ▪ Emplear herramientas avanzadas de automatización para crear paquetes que contengan el *software,* configuraciones predeterminadas y *scripts* necesarios.
   ▪ Configurar *scripts* automatizados que ejecuten la instalación y las configuraciones de forma autónoma, adaptándose a las necesidades de cada sistema.

3. **Validación del proceso de despliegue.** Antes de la implementación general, es esencial probar la instalación en un número limitado de sistemas para:

   ▪ Confirmar que el proceso de instalación y configuración funcione adecuadamente.
   ▪ Asegurar que el *software* se integra sin problemas y opera correctamente, sin interferir con otros sistemas o aplicaciones.

4. **Ejecución del despliegue masivo.** Para la implementación a gran escala, se emplean soluciones de despliegue que facilitan la distribución del *software* a todos los dispositivos objetivo, donde:

   ▪ Se programa la instalación para que se realice automáticamente en el horario previsto.

■ Se configura la instalación para que se ejecute de manera desatendida, evitando la necesidad de intervención manual durante el proceso.

5. **Monitoreo y documentación.** Supervisar el despliegue es fundamental para:

■ Monitorizar la ejecución del despliegue en tiempo real, identificando y solucionando posibles incidencias.
■ Documentar exhaustivamente los resultados de cada instalación, facilitando el seguimiento y la resolución de cualquier problema.

6. **Confirmación y evaluación posterior.** Tras completar la instalación, es importante realizar controles para confirmar que:

■ El *software* ha sido instalado correctamente en todos los dispositivos, funcionando según lo previsto.
■ Se recopila *feedback* de los usuarios para verificar que el *software* satisface las expectativas y apoya adecuadamente las operaciones empresariales.

Ejemplo

A continuación, se describen las acciones específicas para cada paso del proceso de despliegue masivo y desatendido de una empresa que necesita actualizar su sistema de comunicación interna a la última versión de *Microsoft Teams,* abarcando cientos de ordenadores a través de su red corporativa.

Preparativos iniciales

■ Se revisan las notas de lanzamiento de la última versión de *Microsoft Teams* para entender las nuevas funcionalidades y mejoras. Por ejemplo, si la nueva versión incluye mejoras significativas en la seguridad de las videollamadas y nuevas herramientas de colaboración, se evalúa cómo estas pueden beneficiar a la empresa.

Continúa en página siguiente >>

<< Viene de página anterior

▌ Se selecciona un fin de semana para realizar el despliegue, identificando un período como el primer fin de semana del próximo mes para asegurar la menor interrupción posible de las actividades normales de la empresa.

▌ Se revisan los requisitos mínimos de la nueva versión de *Teams.*

▌ Se realiza un inventario utilizando herramientas como *Microsoft Intune* para identificar todos los sistemas operativos en uso:

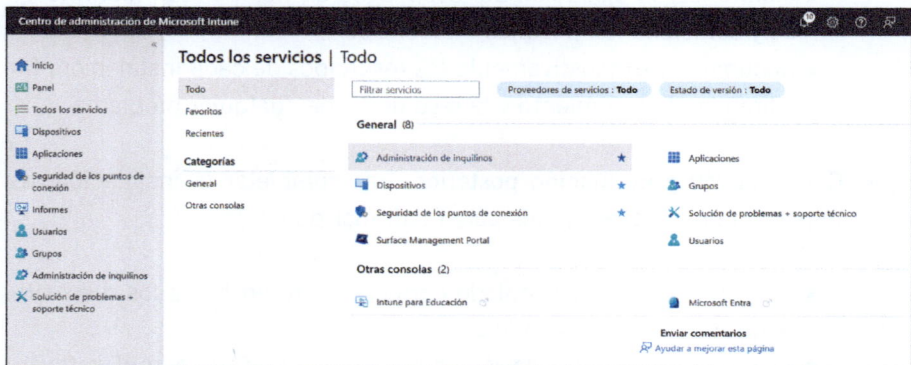

Configuración de los paquetes de instalación

▌ Se crea un paquete de instalación desatendido que incluye la última versión de *Microsoft Teams,* utilizando, por ejemplo, *Microsoft Intune.* Además, con *Microsoft Intune,* se pueden configurar políticas y perfiles de instalación que pueden automatizar el proceso de despliegue de *Teams* en los dispositivos de los empleados.

Validación del proceso de despliegue

▌ Se selecciona un grupo reducido de computadoras, por ejemplo, en el departamento de IT y algunos usuarios clave de diferentes departamentos, para realizar pruebas piloto del paquete de instalación.

▌ Se supervisa la instalación, el rendimiento y la funcionalidad de *Teams* en estos sistemas para validar que el despliegue funcione según lo previsto.

Ejecución del despliegue masivo

▌ Se programa la implementación del paquete a todos los ordenadores objetivo durante el fin de semana seleccionado.

Continúa en página siguiente >>

<< Viene de página anterior

❚ Se asegura que la instalación se ejecute automáticamente durante horas no laborables, preferiblemente en la noche del viernes o el sábado temprano.

Monitoreo y documentación

❚ Se monitorea el progreso del despliegue para identificar cualquier problema durante la instalación.
❚ Se registra cada detalle del despliegue, incluyendo éxitos, fallos y cualquier incidente, en una base de datos centralizada o un sistema de gestión de incidencias.

Confirmación y evaluación posterior

❚ Tras completar el despliegue, se realiza una verificación para asegurar que Microsoft Teams esté funcionando correctamente en todos los dispositivos.
❚ Se recoge feedback de los usuarios finales para evaluar la experiencia de actualización y la funcionalidad del software actualizado.
❚ Se identifican problemas, se desarrollan e implementan soluciones rápidamente, y se actualiza la documentación para reflejar cualquier cambio realizado.

Actividades

9. ¿Cuáles son los pasos y prácticas esenciales para comprobar el correcto funcionamiento del *software* de aplicación después de su instalación o actualización, y cuál es la importancia de este proceso en la gestión de TI?
10. ¿Cómo se estructura y ejecuta un proceso de despliegue masivo y desatendido de *software*, y cuáles son los beneficios de adoptar este enfoque para las organizaciones?
11. ¿Qué consideraciones y pasos se deben tomar en cuenta durante la fase de preparación para un despliegue masivo de *software*, y cómo se asegura la adecuación y eficiencia del proceso?
12. En el contexto de la supervisión y evaluación posterior de una implementación masiva de *software*, ¿cuáles son las acciones clave a realizar para confirmar el éxito de la instalación y su impacto en las operaciones empresariales?

---

9. Resumen

El entendimiento y la distinción entre los diversos tipos de *software* de aplicación se centran en sus funciones específicas y los propósitos para los que están diseñados. Estas categorías incluyen:

- **Software de productividad:** este tipo incluye aplicaciones como procesadores de texto, hojas de cálculo y herramientas de presentación, fundamentales para las operaciones diarias en cualquier organización. Facilitan la creación y edición de documentos, organización de datos y gestión de proyectos, siendo esenciales para mejorar la eficiencia y la comunicación interna.
- **Software de comunicación:** agrupa plataformas como el correo electrónico, mensajería instantánea y videoconferencias, esenciales para la colaboración en tiempo real. Su relevancia es máxima en entornos laborales modernos, permitiendo una comunicación efectiva y manteniendo a los equipos sincronizados, especialmente en modalidades de trabajo remoto o híbrido.
- **Software de gestión empresarial:** incluye sistemas ERP y CRM, vitales para la automatización e integración de operaciones empresariales. Los ERP integran procesos como finanzas y recursos humanos, mientras que los CRM se centran en la gestión de relaciones con clientes, facilitando una mejor interacción y comprensión de las necesidades del cliente.
- **Herramientas de diseño:** compuestas por *software* de edición gráfica y diseño asistido por computadora (CAD), son indispensables en sectores como el diseño gráfico, la arquitectura y la ingeniería, proporcionando las funcionalidades necesarias para desarrollar proyectos visuales y técnicos de alta calidad.
- **Software de análisis de datos:** este tipo engloba herramientas que permiten a las empresas analizar grandes conjuntos de datos para extraer *insights,* apoyar la toma de decisiones y anticipar tendencias, siendo clave en un entorno empresarial impulsado por datos.

En cuanto a los paquetes ofimáticos, estos son conjuntos integrados de *software* que facilitan la gestión de documentos y la colaboración. Entre los más utilizados se encuentran:

- *Microsoft Office 365:* proporciona una suite completa que incluye *Word, Excel, PowerPoint* y otros, destacando por su integración y colaboración en tiempo real.
- *Google Workspace:* ofrece un conjunto de herramientas basadas en la nube que promueven la colaboración eficiente y el trabajo remoto.
- *LibreOffice:* es una opción de código abierto que ofrece flexibilidad y compatibilidad con diversos formatos de archivo.
- *Apple iWork:* conocido por su interfaz intuitiva y su integración con dispositivos *Apple,* se enfoca en proporcionar herramientas de diseño de alta calidad.

Las herramientas colaborativas, especialmente los sistemas ERP y CRM, desempeñan roles claves en la unificación de procesos empresariales y la mejora de las relaciones con los clientes, respectivamente. Los ERP facilitan la visibilidad total de la empresa y mejoran la eficiencia operativa, mientras que los CRM se centran en optimizar las interacciones con los clientes y potenciar las ventas y el *marketing.*

La correcta selección e instalación de *software* de aplicación implica seguir políticas organizativas que aseguren la alineación con los objetivos empresariales, la compatibilidad tecnológica y la conformidad con las normas de seguridad. Esto incluye verificar la autorización para la instalación, adherirse a las listas de aplicaciones aprobadas y documentar detalladamente cada instalación realizada, asegurando así la integridad y eficacia de los sistemas de TI de la empresa.

Finalmente, el despliegue masivo y desatendido de *software* es un proceso estructurado que permite instalar o actualizar aplicaciones en varios dispositivos simultáneamente, optimizando la eficiencia y asegurando la coherencia en toda la infraestructura tecnológica de la organización. Este enfoque incluye la preparación cuidadosa, la configuración de paquetes de instalación automatizados, la validación previa, la implementación controlada, el monitoreo constante y la evaluación posinstalación, garantizando una implementación exitosa y segura del *software* en la empresa.

Ejercicios de repaso y autoevaluación

1. Indique tres categorías principales de *software* de aplicación:

   _____
   _____
   _____
   _____
   _____
   _____

2. ¿Cuál de los siguientes paquetes ofimáticos permite la colaboración en tiempo real y se destaca por su enfoque basado en la nube?

   a. *Microsoft Office 365.*
   b. *Google Workspace.*
   c. *LibreOffice.*
   d. *Apple iWork.*

3. Describa dos características clave del *software* CRM que lo hacen esencial en la gestión de relaciones con los clientes.

   _____
   _____
   _____
   _____
   _____
   _____

4. Identifique la herramienta que NO es parte de *Adobe Creative Cloud:*

   a. *Photoshop.*
   b. *Illustrator.*
   c. *AutoCAD.*
   d. *InDesign.*

5. Explique cómo el *software* de análisis de datos como *Tableau* e *IBM SPSS Statistics* contribuye en la toma de decisiones empresariales.

_____

_____

_____

_____

6. ¿Qué *software* de comunicación empresarial integra mensajería instantánea y canales organizados para equipos?

    a. *Google Workspace.*
    b. *Microsoft Teams.*
    c. *Slack.*
    d. *Zoom.*

7. ¿Cuál es la importancia de comprobar el correcto funcionamiento del *software* de aplicación tras su instalación o actualización?

_____

_____

_____

_____

8. ¿Cuál es una herramienta de diseño utilizada en arquitectura, ingeniería y construcción para la creación de modelos 3D?

    a. *Adobe Photoshop.*
    b. *Microsoft PowerPoint.*
    c. *AutoCAD.*
    d. *IBM SPSS Statistics.*

9. ¿Qué característica de *SAP S/4HANA* lo hace especialmente útil para empresas que buscan gestionar procesos de negocio en tiempo real?

    a. Su capacidad de análisis de datos.
    b. Su integración con herramientas de diseño.

c. Sus capacidades avanzadas para gestionar la cadena de suministro y servicios.
d. Su enfoque en la mensajería instantánea.

10. **¿Cuáles son las dos principales ventajas de utilizar *LibreOffice* en comparación con otros paquetes ofimáticos?**

_____
_____
_____
_____

11. **Seleccione el *software* que NO está incluido en *Microsoft Office 365*:**

a. *Word.*
b. *Excel.*
c. *Photoshop.*
d. *Outlook.*

12. **¿Qué es y cuál es la función principal de *IBM SPSS Statistics* en el análisis de datos?**

_____
_____
_____
_____

13. **¿Qué herramienta de comunicación es conocida principalmente por sus funcionalidades de videoconferencia?**

a. *Slack.*
b. *Salesforce.*
c. *Zoom.*
d. *SAP S/4HANA.*

14. Mencione dos beneficios clave del uso de *Salesforce* en la gestión de relaciones con los clientes.

_____

_____

_____

_____

15. Identifique el *software* que es exclusivo para dispositivos *Apple:*

    a. *Google Workspace.*
    b. *Microsoft Office 365.*
    c. *LibreOffice.*
    d. *Apple iWork.*

Capítulo 4
Automatizaciones

Contenido

1. Introducción

La automatización de tareas se refiere al uso eficiente de lenguajes de programación habituales, cada uno con su entorno nativo específico, para mejorar procesos y aumentar la productividad en las organizaciones.

Python se destaca por su versatilidad y facilidad de uso, siendo ideal para una amplia gama de tareas automatizadas gracias a su extenso ecosistema de bibliotecas. *Bash* es preferido en entornos *Unix* para la automatización de tareas del sistema, mientras que *PowerShell* es la herramienta de elección en entornos *Windows* para gestionar configuraciones y automatizar procesos administrativos. *JavaScript,* por otro lado, se extiende más allá del desarrollo web y se utiliza en entornos como *Node.js* para realizar tareas de automatización.

El desarrollo efectivo de *scripts* para automatización requiere la selección de un editor adecuado, como *Visual Studio Code* o *Sublime Text,* que brinde funcionalidades que faciliten la codificación, como el resaltado de sintaxis y la integración de control de versiones. Al crear *scripts,* es fundamental entender los comandos, estructuras y la documentación específica de los lenguajes de *scripting* utilizados, lo cual es fundamental para escribir código eficiente que ejecute tareas de mantenimiento como actualizaciones automáticas o *backups* programados.

La selección del lenguaje de programación adecuado depende tanto de los requisitos específicos de la tarea a automatizar como del sistema operativo donde se ejecutará el *script.* Esta elección informada asegura que la automatización sea eficaz, fiable y se integre sin problemas con el entorno existente.

Configurar la ejecución automática de *scripts* es un paso clave, implicando la definición de horarios y la frecuencia adecuada para su ejecución, y requiere la verificación de que estos *scripts* se ejecuten correctamente y ofrezcan los resultados esperados, utilizando herramientas nativas del sistema operativo como *Cron* en *Linux* o el Programador de tareas en *Windows.*

2. Conocer los diferentes lenguajes de programación de uso habitual para la automatización de tareas

La automatización de tareas se ha vuelto una práctica esencial en el ámbito tecnológico, siendo impulsada significativamente por diversos lenguajes de programación, cada uno con características únicas que los hacen idóneos para distintos tipos de tareas automatizadas.

2.1. Lenguajes de programación

A continuación, se detallan los lenguajes de programación más habituales para la automatización de tareas, resaltando sus entornos nativos y aplicaciones predominantes.

Python

Python sigue siendo uno de los lenguajes de programación más populares para la automatización, gracias a su sintaxis clara y legible, que facilita el desarrollo rápido de *scripts* eficientes.

Su vasto ecosistema de bibliotecas, como *Pandas* para análisis de datos, *Selenium* para automatización web o *Ansible* para la automatización de TI, lo convierte en una herramienta versátil adaptable a casi cualquier tarea de automatización.

Su uso se extiende desde la automatización de tareas administrativas hasta complejas operaciones de análisis de datos y pruebas de *software.*

Además, *Python 3.12* introduce varias mejoras de rendimiento y nuevas características, como una sintaxis más agradable para tareas asíncronas y soporte nativo para TOML.

Logo de Python (© Fotografía: Trismegist san / Shutterstock.com)

JavaScript

JavaScript, a través de plataformas como *Node.js,* permite la ejecución de código fuera del navegador, lo que lo habilita para *scripts* de automatización que pueden interactuar con sistemas de archivos, realizar operaciones de red y gestionar procesos del lado del servidor.

Su utilización en la automatización de pruebas de *front-end,* especialmente con *frameworks* como *Jest* o *Mocha,* lo hace indispensable en el desarrollo moderno de aplicaciones web.

Además, *JavaScript* ha introducido varias características nuevas en las versiones ES2020 y ES2024, como *BigInt,* importaciones dinámicas, coalescencia nula, encadenamiento opcional y *Promise.allSettled.*

Logo de JavaScript (© Fotografía: tomeqs / Shutterstock.com

Bash

En sistemas *Unix* y *Linux, Bash* es el intérprete de comandos estándar y un poderoso lenguaje para la creación de *scripts* que automatizan la gestión del sistema operativo, la manipulación de archivos y la ejecución de programas.

Su capacidad para encadenar comandos y utilizar tuberías hace que sea excepcionalmente potente para tareas de mantenimiento del sistema y automatización de rutinas en entornos basados en *Unix*.

Además, *Bash 5.2* introduce varias mejoras y nuevas características, como nuevas variables de *shell* y una opción para permitir que las variables locales hereden el valor de una variable con el mismo nombre en un ámbito anterior.

PowerShell

PowerShell es el lenguaje de *scripting* y *shell* de comando diseñado para la administración de sistemas en entornos *Windows.*

Permite a los administradores de sistemas automatizar tareas complejas de administración del sistema y crear *scripts* poderosos que pueden llamar a las API del sistema operativo directamente, lo que lo hace ideal para la automatización de tareas en entornos *Windows.*

Además, *PowerShell 7.4* introduce varias actualizaciones y nuevas características, como soporte para *Microsoft Update* en *Windows,* nuevas versiones de *PSResourceGet* y *PSReadLine,* y mejoras en la finalización de pestañas.

Ruby

Ruby, con su sintaxis clara y su enfoque en la simplicidad y la productividad, es frecuentemente utilizado para escribir *scripts* de automatización gracias a su fácil legibilidad y mantenimiento. Es particularmente popular en el ámbito de la automatización de despliegues y otras tareas de desarrollo gracias a herramientas como *Capistrano* y su integración con sistemas de gestión de configuración como *Chef* o *Puppet.*

Además, *Ruby 3.2* y *3.3* introducen varias mejoras de rendimiento y nuevas características, como soporte para *WebAssembly* basado en WASI, un nuevo compilador JIT llamado RJIT y muchas mejoras de rendimiento, especialmente YJIT.

Ejemplo

A continuación, se exponen varios ejemplos de términos o palabras clave que son comúnmente utilizadas en los lenguajes de programación:

Python

- *import:* utilizado para incluir módulos o bibliotecas externas.
- *def:* define una función.
- *class:* utilizado para definir una clase.
- *for, while:* bucles para iterar sobre rangos, listas u objetos.
- *if, elif, else:* estructuras de control para ejecutar código basado en condiciones.
- *try, except:* manejo de excepciones para controlar errores.
- *with:* usado para envolver la ejecución de un bloque con métodos definidos por un contexto.
- *async, await:* utilizado para escribir código asíncrono que parece síncrono *(Python 3.5+)*.
- *f-string:* formato de cadena literal con interpolación de expresiones *(Python 3.6+)*.
- *type hints:* proporciona información sobre el tipo de variable *(Python 3.5+)*.

JavaScript

- *function:* define una función.
- *var, let, const:* declara variables, con *let* y *const* introduciendo ámbitos de bloque.
- *if, else:* estructuras de control condicional.
- *for, while:* bucles para iterar sobre datos.
- *Promise:* utilizado para manejar operaciones asíncronas.
- *async/await:* permite escribir código asíncrono que parece síncrono.
- *.then(), .catch():* métodos para procesar promesas.
- *BigInt:* Representa números enteros de cualquier tamaño (ES2020).
- *import():* importaciones dinámicas (ES2020).
- *??:* operador de coalescencia nula (ES2020).
- *?.:* operador de encadenamiento opcional (ES2020).

Continúa en página siguiente >>

<< Viene de página anterior

Bash

▌ *#! /bin/bash: Shebang* para indicar el intérprete de comandos.
▌ *echo:* imprime texto en la salida estándar.
▌ *l:* tubería, pasa la salida de un comando a otro como entrada.
▌ *>, >>:* redirecciona la salida a un archivo.
▌ *chmod, chown:* comandos para cambiar permisos y propiedad de archivos.
▌ *if, else, fi:* estructuras de control condicional.
▌ *for, while, do, done:* bucles para iterar operaciones.
▌ *declare -n:* crea una referencia a una variable *(Bash 4.3+).*

PowerShell

▌ *Get-Command:* obtiene todos los comandos instalados.
▌ *Get-Help:* proporciona una explicación detallada de las funciones.
▌ *$variable:* para declarar y utilizar variables.
▌ *If, Elself, Else:* estructuras de control condicional.
▌ *ForEach, While:* bucles para iterar sobre colecciones de objetos.
▌ *-eq, -ne, -lt, -le, -gt, -ge:* operadores de comparación.
▌ *Select-Object:* filtra y manipula objetos.
▌ *ForEach-Object:* ejecuta una operación en cada elemento de una colección de objetos.

Ruby

▌ *def:* define una función o método.
▌ *class:* utilizado para definir una clase.
▌ *@variable:* variable de instancia dentro de clases.
▌ *if, elsif, else:* estructuras de control condicional.
▌ *each:* método iterador para colecciones.
▌ *require:* incluye módulos externos o bibliotecas.
▌ *end:* finaliza bloques, métodos o clases.
▌ *yield:* ejecuta el bloque asociado a un método.

Aplicación práctica

En el campo de la tecnología, la automatización de tareas es un componente crítico que mejora la eficiencia y efectividad de los procesos. Diversos lenguajes de programación, cada uno con características únicas, juegan un papel fundamental en la implementación de estas tareas automatizadas. Conocer estos lenguajes y sus aplicaciones específicas es vital para cualquier profesional en programación y automatización.

Asocie cada descripción proporcionada con el lenguaje de programación correspondiente, basándose en sus características, entornos de uso y aplicaciones típicas:

a. Popular por su sintaxis clara y legible, se utiliza para una amplia gama de tareas, desde automatización administrativa hasta análisis de datos, con un vasto ecosistema de bibliotecas como *Pandas* y *Selenium.*
b. Habilitado para ejecución fuera del navegador a través de plataformas como *Node.js,* es clave en la automatización de pruebas de *front-end* y ha introducido características como *BigInt* y *Promise.allSettled.*
c. Esencial en sistemas *Unix* y *Linux* para *scripts* de gestión del sistema operativo y manipulación de archivos, destacando por su capacidad para encadenar comandos y utilizar tuberías.
d. Diseñado para la administración de sistemas en entornos *Windows,* permite la creación de *scripts* poderosos que interactúan directamente con las API del sistema operativo.
e. Conocido por su sintaxis clara y enfoque en la simplicidad, se usa en la automatización de despliegues y se integra bien con sistemas de gestión de configuración como *Chef* o *Puppet.*

SOLUCIÓN

▎ *Python:* popular por su sintaxis clara y legible, se utiliza para una amplia gama de tareas, desde automatización administrativa hasta análisis de datos, con un vasto ecosistema de bibliotecas como *Pandas* y *Selenium.*

▎ *JavaScript:* habilitado para ejecución fuera del navegador a través de plataformas como *Node.js,* es clave en la automatización de pruebas de *front-end* y ha introducido características como *BigInt* y *Promise.allSettled.*

▎ *Bash:* esencial en sistemas *Unix* y *Linux* para *scripts* de gestión del sistema operativo y manipulación de archivos, destacando por su capacidad para encadenar comandos y utilizar tuberías.

▎ *PowerShell:* diseñado para la administración de sistemas en entornos *Windows,* permite la creación de *scripts* poderosos que interactúan directamente con las API del sistema operativo.

Continúa en página siguiente >>

<< Viene de página anterior

I *Ruby:* conocido por su sintaxis clara y enfoque en la simplicidad, se usa en la automatización de despliegues y se integra bien con sistemas de gestión de configuración como *Chef* o *Puppet.*

2.2. Distinguir el entorno nativo de cada lenguaje de programación

El entorno nativo de un lenguaje de programación se refiere al sistema o contexto en el que un lenguaje de programación se ejecuta de manera más eficiente, sin la necesidad de ajustes extras. Esto es, básicamente, el escenario para el cual fue creado el lenguaje. En la tabla que se expone a continuación se especifican los entornos nativos adecuados para cada lenguaje de programación:

Lenguaje de programación	Entorno nativo	Aplicaciones comunes
Python	Cualquier sistema operativo con el intérprete *Python (Linux, Windows, macOS).*	Desarrollo web, ciencia de datos, automatización, desarrollo general.
JavaScript	Navegadores web (originalmente), extendido a servidores con *Node.js.*	Desarrollo web, servidores, aplicaciones de escritorio y móviles.
Bash	Sistemas operativos tipo *Unix (Linux, macOS).*	Automatización de tareas del sistema, *scripts* de *shell.*
PowerShell	*Windows* (con disponibilidad en *Linux* y *macOS* mediante *PowerShell Core).*	Automatización y gestión de sistemas *Windows,* tareas administrativas.
Ruby	Diversas plataformas *(Windows, macOS, Linux).*	Desarrollo web (especialmente con *Ruby on Rails),* automatización.

 **Nota**

Cada lenguaje está diseñado para funcionar de manera óptima en su entorno nativo, aunque muchos de ellos son versátiles y pueden operar en múltiples plataformas, especialmente cuando se les proporcionan las herramientas o adaptaciones adecuadas para hacerlo.

3. Utilizar un editor adecuado para el desarrollo del código

Seleccionar un editor de código idóneo es esencial para optimizar la eficacia en la escritura y mantenimiento del código. A continuación, se presentan aspectos fundamentales a tener en cuenta:

- **Compatibilidad con el lenguaje:** es imperativo que el editor proporcione soporte integral para el lenguaje de programación que se utilice, abarcando desde el resaltado de sintaxis hasta funcionalidades de autocompletado y, en ocasiones, capacidades de compilación y depuración.
- **Personalización:** un editor destacado ofrece opciones para modificar su interfaz y funcionamiento, permitiendo ajustarlo a tus gustos y método de trabajo. Esto engloba la selección de temas visuales, configuración de atajos de teclado y personalización de interfaces y herramientas.
- **Extensibilidad:** la capacidad de expandir sus funcionalidades mediante *plugins* o extensiones es fundamental, permitiendo incorporar características extras como gestión de versiones, integraciones con sistemas de seguimiento de incidencias o herramientas específicas de desarrollo.
- **Eficiencia y rendimiento:** es fundamental que el editor funcione de manera ágil y eficiente, sin sobrecargar los recursos del sistema, incluso al manejar archivos extensos o proyectos de gran envergadura.
- **Soporte y comunidad:** contar con un editor respaldado por una comunidad activa y opciones de soporte robustas es ventajoso, facilitando el acceso a tutoriales, consejos y soluciones a problemas frecuentes.

Entre los editores de código más reconocidos se encuentran:

- **Visual Studio Code:** desarrollado por *Microsoft,* este editor es compatible con múltiples sistemas operativos y ofrece funcionalidades como soporte de depuración, integración con *Git,* resaltado de sintaxis y personalización completa.
- **Sublime Text:** este editor destaca por su interfaz intuitiva y funcionalidades avanzadas, siendo una opción preferente para trabajar con código, marcado y texto.
- **Atom:** conocido por su adaptabilidad, este editor moderno ofrece una plataforma que puede personalizarse completamente para adaptarse a cualquier necesidad de programación.
- **IntelliJ IDEA:** un entorno de desarrollo integrado centrado en *Java,* que ofrece versiones comunitaria y comercial, proporcionando un conjunto completo de herramientas de codificación.
- **PyCharm:** especializado en *Python,* este IDE de *JetBrains* integra numerosas herramientas para el desarrollo eficiente, incluyendo funcionalidades para la edición y refactorización de código.
- **Eclipse:** ampliamente utilizado en el desarrollo *Java,* aunque adaptable a otros lenguajes, este IDE es reconocido por su versatilidad y profundidad en herramientas de desarrollo.

En la siguiente tabla se presentan algunas de las ventajas y desventajas de cada uno de los editores de código:

Editor	Ventajas	Desventajas	Recomendado para
Visual Studio Code	Gratuito y *open-source,* respaldado por una extensa comunidad, con numerosas extensiones y buena integración con *Git.*	Puede resultar lento con proyectos grandes; ciertas funcionalidades pueden necesitar extensiones extra.	Amplio soporte de lenguajes, incluidos *JavaScript, TypeScript,* y *Python.*
Sublime Text	Rápido y eficiente, incluso con archivos grandes, interfaz limpia y extensibilidad mediante paquetes.	No es *open-source* y la versión completa es de pago; se podrían necesitar paquetes adicionales para más funciones.	Idóneo para *Python, JavaScript, Ruby,* entre otros lenguajes de *scripting.*

Continúa en página siguiente >>

<< Viene de página anterior

Editor	Ventajas	Desventajas	Recomendado para
Atom	Gratuito, *open-source,* con una comunidad activa, gran variedad de paquetes y buena integración con *Git.*	Puede ralentizarse con archivos o proyectos grandes; puede requerir instalación de paquetes extra.	Óptimo para lenguajes web como *JavaScript, Python, HTML/CSS.*
IntelliJ IDEA	Incluye un conjunto extenso de herramientas y funcionalidades para desarrollo avanzado, con soporte excepcional para JVM.	La versión completa es de pago; puede ser complejo para principiantes por sus numerosas funcionalidades.	Especialmente adecuado para *Java, Kotlin* y otros lenguajes de la JVM.
PyCharm	Proporciona herramientas especializadas para *Python,* como *refactoring* de código y soporte de marcos de trabajo.	La versión profesional es de pago; su riqueza de opciones puede resultar abrumadora para novatos.	Especialmente diseñado para *Python.*
Eclipse	*Open-source* y gratuito, con una amplia comunidad, rica selección de *plugins* y excelente integración con *Java.*	La interfaz puede parecer desfasada; puede ser lento y exigir muchos recursos.	Ideal para *Java, C/C++,* y otros lenguajes mediante *plugins.*

A continuación, se expone una guía paso a paso sobre cómo utilizar *Visual Studio Code,* uno de los editores de código más populares y versátiles:

1. **Descarga:** se debe visitar la página oficial de *Visual Studio Code* y descargar la versión correspondiente al sistema operativo *(Windows, MacOS o Linux):*

https://redirectoronline.com/uf18930401

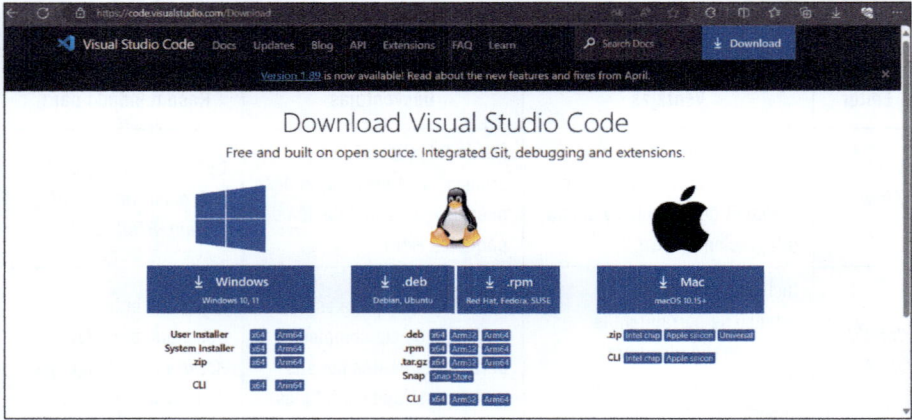

2. **Instalación:** se ejecuta el instalador y se siguen las instrucciones en pantalla para completar la instalación.
3. **Abrir *Visual Studio Code:*** tras la instalación, se procede a abrir el editor.
4. **Explorar la interfaz:** se recomienda familiarizarse con la interfaz, que incluye el explorador de archivos, la vista de búsqueda, el control de *Git,* la consola de depuración y la gestión de extensiones.

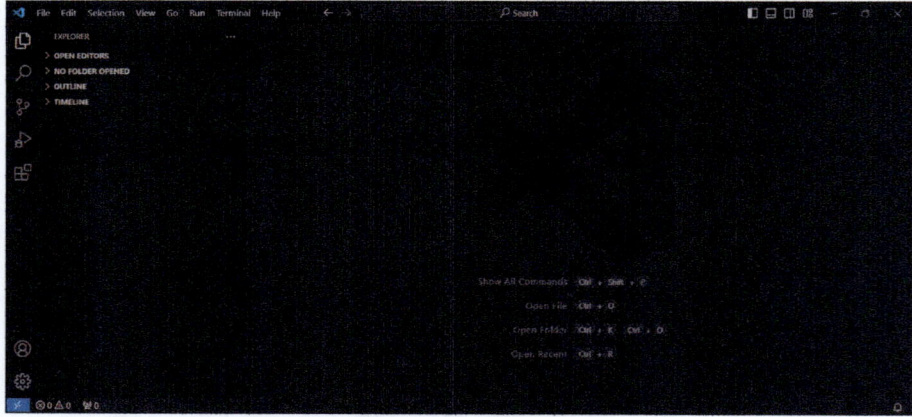

En la imagen, se observa el entorno básico del editor con su tema oscuro predeterminado junto a los siguientes componentes:

▮ Barra de menús en la parte superior: contiene las opciones típicas como *File, Edit, View, Go, Run, Terminal,* y *Help,* que proporcionan accesos directos a diversas funcionalidades del editor.

▮ Barra lateral izquierda: incluye varios iconos que representan (de arriba hacia abajo):

    ▮ *Explorer:* para navegar por los archivos y carpetas del proyecto.
    ▮ *Search:* para buscar archivos o contenidos específicos.
    ▮ *Source Control:* para la gestión de versiones (integración con *Git).*
    ▮ *Run and Debug:* para ejecutar y depurar el código.
    ▮ *Extensions:* para buscar y gestionar extensiones.

▮ Área de trabajo central: aparece vacía en la captura, indicando que no se ha abierto ningún archivo o carpeta aún.

▮ Accesos directos en el centro: incluyen botones para abrir archivos ([Ctrl] + [O]), abrir carpetas ([Ctrl] + [K] seguido de [Ctrl] + [O]), abrir recientes ([Ctrl] + [R]) y mostrar todos los comandos disponibles ([Ctrl] + [Shift] + [P]).

5. **Personalizar apariencia:** se accede a las preferencias desde el menú **File → Preferences** *(Windows/Linux)* o **Code → Preferences** *(MacOS)* y se selecciona **Color Theme** para cambiar el tema de colores:

6. **Abrir una carpeta:** desde el menú **File,** se selecciona **Open Folder** y se elige la carpeta donde se desea trabajar.

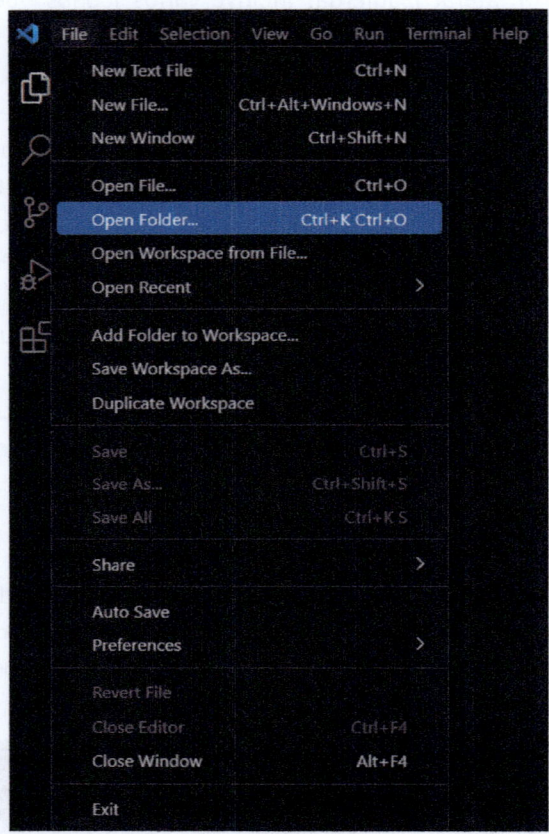

7. **Crear un archivo nuevo:** se selecciona **New Text File** y se guarda el archivo con la extensión adecuada para el lenguaje que se está utilizando (por ejemplo, *Python):*

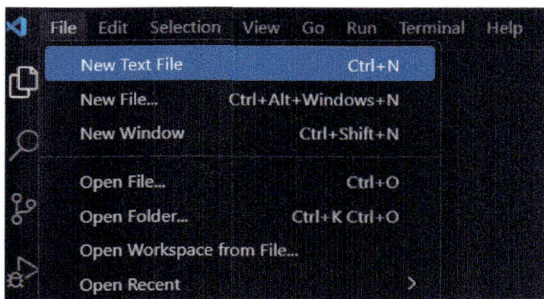

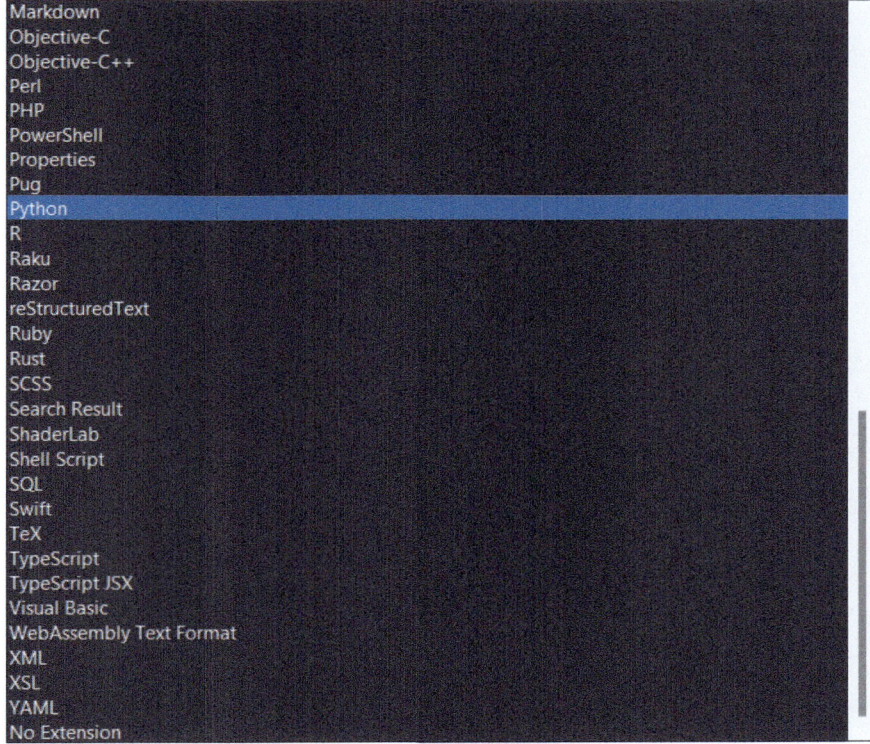

8. **Acceder al gestor de extensiones:** se hace clic en el icono de extensiones en la barra lateral o se presiona [Ctrl] + [Shift] + [X]:

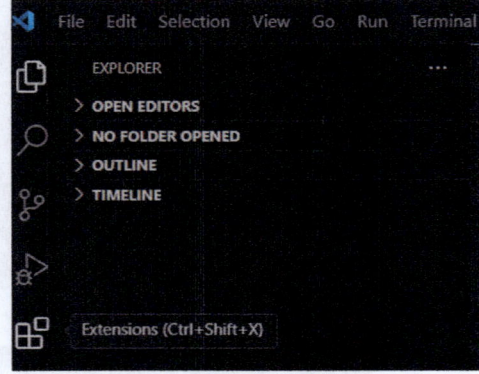

9. **Buscar extensiones:** se escribe el nombre de la extensión que se busca, como *Python* para soporte de *Python:*

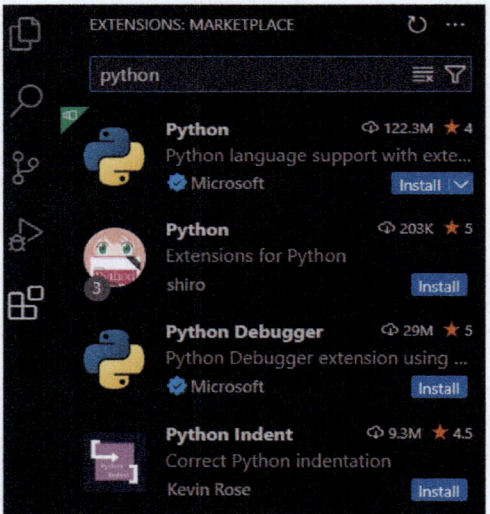

10. **Instalar extensiones:** se hace clic en **Install** en la extensión deseada.
11. **Escribir código:** se utilizan las características de autocompletado y resaltado de sintaxis para escribir código de manera eficiente:

```
try:
    numero1 = float(input("Introduce el primer número: "))
    numero2 = float(input("Introduce el segundo número: "))
    num
        abc num1
    # L abc num2
    res abc numero1
    pri abc numero2
except abc sumar_numeros
    print("Por favor, introduce solo números.")
```

 Nota

La elección adecuada del editor de código facilitará la codificación y potenciará la productividad y la calidad del desarrollo de *software*.

 Aplicación práctica

La elección de un editor de código es una decisión importante para cualquier desarrollador, ya que puede impactar significativamente en la eficiencia y comodidad del trabajo. Cada editor tiene sus propias ventajas y desventajas, y algunos se adaptan mejor a ciertos lenguajes de programación o estilos de desarrollo.

Evalúe las características de diferentes editores de código y decida cuál sería el más adecuado para las situaciones:

a. Un proyecto grande de *JavaScript* con necesidad de integración continua y gestión de versiones con *Git*.
b. Desarrollo rápido de *scripts* en *Python* para tareas de automatización, con énfasis en la eficiencia y la simplicidad de la interfaz.
c. Un principiante en desarrollo web que trabaja con *HTML*, *CSS* y *JavaScript*.
d. Un proyecto avanzado en *Java* que requiere una amplia gama de herramientas y funcionalidades para el desarrollo.

Continúa en página siguiente >>

<< Viene de página anterior

e. Programación en *Python* con necesidad de herramientas especializadas y refactoring de código.

SOLUCIÓN

I *Visual Studio Code:* un proyecto grande de *JavaScript* con necesidad de integración continua y gestión de versiones con *Git*.

I *Sublime Text:* desarrollo rápido de *scripts* en *Python* para tareas de automatización, con énfasis en la eficiencia y la simplicidad de la interfaz.

I *Atom:* un principiante en desarrollo web que trabaja con *HTML, CSS* y *JavaScript*.

I *IntelliJ IDEA:* un proyecto avanzado en *Java* que requiere una amplia gama de herramientas y funcionalidades para el desarrollo.

I *PyCharm:* programación en *Python* con necesidad de herramientas especializadas y *refactoring* de código.

---

4. Desarrollar pequeños *scripts* para la ejecución de tareas de mantenimiento

El desarrollo para tareas de mantenimiento implica la selección cuidadosa de lenguajes de programación adaptados a cada sistema operativo, un entendimiento detallado de sus comandos y estructuras, y un uso eficaz de su documentación correspondiente.

Los lenguajes de programación más comunes varían según el sistema operativo: *PowerShell* y *Batch* son predominantes en *Windows,* aprovechando su capacidad para gestionar y automatizar diversos aspectos del sistema. En entornos *Unix* como *Linux, Bash* destaca por su eficiencia en la automatización de tareas de sistema. En *macOS,* a partir de la versión *Catalina, Zsh* es el *shell* predeterminado, aunque *Bash* sigue siendo una opción popular. *Python* se erige como una opción versátil y poderosa, valorada por su claridad sintáctica y su amplia aplicabilidad en múltiples plataformas, incluyendo *Windows, Linux* y *macOS*.

El dominio de los lenguajes de *scripting* implica más que conocer la sintaxis; requiere comprender profundamente los comandos específicos, las estructuras de control como bucles y condicionales, y las prácticas recomendadas para modularizar el código mediante funciones. Además, la documentación técnica de estos lenguajes es una herramienta invaluable, proporcionando guías esenciales para la escritura de código, el descubrimiento de funcionalidades avanzadas y la resolución de problemas complejos.

Para los profesionales en tecnología, la capacidad de fusionar estos elementos optimiza el mantenimiento del sistema e impulsa la automatización eficaz, asegurando operaciones fluidas y confiables en los entornos informáticos actuales.

4.1. Conocer los diferentes lenguajes de programación de uso más común utilizables en cada sistema operativo

A continuación, se detallan los lenguajes de programación frecuentemente empleados en distintos sistemas operativos:

- **Windows.** Entre los lenguajes preferidos en *Windows* se encuentran *C#, C++, Python, Java* y *JavaScript. C#* y *C++* se destacan en el desarrollo de aplicaciones de escritorio, mientras que *Python* es apreciado por su facilidad y adaptabilidad, empleándose en *scripting* y automatización. *Java* se orienta principalmente al desarrollo en *Android* y *JavaScript* es esencial en el ámbito del desarrollo web.
- **Unix/Linux.** En sistemas basados en *Unix/Linux, Bash* es el intérprete de comandos estándar y se utiliza extensamente para la automatización del sistema. *Python* sobresale por su flexibilidad y capacidad para abarcar desde desarrollo web hasta ciencia de datos. *Java, Ruby, C++* y *GoLang* también son opciones prevalentes, cada uno aportando soluciones robustas en diferentes dominios de programación.
- **macOS.** *Swift,* creado por *Apple,* es prominente en *macOS,* particularmente para desarrollar aplicaciones *iOS. macOS* también favorece el uso de *Python, Java, Ruby, C#* y *Objective-C. Python* es reconocido por su simplicidad, *Java* y *Ruby* son frecuentes en desarrollo web, y *C#* junto con *Objective-C* son claves en el desarrollo de aplicaciones nativas.

Estos lenguajes de programación se adaptan a los requisitos específicos de cada sistema operativo, ofreciendo un conjunto de herramientas que los desarrolladores pueden utilizar para crear aplicaciones eficientes, realizar tareas de automatización y desarrollar soluciones web, entre otras funcionalidades.

4.2. Conocer los comandos y estructuras de los lenguajes de *scripting*

Los lenguajes de *scripting* son categorizados como lenguajes de programación interpretados, es decir, se ejecutan directamente desde el código fuente en lugar de a través de un proceso de compilación previo. Están especialmente diseñados para funcionar en ambientes de ejecución particulares, permitiendo la automatización de tareas, la integración de sistemas y la interacción con otros lenguajes de programación.

PowerShell

Es un lenguaje de *scripting* orientado a la administración de sistemas *Windows,* caracterizado por el uso de *cmdlets* que adoptan un formato de Verbo-Sustantivo, simplificando la implementación de operaciones administrativas. A continuación, se describen ejemplos de *cmdlets* y estructuras de control en *PowerShell:*

- **Cmdlets** habituales:

  - *Get-Process:* enumera los procesos que están en ejecución en el sistema.
  - *Set-Location:* modifica el directorio actual a una ruta especificada.
  - *Get-Service:* muestra el estado actual de los servicios de la máquina.
  - *Start-Service:* inicia servicios que se encuentran detenidos.
  - *Stop-Service:* finaliza servicios que están activos.
  - *Restart-Service:* reinicia los servicios especificados.
  - *New-Item:* genera nuevos objetos, tales como archivos o directorios.
  - *Remove-Item:* suprime objetos especificados, como archivos o carpetas.

- Estructuras de control:

  - *if:* ejecuta código de manera condicional basado en una condición específica.
  - *else:* ejecuta un bloque alternativo de código si la condición *if* no se cumple.

■ *elseif:* permite la evaluación de condiciones adicionales si la condición inicial *if* no se cumple.

■ *switch:* facilita la evaluación de múltiples casos, actuando como una concatenación de múltiples instrucciones *if.*

■ *for:* repite un bloque de código un número determinado de veces.

■ *foreach:* ejecuta un bloque de código para cada ítem en una colección.

■ *while:* realiza un bloque de código repetidamente mientras se cumpla una condición.

■ *do-while* y *do-until:* ejecutan un bloque de código al menos una vez y luego lo repiten mientras una condición sea cierta *(do-while)* o hasta que la condición se vuelva cierta *(do-until).*

PowerShell también integra estructuras de control convencionales, como los bucles y los condicionales, que son esenciales para la construcción lógica de *scripts* y la automatización eficaz de tareas.

```
# Cambia al directorio C:\
Set-Location C:\

# Crea un nuevo directorio llamado "TestDirectory"
New-Item -Path . -Name "TestDirectory" -ItemType "directory"

# Cambia al nuevo directorio que acabas de crear
Set-Location .\TestDirectory

# Crea un nuevo archivo de texto en el directorio
New-Item -Path . -Name "TestFile.txt" -ItemType "file"

# Obtiene todos los procesos que están en ejecución en el sistema
$processes = Get-Process

# Escribe los nombres de los procesos en el archivo de texto
foreach ($process in $processes) {
    Add-Content -Path .\TestFile.txt -Value $process.Name
}

# Muestra el contenido del archivo de texto
Get-Content .\TestFile.txt
```

Ejemplo de cómo usar estos cmdlets y estructuras de control de PowerShell juntos en un script

Batch

Es un lenguaje de *scripting* clásico utilizado en sistemas operativos *Windows*, donde se manejan comandos directos que, aunque básicos, permiten la ejecución de diversas tareas administrativas y soportan estructuras de control esenciales.

A continuación, se describen algunos de los comandos y estructuras de control típicos en *Batch:*

- Comandos habituales:

  - *DIR:* enumera los archivos y carpetas presentes en el directorio activo.
  - *COPY:* transfiere archivos de una ubicación a otra.
  - *DEL:* suprime archivos especificados.
  - *MOVE:* desplaza archivos a una nueva ubicación.
  - *REN:* cambia el nombre de los archivos.
  - *MKDIR* o *MD:* establece un nuevo directorio.
  - *RMDIR* o *RD:* elimina directorios existentes.
  - *ECHO:* despliega texto o mensajes en la consola.
  - *SET:* asigna o altera variables de entorno.
  - *CLS:* borra el contenido visible en la consola de comandos.

- Estructuras de control:

  - *IF:* condicional que ejecuta comandos solo si se cumple una condición específica.
  - *FOR:* itera un conjunto de comandos para cada ítem dentro de una colección o rango.
  - *GOTO:* redirecciona la ejecución del *script* a una línea etiquetada dentro del mismo archivo *batch.*
  - *REM:* utilizado para insertar comentarios en el *script,* mejorando así la legibilidad y organización del código.

Aunque *Batch* puede parecer rudimentario en comparación con lenguajes de *scripting* más modernos, su eficacia y simplicidad lo hacen valioso para la automatización de tareas repetitivas y la administración del sistema en el entorno *Windows.*

```
@echo off
REM Este es un script de ejemplo en Batch

REM Crea un nuevo directorio llamado "TestDirectory"
MD TestDirectory

REM Cambia al nuevo directorio que acabas de crear
CD TestDirectory

REM Crea un nuevo archivo de texto en el directorio
echo. > TestFile.txt

REM Obtiene todos los archivos y carpetas en el directorio actual
DIR /B > TestFile.txt

REM Muestra el contenido del archivo de texto
TYPE TestFile.txt
```

Ejemplo de cómo usar estos comandos y estructuras de control de Batch juntos en un script

Bash

El *shell* predominante en sistemas *Linux* y versiones anteriores de *macOS,* proporciona un extenso repertorio de comandos para gestionar archivos, ejecutar aplicaciones y dirigir flujos de datos.

A continuación, se presentan ejemplos de los comandos más utilizados en *Bash,* junto con sus estructuras de control características:

- Comandos frecuentes:

    - *ls:* enumera los archivos y carpetas en el directorio activo.
    - *cd:* cambia el directorio activo al especificado.
    - *pwd:* devuelve la ruta del directorio activo.
    - *touch:* genera un nuevo archivo en blanco.
    - *cp:* duplica archivos o directorios.

▌ *mv:* traslada o cambia el nombre de archivos y directorios.

▌ *rm:* elimina archivos o directorios.

▌ *cat:* visualiza el contenido de uno o más archivos.

▌ *echo:* imprime un texto o variables en la pantalla.

▌ *grep:* filtra texto utilizando expresiones regulares.

▌ *find:* localiza archivos y directorios basándose en condiciones específicas.

▌ *sort:* ordena las líneas de un archivo de texto.

▌ *cut:* extrae secciones de cada línea en los archivos.

▌ *tar:* agrupa varios archivos en un archivo *tarball* o los extrae.

■ Estructuras de control:

▌ *if:* ejecuta comandos si se cumple una condición determinada.

▌ *else:* ofrece un camino alternativo si la condición en el "if" no se satisface.

▌ *elif:* brinda una verificación adicional de condiciones dentro de una estructura "if".

▌ *case:* facilita la evaluación de múltiples casos potenciales, actuando como un conjunto de instrucciones "if".

▌ *for:* itera un bloque de código para cada elemento en una lista o rango.

▌ *while:* continúa ejecutando un bloque de código mientras la condición especificada se mantenga verdadera.

▌ *until:* repite la ejecución de un bloque de código hasta que la condición especificada resulte verdadera.

```bash
#!/bin/bash
# Este es un script de ejemplo en Bash

# Crea un nuevo directorio llamado "TestDirectory"
mkdir TestDirectory

# Cambia al nuevo directorio que acabas de crear
cd TestDirectory

# Crea un nuevo archivo de texto en el directorio
touch TestFile.txt

# Obtiene todos los archivos y carpetas en el directorio actual
ls > TestFile.txt

# Muestra el contenido del archivo de texto
cat TestFile.txt
```

Ejemplo de cómo usar estos comandos y estructuras de control de Bash juntos en un script

Python

Es un lenguaje versátil que se integra perfectamente en diversos sistemas operativos, reconocido por su sintaxis intuitiva y eficiente.

A continuación, se detallan ejemplos representativos de funciones y estructuras de control en *Python:*

- Funciones y comandos habituales:

  - *print():* imprime un mensaje en la consola.
  - *input():* captura una entrada de texto del usuario.
  - *len():* calcula la longitud de un objeto, como una lista o cadena de texto.
  - *type():* identifica el tipo de un objeto.
  - *str(), int(), float():* transforman los valores a cadenas de texto *(string)*, números enteros *(integer)* o números con punto flotante *(float)*, respectivamente.
  - *range():* crea una secuencia de números.
  - *open():* abre un archivo para lectura o escritura.

■ *read(), write():* funciones para leer el contenido de un archivo y escribir en él.

■ *close():* finaliza el acceso a un archivo.

■ *append():* agrega un elemento al final de una lista.

■ *insert():* añade un elemento en una posición específica dentro de una lista.

■ *remove():* quita un elemento específico de una lista.

■ *pop():* extrae y devuelve un elemento de una lista.

■ *sort():* ordena los elementos de una lista en orden ascendente o descendente.

■ Estructuras de control:

■ *if, elif, else:* construcciones condicionales que ejecutan bloques de código basados en condiciones específicas.

■ *for:* itera sobre los elementos de cualquier secuencia, como listas o cadenas.

■ *while:* repite un bloque de código mientras se cumpla una condición.

■ *break:* finaliza un bucle antes de que haya recorrido todos los elementos.

■ *continue:* omite la parte restante del bucle y continúa con la siguiente iteración.

■ *pass:* actúa como un marcador de posición, útil cuando una declaración es requerida sintácticamente pero no se desea ejecutar ningún código.

■ *try, except, finally:* bloques de manejo de excepciones que permiten gestionar errores y ejecutar códigos, independientemente de si ocurrió un error o no.

Python, aunque es ampliamente reconocido como un lenguaje de programación, también es muy eficaz para *scripting,* facilitando la automatización de procesos y el desarrollo rápido de herramientas prácticas para una multitud de aplicaciones.

```python
# Este es un script de ejemplo en Python

# Crea una lista vacía
lista = []

# Usa un bucle for para agregar elementos a la lista
for i in range(5):
    lista.append(i)

# Imprime la lista
print("Lista original:", lista)

# Ordena la lista en orden descendente
lista.sort(reverse=True)

# Imprime la lista ordenada
print("Lista ordenada:", lista)

# Intenta eliminar un elemento que no existe en la lista
try:
    lista.remove(10)
except ValueError:
    print("El valor 10 no se encuentra en la lista.")

# Imprime la longitud de la lista
print("Longitud de la lista:", len(lista))
```

Ejemplo de cómo usar estas funciones y estructuras de control de Pynton juntos en un script

4.3. Utilizar adecuadamente la documentación de consulta de los lenguajes de *scripting,* para facilitar la correcta escritura del código

El aprovechamiento efectivo de la documentación de los lenguajes de *scripting* es esencial para el desarrollo y la escritura precisa del código. La documentación sirve como recurso esencial, proporcionando una comprensión detallada del lenguaje, su sintaxis, funciones y características avanzadas.

A continuación, se presentan estrategias recomendadas para utilizar la documentación de manera óptima:

1. **Comprender la organización de la documentación.** Generalmente, la documentación de un lenguaje de *scripting* incluye una introducción al

lenguaje, detalles de la sintaxis, descripciones de funciones y módulos estándar, junto con tutoriales y ejemplos prácticos. Familiarizarse con esta estructura facilita la localización rápida de la información necesaria.

2. **Aprovechar la función de búsqueda.** Las plataformas de documentación en línea suelen incorporar herramientas de búsqueda que permiten acceder de forma directa a información específica, optimizando el tiempo y mejorando la eficiencia en la búsqueda de detalles sobre funciones o características particulares.

3. **Analizar los ejemplos de código.** Los ejemplos prácticos proporcionan claridad sobre la aplicación de diferentes funciones y demuestran la implementación efectiva de características del lenguaje, siendo fundamentales para entender el contexto real de uso del lenguaje.

4. **Revisar la documentación con regularidad.** Dado que los lenguajes de *scripting* evolucionan continuamente, es necesario consultar periódicamente la documentación para mantenerse al tanto de las actualizaciones, nuevas funcionalidades o modificaciones en el lenguaje, asegurando así que el código desarrollado se alinee con las prácticas y estándares más recientes.

5. **Practicar con acceso a la documentación.** Es beneficioso escribir código mientras se tiene acceso directo a la documentación, ya que esto permite referenciar rápidamente la información necesaria para aclarar dudas o para recordar la implementación correcta de funciones específicas, mejorando así la calidad y la precisión del código generado.

Ejemplo

A continuación, se presentan algunos ejemplos de ejercicios que se pueden practicar:

1. *Script* de automatización básica.
   Objetivo: Escribir un *script* que automatice la creación de directorios y archivos, y escriba contenido en ellos.

   ▪ Utilice comandos como *mkdir, touch* y *echo* en *Bash* o sus equivalentes en otro lenguaje de *scripting.*

Continúa en página siguiente >>

<< Viene de página anterior

■ Cree un directorio llamado "Ejercicio".
■ Dentro de ese directorio, cree un archivo llamado "ejemplo.txt".
■ Escriba "Hola, mundo" en el archivo creado.

2. *Script* para procesamiento de datos.
   Objetivo: Desarrollar un *script* que lea un archivo de texto, cuente la cantidad de palabras y líneas, y muestre los resultados.

   ■ Lea un archivo dado como entrada.
   ■ Utilice estructuras de control para iterar sobre cada línea.
   ■ Cuente las palabras en cada línea y acumule el total.
   ■ Imprima el número total de líneas y palabras al final.

3. *Script* de copia de seguridad.
   Objetivo: Crear un *script* que realice copias de seguridad de un directorio específico, incluyendo su contenido, en otra ubicación.

   ■ Utilice comandos como *cp* o *rsync* en *Bash* para copiar un directorio y su contenido.
   ■ Asegúrese de verificar si el directorio de destino existe; si no, el *script* debe crearlo.
   ■ Registre cada acción del *script,* informando qué archivos se han copiado.

4. Analizador de *logs.*
   Objetivo: Escribir un *script* que analice un archivo de registro *(log)* y extraiga información específica, como errores o entradas específicas.

   ■ Lea un archivo de *log* como entrada.
   ■ Filtre las líneas que contienen la palabra "Error" o cualquier otra cadena relevante.
   ■ Cuente el número de errores encontrados y muestre los mensajes relacionados.
   ■ Opcionalmente, escriba los resultados en un nuevo archivo para futura referencia.

5. *Script* de automatización de pruebas.
   Objetivo: Implementar un *script* que ejecute un conjunto de pruebas unitarias para un programa y recolecte los resultados.

   ■ Ejecute un programa o una serie de programas de prueba.
   ■ Recoja y analice la salida de cada prueba, verificando si pasaron o fallaron.
   ■ Reporte un resumen de todas las pruebas, indicando cuántas pasaron y cuántas fallaron.

4.4. Programar *scripts* para la ejecución de tareas de mantenimiento

Elaborar *scripts* para tareas de mantenimiento es una técnica esencial en la administración de sistemas, permitiendo la automatización de operaciones diversas como limpieza de archivos, *backups,* actualizaciones de *software* y monitoreo de rendimiento.

Para iniciar, es fundamental identificar claramente las tareas que requieren automatización. Esto podría incluir desde la eliminación de archivos temporales hasta la ejecución automática de copias de seguridad y la supervisión del rendimiento del sistema.

La elección del lenguaje de *scripting* adecuado es clave y debe alinearse con el sistema operativo y las tareas específicas a automatizar. Por ejemplo, *Bash* es comúnmente utilizado en *Linux* y *macOS,* mientras que *PowerShell* y *Batch* son predominantes en *Windows. Python* es una alternativa versátil, compatible con múltiples sistemas operativos. Posteriormente, el desarrollo del *script* debe seguir con la implementación de estructuras de control adecuadas, como bucles *(for, while)* y condicionales *(if, else),* así como con el manejo de excepciones que ayuden a controlar el flujo del *script.* Para mejorar la legibilidad y mantenibilidad del código, es importante modularizar el *script* dividiéndolo en funciones o módulos reutilizables. Además, la documentación es esencial; comentar el código explica qué hace, cómo lo hace y por qué, facilitando la comprensión y el mantenimiento por parte de otros desarrolladores.

Antes de su implementación final, es esencial realizar pruebas en un entorno controlado. Esto asegura que el *script* funcione correctamente y realice todas las tareas previstas sin introducir problemas en el sistema. Una vez probado, el siguiente paso es automatizar la ejecución del *script.* En sistemas basados en *Linux* o *macOS,* esto se puede hacer configurando tareas cron para ejecutar *scripts* en intervalos regulares como diaria, semanal o mensualmente. Para usuarios de *Windows,* el Programador de tareas es una herramienta efectiva que permite programar la ejecución del *script* en momentos específicos o después de ciertos eventos del sistema.

Linux con Bash

A continuación, se presenta una guía paso a paso sobre cómo programar un *script,* tomando como ejemplo un entorno *Linux* con *Bash,* que es común para tareas de mantenimiento en servidores y estaciones de trabajo:

1. **Definir la tarea a automatizar.** Antes de empezar a escribir el *script,* hay que tener claro qué tarea se quiere automatizar. Por ejemplo, si se desea limpiar el directorio */tmp* automáticamente.
2. **Elegir el lenguaje de *scripting.*** Dependiendo del sistema operativo y de las necesidades, se podrían elegir entre varios lenguajes de *scripting* como *Bash* para *Linux, PowerShell* para *Windows,* o *Python,* que es multiplataforma. Para este ejemplo, se va a usar *Bash.*
3. **Escribir el *script.*** Se abre un editor de texto para comenzar a escribir su *script.* En *Bash,* un script típico para limpiar el directorio */tmp* se vería así:

```bash
#!/bin/bash
# Limpieza del directorio /tmp

echo "Iniciando limpieza de archivos temporales..."
find /tmp -type f -mtime +7 -delete # Elimina archivos modificados hace más de 7 días
echo "Limpieza completada."
```

4. **Hacer el *script* ejecutable.** Después de guardar el *script,* por ejemplo, como *clean_tmp.sh,* es necesario hacerlo ejecutable con el siguiente comando en la terminal:

```
chmod +x clean_tmp.sh
```

5. **Probar el *script.*** Antes de programar su ejecución automática, hay que asegurarse de que funciona correctamente. Se puede ejecutar manualmente:

```
./clean_tmp.sh
```

Se observa la salida y se verifica que los archivos se hayan eliminado como se esperaba.

6. **Programar la ejecución automática del *script*.** Se utiliza el Programador de tareas del sistema, como cron en *Linux,* para ejecutar el *script* a intervalos regulares. Para editar el *crontab* y añadir una nueva tarea:

```
crontab -e
```

Se añade una línea al final del archivo para programar el *script* para que se ejecute semanalmente, por ejemplo, cada domingo a la medianoche:

```
0 0 * * 0 /ruta/al/script/clean_tmp.sh
```

Se guarda y se cierra el editor. *Cron* ejecutará el *script* según el horario establecido.

7. **Mantenimiento y revisión.** Es importante revisar periódicamente el *script* y los registros de su ejecución para asegurarse de que sigue funcionando tal y como se espera.

Windows con *PowerShell*

Para programar un *script* en *Windows,* se puede utilizar *PowerShell.* A continuación, se explica cómo hacerlo, paso a paso:

1. **Definir la tarea a automatizar.** Se identifica primero qué tarea se desea automatizar. Por ejemplo, se puede realizar una copia de seguridad de documentos importantes en una unidad externa.
2. **Escribir el *script* en *PowerShell*.** Se abre el **Bloc de notas** o cualquier editor de texto y se escribe el *script*. A continuación, se muestra un ejemplo simple que copia una carpeta de documentos a otra ubicación:

```
# Script para copiar documentos a una unidad externa
$source = "C:\Users\TuUsuario\Documentos"
$destination = "D:\Backup\Documentos"
Copy-Item -Path $source -Destination $destination -Recurse -Force
```

Se guarda este archivo con la extensión *.ps1,* por ejemplo, *Backup-Documents.ps1.*

3. **Hacer que el *script* sea ejecutable.** Por defecto, *Windows* restringe la ejecución de *scripts* para proteger al sistema de *scripts* maliciosos. Para permitir la ejecución del *script,* se puede cambiar la política de ejecución de *scripts* en *PowerShell.* Se abre *PowerShell* como administrador y se ejecuta el siguiente comando:

```
Set-ExecutionPolicy RemoteSigned
```

Este comando permite la ejecución de *scripts* escritos en el equipo local y *scripts* descargados que estén firmados por un editor de confianza.

4. **Probar el *script.*** Antes de automatizar su ejecución, es importante probar el *script* manualmente para asegurarse de que funciona correctamente. Se abre *PowerShell,* se navega hasta el directorio donde se guardó el *script* y se ejecuta:

```
.\BackupDocuments.ps1
```

Se verifica que la copia de los documentos se realice correctamente.

5. **Automatizar la ejecución del script usando el Programador de tareas:**

   ▌ Se abre el **Programador de tareas** desde el menú de **Inicio.**
   ▌ Se hace clic en **Crear tarea** en el panel derecho:

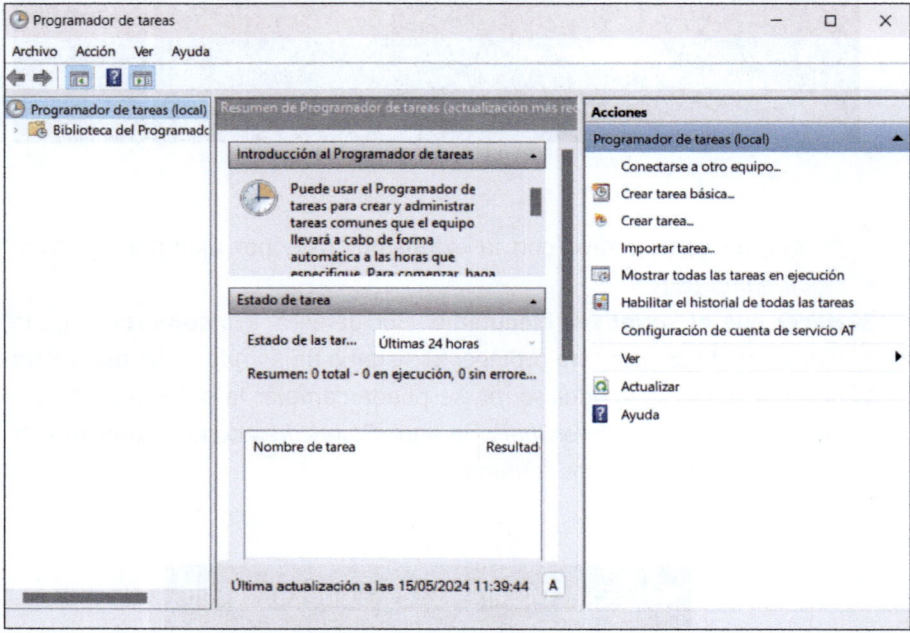

■ En la pestaña **General,** se asigna un nombre y una descripción a la tarea.

■ En la pestaña **Desencadenadores,** se elige cuándo se quiere que se ejecute el *script* (diariamente, semanalmente, al iniciar sesión, etc.):

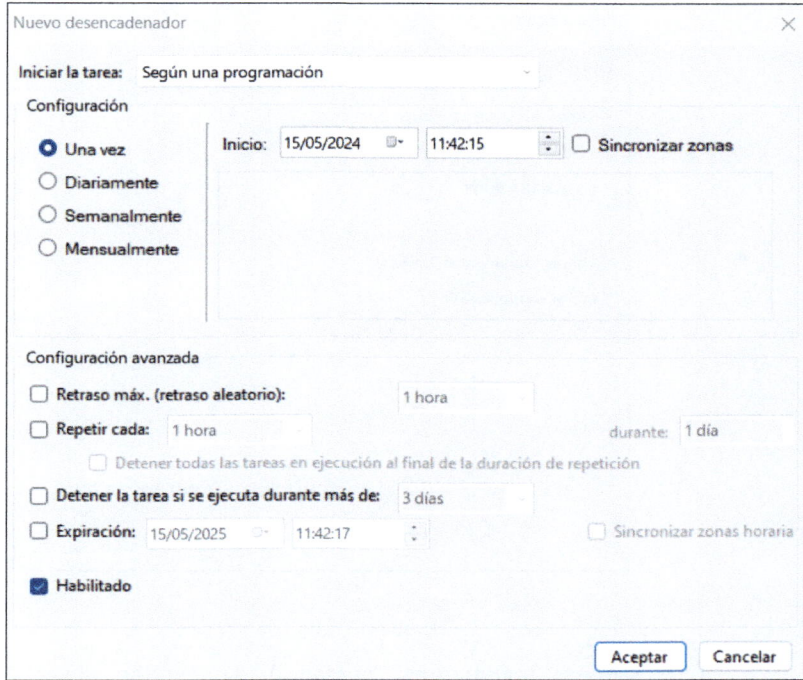

▌ En la ruta **Acciones → Nueva,** se elige **Iniciar un programa.** Se hace clic en **Examinar** y se selecciona el *script* de *PowerShell:*

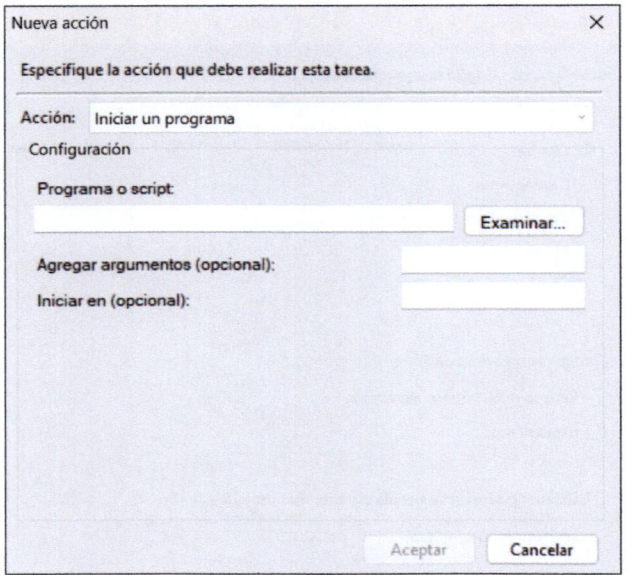

- En **Agregar argumentos (opcional),** se escribe *-ExecutionPolicy Bypass -File* "ruta\completa\a\tu\script.ps1". Esto asegura que el *script* se ejecute sin restricciones de política de ejecución.
- Se configura cualquier opción adicional en las pestañas **Condiciones** y **Configuraciones.**

6. **Mantenimiento y revisión.** Es importante revisar periódicamente el funcionamiento del *script* y verificar regularmente los *logs* y resultados para asegurar que el *script* sigue cumpliendo con su función.

 Ejemplo

A continuación, se exponen algunos ejemplos de *script* de mantenimiento en diferentes lenguajes de *scripting:*

Continúa en página siguiente >>

<< Viene de página anterior

PowerShell (Windows). Este *script* de *PowerShell* está diseñado para limpiar la carpeta *Temp* de *Windows* eliminando los archivos temporales. Se realiza en dos partes principales:

```
# Obtener la ruta de la carpeta Temp
$tempPath = [System.IO.Path]::GetTempPath()

# Eliminar archivos temporales
Get-ChildItem -Path $tempPath -Recurse -Force | Remove-Item -Force -Recurse -ErrorAction Ignore
```

Código de ejemplo

▌ Obtener la ruta de la carpeta *Temp:* la primera línea del *script* utiliza [System. IO.Path]::GetTempPath() para obtener la ruta del directorio temporal del sistema, asignándola a la variable *$tempPath.*

▌ Eliminar archivos temporales: la siguiente línea usa *Get-ChildItem* para listar todos los archivos y carpetas en el directorio *Temp,* y luego los pasa a *Remove-Item,* que los elimina. Se utilizan parámetros como *-Recurse* para incluir todos los subdirectorios y *-Force* para forzar la eliminación de archivos de solo lectura, y se ignora cualquier error utilizando *-ErrorAction Ignore.*

Batch (Windows). Este *script* de *Batch* realiza una copia de seguridad de un directorio específico, añadiendo la fecha actual al nombre del directorio de respaldo:

```
@echo off
:: Definir la fecha actual
set datestr=%date:~-4% %date:~3,2% %date:~0,2%

:: Definir los directorios de origen y destino
set sourceDir="C:\path\to\source\dir"
set backupDir="C:\path\to\backup\dir"

:: Realizar la copia de seguridad
xcopy %sourceDir% %backupDir%\backup_%datestr% /E /I /H
```

Código de ejemplo

▌ Definir la fecha actual: se utiliza una combinación de manipulaciones de cadenas en la variable *%date%* para crear una cadena de fecha que se asigna a *datestr.*

▌ Definir directorios de origen y destino: se establecen las rutas del directorio fuente y del directorio de respaldo, que se almacenarán en *sourceDir* y *backupDir* respectivamente.

Continúa en página siguiente >>

<< Viene de página anterior

❚ Realizar la copia de seguridad: el comando *xcopy* se usa para copiar todos los archivos del directorio fuente al directorio de respaldo, creando un subdirectorio con la fecha actual para almacenar los archivos.

Bash (Linux/macOS). Este *script* de *Bash* supervisa el uso del disco y, si supera un umbral determinado, envía una alerta por correo electrónico:

```bash
#!/bin/bash
current=$(df / | grep / | awk '{ print $5}' | sed 's/%//g')
threshold=90

if [ "$current" -gt "$threshold" ] ; then
    mail -s 'Alerta de uso del disco' user@example.com << EOF
El uso del disco en el servidor ha superado el umbral del 90% y es actualmente del $current%.
EOF
fi
```

Código de ejemplo

❚ Verificar el uso del disco: utilizar *df* para obtener el uso del disco, *grep* y *awk* para filtrar y obtener el porcentaje de uso, y sed para eliminar el signo de porcentaje.
❚ Enviar correo electrónico si se supera el umbral: si el uso actual supera el 90 %, se envía un correo electrónico de alerta utilizando el comando *mail*, informando del porcentaje actual de uso.

Python. Este *script* de *Python* se enfoca en la limpieza de un directorio específico, eliminando archivos que no han sido modificados en los últimos 7 días:

```python
import os
import time

# Definir el directorio y el umbral de tiempo (7 días)
dir_path = "/path/to/dir"
threshold_time = time.time() - 7 * 86400

for filename in os.listdir(dir_path):
    file_path = os.path.join(dir_path, filename)
    # Si el archivo no se ha modificado en los últimos 7 días, eliminarlo
    if os.path.getmtime(file_path) < threshold_time:
        os.remove(file_path)
```

Código de ejemplo

Continúa en página siguiente >>

<< Viene de página anterior

▌ Definir el directorio y el umbral de tiempo: establecer la ruta del directorio a limpiar y calcular el umbral de tiempo (7 días en segundos desde el momento actual).
▌ Eliminar archivos antiguos: iterar sobre todos los archivos en el directorio especificado, comprobar la última vez que cada archivo fue modificado y, si es anterior al umbral de tiempo, eliminar el archivo.

Actividades

1. ¿Cómo se categorizan los lenguajes de *scripting* en términos de sus funcionalidades y qué características los hacen adecuados para la automatización de tareas y la integración de sistemas?
2. ¿Cuáles son los comandos y estructuras de control habituales en *PowerShell,* y cómo facilitan estos elementos la administración de sistemas en entornos *Windows?*
3. ¿Cómo puede un desarrollador utilizar eficientemente la documentación de un lenguaje de *scripting* para mejorar la precisión y calidad del código que escribe?
4. ¿Cuáles son los pasos y consideraciones clave para programar *scripts* efectivos de mantenimiento, y cómo se selecciona el lenguaje de *scripting* más adecuado según el sistema operativo y las tareas específicas?
5. ¿Qué prácticas se recomiendan para asegurar que un *script* de mantenimiento programado funcione correctamente y de manera eficiente, incluyendo su implementación, prueba y monitoreo continuo?

---

5. Seleccionar el lenguaje de programación más adecuado en función de los requisitos de la tarea a automatizar y del sistema operativo sobre el que se deba ejecutar

La selección del lenguaje de programación adecuado para la automatización de tareas es un proceso que se ve influenciado por múltiples aspectos, como los requisitos particulares de la tarea en cuestión, el sistema operativo en que se desplegará el *script* y las competencias y preferencias del desarrollador. A continuación, se integran recomendaciones basadas en estos criterios, añadiendo una perspectiva general sobre las opciones disponibles:

- **Python** destaca por ser un lenguaje de alto nivel con una sintaxis comprensible y directa, lo que facilita el desarrollo ágil de *scripts.* Su vasto ecosistema de bibliotecas abarca desde la manipulación de archivos y la automatización web hasta el análisis de datos y la inteligencia artificial, haciéndolo extremadamente versátil. *Python* es compatible con múltiples plataformas, permitiendo que los *scripts* escritos en este lenguaje se ejecuten en *Windows, macOS* y *Linux,* convirtiéndolo en una elección sólida para una amplia variedad de proyectos de automatización.
- **Bash,** siendo el intérprete de comandos predilecto en la mayoría de las distribuciones de *Linux* y *macOS,* resulta ideal para la automatización de tareas a nivel de sistema operativo en estas plataformas. Sin embargo, su aplicación puede ser limitada para tareas de mayor complejidad o cuando se requiere compatibilidad con *Windows.*
- **PowerShell,** creado por *Microsoft* para la administración de sistemas *Windows,* emerge como la opción predilecta para la automatización de tareas en este entorno, particularmente para aquellas tareas vinculadas a la gestión del sistema.
- **JavaScript,** mediante *Node.js,* brinda la posibilidad de automatizar tareas fuera del ámbito del navegador, incluyendo la manipulación de archivos, operaciones de red y gestión de procesos del lado del servidor. *Node.js* es una plataforma multiplataforma, lo que habilita la ejecución de scripts de *Node.js* en *Windows, macOS* y *Linux.*
- **Ruby,** con su naturaleza de lenguaje interpretado, se emplea frecuentemente en la automatización relacionada con el desarrollo web y el despliegue de *software.* A pesar de ser multiplataforma y contar con diversas bibliotecas útiles para la automatización, podría no alcanzar la eficiencia de *Python* o *JavaScript* en ciertas tareas.

Al seleccionar el lenguaje de programación más adecuado para automatizar tareas, hay que considerar estos requisitos y factores:

- **Requisitos específicos de la tarea:** definir claramente lo que se necesita lograr con la automatización. Esto puede incluir manipulación de archivos, interacción con bases de datos, tareas administrativas del sistema y análisis de datos, entre otros.
- **Compatibilidad con el sistema operativo:** asegurarse de que el lenguaje de programación sea compatible con el sistema operativo en el que se

ejecutará el *script*. Algunos lenguajes están más orientados o tienen mejor soporte en ciertos sistemas.

- **Disponibilidad de bibliotecas y *frameworks*:** evaluar si el lenguaje tiene bibliotecas y *frameworks* que faciliten la implementación de las funcionalidades requeridas para la tarea.
- **Facilidad de aprendizaje y uso:** considerar el tiempo de aprendizaje y la curva de dificultad del lenguaje. Un lenguaje con una sintaxis clara y documentación amplia puede acelerar el desarrollo.
- **Eficiencia y rendimiento:** para tareas que requieran un alto rendimiento, como el procesamiento de grandes volúmenes de datos, considerar lenguajes conocidos por su eficiencia.
- **Comunidad y soporte:** un lenguaje con una gran comunidad puede ofrecer más recursos, como tutoriales, foros de discusión y solución de problemas comunes.
- **Integración con otras herramientas y sistemas:** evaluar cómo el lenguaje se integra con otras herramientas y sistemas que ya se estén utilizando.
- **Portabilidad:** si se necesita que el *script* funcione en múltiples plataformas *(Windows, macOS* o *Linux),* se deben buscar lenguajes diseñados con portabilidad en mente.
- **Mantenibilidad:** considerar qué tan fácil será mantener y actualizar el *script* en el futuro. Lenguajes con una sintaxis legible y estructuras claras suelen ser más fáciles de mantener.
- **Seguridad:** evaluar las características de seguridad del lenguaje, especialmente si el *script* manejará datos sensibles o se ejecutará en entornos de producción.
- **Coste:** algunas herramientas o versiones de lenguajes pueden tener costos asociados. Considerar esto en relación con el presupuesto disponible.

Ejemplo

A continuación, se exponen algunos ejemplos de cómo los requisitos de la tarea, el sistema operativo y las habilidades y experiencias del programador o programadora pueden influir en la elección del lenguaje de programación:

Continúa en página siguiente >>

<< Viene de página anterior

1. Automatización de tareas en *Windows:*

 ▪ Requisitos de la tarea: automatizar tareas administrativas en un sistema operativo *Windows,* como la gestión de archivos y directorios, la manipulación del registro de *Windows,* y la automatización de tareas programadas.
 ▪ Sistema operativo: *Windows.*
 ▪ Habilidades y experiencias: familiaridad con los comandos y *scripts* de *Windows.*
 ▪ Lenguaje de programación recomendado: *PowerShell. PowerShell* es un lenguaje de *scripting* desarrollado por *Microsoft* que proporciona un acceso completo a los objetos COM y WMI, permitiendo a los administradores de sistemas automatizar tareas administrativas y de gestión en *Windows.*

2. Desarrollo web *front-end:*

 ▪ Requisitos de la tarea: crear una aplicación web interactiva con animaciones complejas y comunicación en tiempo real con el servidor.
 ▪ Sistema operativo: multiplataforma (el código se ejecuta en el navegador del usuario).
 ▪ Habilidades y experiencias: experiencia en desarrollo web *front-end,* familiaridad con el DOM y el modelo de eventos de *JavaScript.*
 ▪ Lenguaje de programación recomendado: *JavaScript. JavaScript* se ejecuta nativamente en todos los navegadores modernos y proporciona las API necesarias para manipular el DOM y comunicarse con el servidor web.

3. Análisis de datos:

 ▪ Requisitos de la tarea: limpiar y analizar un gran conjunto de datos, realizar cálculos estadísticos y generar gráficos.
 ▪ Sistema operativo: multiplataforma.
 ▪ Habilidades y experiencias: experiencia en análisis de datos, familiaridad con las estructuras de datos y las operaciones de matriz.
 ▪ Lenguaje de programación recomendado: *Python. Python* tiene un rico ecosistema de bibliotecas para el análisis de datos, como pandas para la manipulación de datos y *matplotlib* para la generación de gráficos. Además, *Python* tiene una sintaxis clara y legible que facilita el trabajo con datos.

4. Automatización de tareas en *Linux:*

 ▪ Requisitos de la tarea: automatizar tareas de mantenimiento del sistema, como la actualización de paquetes, la monitorización del uso de recursos, y la realización de copias de seguridad.
 ▪ Sistema operativo: *Linux.*

Continúa en página siguiente >>

<< Viene de página anterior

- Habilidades y experiencias: familiaridad con la línea de comandos de *Linux* y los *scripts* de *shell*.
- Lenguaje de programación recomendado: *Bash*. *Bash* es el intérprete de comandos estándar en la mayoría de las distribuciones de *Linux* y proporciona los comandos y las características necesarias para automatizar tareas a nivel de sistema.

 ## Aplicación práctica

Elegir el lenguaje de programación adecuado para la automatización de tareas es una decisión crucial que depende de varios factores, incluyendo los requisitos específicos de la tarea, el sistema operativo objetivo y las habilidades del desarrollador. Esta decisión puede impactar significativamente en la eficiencia y efectividad de la solución automatizada.

Determine el lenguaje de programación más apropiado para diferentes escenarios de automatización, considerando los requisitos de la tarea y el sistema operativo en el que se ejecutará el *script:*

a. Automatización de tareas de gestión de sistema en un entorno *Windows.*
b. Desarrollo de scripts para el análisis de datos y la inteligencia artificial que deben ser compatibles con *Windows, macOS* y *Linux.*
c. Automatización de rutinas de mantenimiento en un servidor *Linux.*
d. *Scripting* para automatizar tareas del lado del servidor y operaciones de red en un entorno multiplataforma.
e. Automatización en el contexto del desarrollo web y despliegue de *software*, con un enfoque en la simplicidad y claridad del código.

SOLUCIÓN

- *PowerShell.* Automatización de tareas de gestión de sistema en un entorno *Windows.*
- *Python.* Desarrollo de *scripts* para el análisis de datos y la inteligencia artificial que deben ser compatibles con *Windows, macOS* y *Linux.*
- *Bash.* Automatización de rutinas de mantenimiento en un servidor *Linux.*
- *JavaScript (Node.js). Scripting* para automatizar tareas del lado del servidor y operaciones de red en un entorno multiplataforma.

Continúa en página siguiente >>

<< Viene de página anterior

I *Ruby.* Automatización en el contexto del desarrollo web y despliegue de *software,* con un enfoque en la simplicidad y claridad del código.

---

6. Configurar la ejecución automática de la tarea en el sistema operativo

Configurar la ejecución automática de tareas en el sistema operativo es un proceso que permite automatizar operaciones regulares, tales como mantenimiento, actualizaciones y monitorización para una gestión eficiente de los recursos informáticos. Este proceso comienza con la identificación precisa del horario y frecuencia óptimos para la ejecución de cada tarea, buscando minimizar el impacto en el rendimiento del sistema. Las herramientas como *cron* en *Unix/Linux* y el Programador de tareas en *Windows* son fundamentales para especificar estos parámetros, permitiendo configuraciones que van desde ejecuciones diarias hasta respuestas a eventos específicos del sistema.

Una vez establecido el cronograma, se procede a configurar las tareas en el sistema utilizando el editor crontab para *Unix/Linux* o el Programador de tareas para *Windows,* asegurando que las acciones programadas, ya sean comandos o *scripts,* se ejecuten de manera automatizada según lo planificado. Es esencial verificar posteriormente que estas tareas se completen exitosamente y examinar los resultados para confirmar que cumplan con los objetivos establecidos, recurriendo a los registros de actividad para identificar tanto ejecuciones exitosas como posibles errores.

La elección del horario de ejecución debe considerar el impacto en las operaciones cotidianas y el rendimiento del sistema, optando por períodos de baja actividad para tareas intensivas.

6.1. Establecer el horario y frecuencia más adecuados

Determinar el momento y la regularidad idóneos para llevar a cabo tareas automatizadas constituye un elemento esencial en el proceso de configuración de dichas tareas.

Aspectos a tener en cuenta

A continuación, se presentan aspectos clave a tener en cuenta:

- **Analizar las demandas de la tarea:**

  - Evaluar con qué frecuencia es necesario que se ejecute la tarea. Dependiendo de sus requisitos, puede ser necesario realizarla a intervalos diarios, semanales, mensuales o en función de ciertos eventos.
  - Considerar la duración de la tarea. Aquellas tareas que requieran un tiempo prolongado para su ejecución deberían programarse en momentos de menor actividad, con el fin de reducir su impacto en el rendimiento del sistema.

- **Evaluar el impacto en el rendimiento del sistema:**

  - Programar las tareas que exijan un alto uso de recursos en momentos de menor carga de trabajo para disminuir su impacto en el rendimiento general del sistema. Por ejemplo, las tareas de respaldo, que suelen ser demandantes en términos de recursos, podrían programarse para horas nocturnas, cuando se espera una menor actividad en el sistema.

- **Escoger herramientas apropiadas:**

  - Para sistemas basados en *Unix/Linux,* la herramienta *cron* permite la programación automática de tareas en momentos específicos, utilizando para ello el archivo *crontab,* donde se listan dichas tareas.
  - En el caso de *Windows,* el Programador de tareas ofrece la posibilidad de establecer la ejecución automática de tareas en tiempos determinados.

■ **Comprobar la correcta ejecución de la tarea:**

▮ Es fundamental verificar que la tarea se haya ejecutado exitosamente según lo previsto, lo cual puede realizarse examinando los registros de actividad o configurando notificaciones que informen sobre la finalización de la tarea.

 Aplicación práctica

La automatización de tareas es una estrategia clave en la administración eficiente de sistemas de TI. Establecer un horario y una frecuencia adecuados para estas tareas es crucial para maximizar la eficiencia y minimizar el impacto en el rendimiento del sistema.

Evalúe las siguientes situaciones y determine cuál sería el horario y la frecuencia más adecuados para realizar tareas automatizadas, teniendo en cuenta las demandas de la tarea, el impacto en el rendimiento del sistema, la elección de herramientas de automatización y la verificación de la ejecución correcta:

a. Una tarea de respaldo de datos que consume muchos recursos y que no requiere interacción con los usuarios.
b. Una tarea de actualización de *software* que debe ejecutarse semanalmente.
c. Un proceso de monitoreo de la integridad del sistema que debe realizarse varias veces al día.
d. Una tarea de limpieza de archivos temporales que requiere poco tiempo y recursos.
e. Un *script* que necesita ejecutarse inmediatamente después de ciertos eventos del sistema.

SOLUCIÓN

▮ Horario nocturno y frecuencia semanal o mensual. Una tarea de respaldo de datos que consume muchos recursos y que no requiere interacción con los usuarios.
▮ Horario fuera del horario laboral y frecuencia semanal. Una tarea de actualización de *software* que debe ejecutarse semanalmente.
▮ Cada pocas horas durante el día. Un proceso de monitoreo de la integridad del sistema que debe realizarse varias veces al día.
▮ Horario de baja actividad y frecuencia diaria. Una tarea de limpieza de archivos temporales que requiere poco tiempo y recursos.

Continúa en página siguiente >>

<< Viene de página anterior

I Inmediatamente después de los eventos desencadenantes. Un *script* que necesita ejecutarse inmediatamente después de ciertos eventos del sistema.

Cómo configurar

A continuación, se expone cómo configurar la ejecución automática de una tarea en un sistema operativo *Linux* utilizando el administrador de tareas basado en tiempo, también conocido como *cron,* y, en *Windows 11,* utilizando el Programador de tareas.

Automatización de tareas en Linux con cron

Se deben seguir los siguientes pasos:

1. Abrir la terminal en el sistema *Unix* o *Linux.*
2. Escribir el comando *crontab -e* para abrir el archivo *crontab* del usuario actual en el editor predeterminado. Este comando puede abrir el editor *vi,* nano o cualquier otro configurado como predeterminado:

```
# m h  dom mon dow    command
# Each task to run has to be defined through a single line
# indicating with different fields when the task will be run
# and what command to run for the task
#
# To define the time you can provide concrete values for
# minute (m), hour (h), day of month (dom), month (mon),
# and day of week (dow) or use '*' in these fields (for 'any').#
# Notice that tasks will be started based on the cron's system
# daemon's notion of time and timezones.
#
# Output of the crontab jobs (including errors) is sent through
# email to the user the crontab file belongs to (unless redirected).
#
# For example, you can run a backup of all your user accounts
# at 5 a.m every week with:
0 5 * * 1 tar -czf /var/backups/home.tgz /home/
#
# For more information see the manual pages of crontab(5) and cron(8)
#
# Editar con GNU nano 5.4
# Archivo temporal para la edición: /tmp/crontab.XXXX1234abcd
#
# Ayuda de GNU nano:
# ^G Ayuda        ^O Guardar     ^R Leer fichero  ^Y Pagina siguiente
# ^X Salir        ^C Posición    ^K Cortar texto  ^U Pegar texto
# ^J Justificar  ^W Buscar       ^V Pagina anterior ^T Ortografía
# ^_  Ir a linea ^A Marcar       ^D Borrar          ^P Ir al principio
```

En este ejemplo:

I *GNU nano 5.4* es la versión del editor nano que se está utilizando.
I /tmp/crontab.XXXX1234abcd es el nombre del archivo temporal donde se edita el *crontab.* Este nombre varía en cada sesión.
I El texto que sigue es el contenido del archivo *crontab,* empezando con una serie de comentarios que explican cómo configurar las tareas.
I En la parte inferior, se pueden ver los atajos de teclado disponibles para operaciones comunes dentro de *nano,* como guardar cambios, salir, buscar texto, etc.

3. En el editor, se verá el archivo *crontab* que puede tener ya algunas líneas de ejemplo o tareas previamente programadas. Si es la primera

vez, es posible que el archivo esté vacío excepto por algunos comentarios que explican cómo usarlo.

4. Usar las teclas de flecha para moverse al final del archivo o a la ubicación donde se desee insertar la nueva tarea. Por ejemplo, si hay que ejecutar un *script* de *Python* a las 2 a. m. todos los días y redirigir la salida a un archivo de registro, se añade:

```
0 2 * * * /usr/bin/python3 /path/to/your/script.py >> /path/to/your/logfile.log 2>&1
```

- 0 2 * * *: esta parte del comando indica el cronograma de ejecución. 0 2 * * * significa a las 2:00 a. m. cada día. El primer número (0) representa los minutos, el segundo número (2) las horas y los asteriscos representan "cada día del mes", "cada mes" y "cada día de la semana", respectivamente.

- */usr/bin/python3:* es el camino absoluto al intérprete de *Python.* Este camino puede variar dependiendo de cómo esté instalado *Python* en el sistema. Se puede encontrar la ubicación correcta ejecutando *which python3* en la terminal.

- */path/to/your/script.py:* se debe reemplazar esto con la ruta completa al *script* de *Python* que se desea ejecutar.

- >> /path/to/your/logfile.log 2>&1: esta parte redirige la salida estándar *(stdout)* y la salida de error *(stderr)* al archivo de registro especificado. El operador >> significa que la salida se anexará al archivo existente sin sobrescribirlo. 2>&1 redirige la salida de error a la misma ubicación que la salida estándar.

5. Guardar y cerrar el editor. Una vez que se haya añadido la línea deseada, es necesario guardar el archivo y salir del editor. Si se está usando *nano,* se puede hacer con las siguientes teclas:

- [Ctrl] + [O] para guardar los cambios.
- [Enter] para confirmar el archivo a guardar.
- [Ctrl] + [X] para salir del editor.

6. Verificar los cambios. Para asegurar que la tarea se ha añadido correctamente, se pueden listar las tareas programadas en *crontab* con el comando *crontab -l*.

Automatización de tareas en Windows 11 con el Programador de tareas

Se deben seguir los siguientes pasos:

1. Se abre el **Programador de tareas** desde el menú **Inicio:**

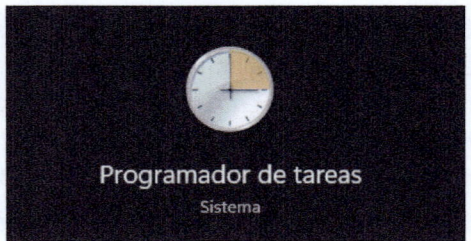

2. En el menú de la derecha, se selecciona **Crear tarea básica…**
3. Se escribe un nombre y una descripción para la tarea, luego se hace clic en **Siguiente.**

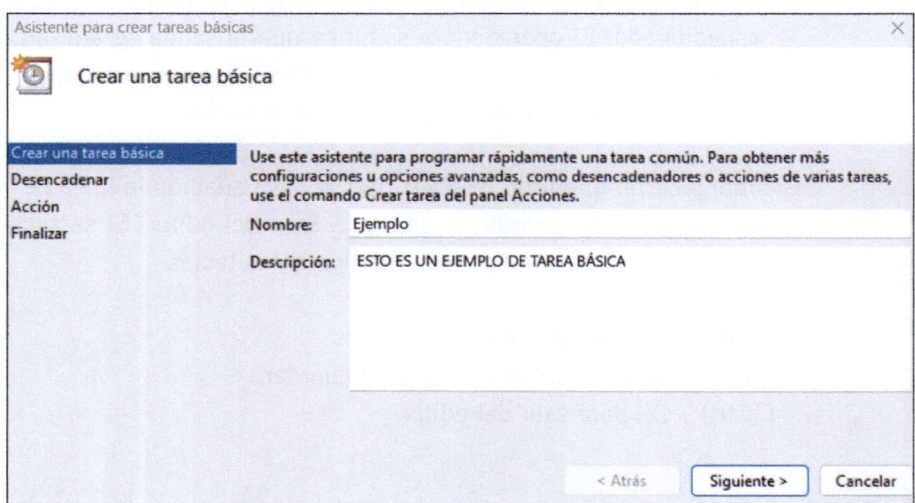

4. Se selecciona, por ejemplo, **Diariamente** y se hace clic en **Siguiente.**

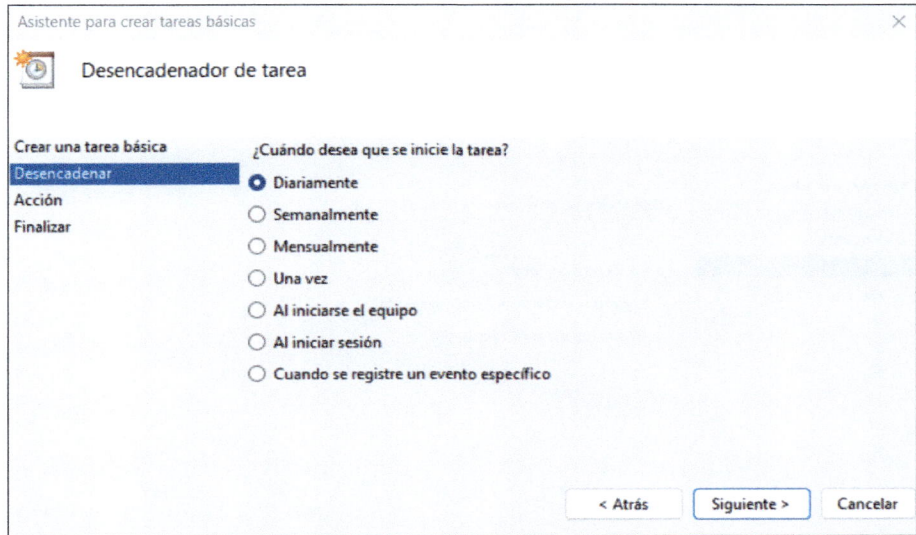

5. Se configura la hora de inicio, por ejemplo, a las 3:00:00 y se asegura de que la opción **Repetir cada:** esté configurada en **1 día;** por último, se hace clic en **Siguiente.**

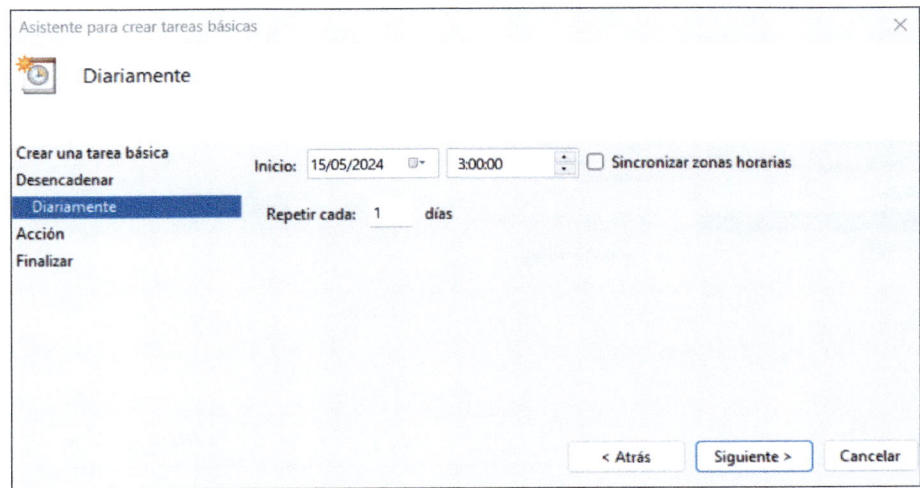

6. Se selecciona, por ejemplo, la opción de **Iniciar un programa** y se hace clic en **Siguiente.**

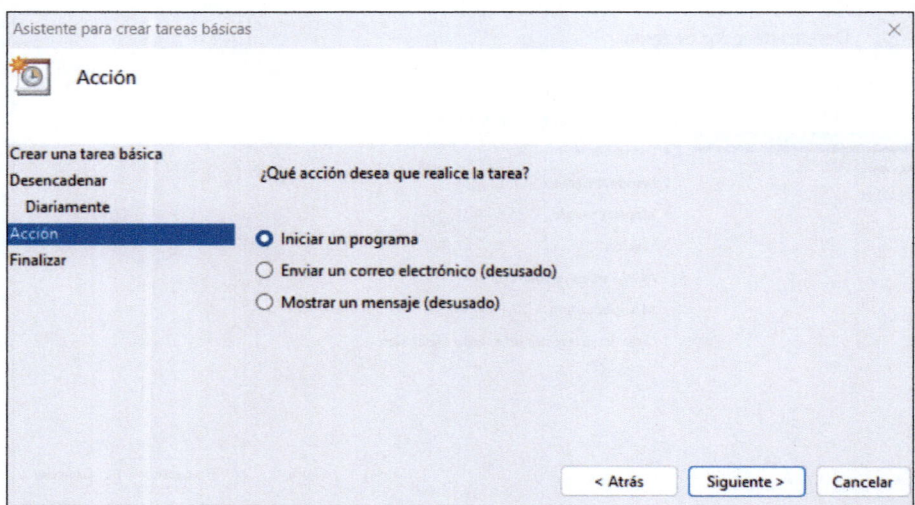

7. Se hace clic en **Examinar...** y se navega hasta el *script maintenance. ps1.* Se hace clic en **Siguiente.**

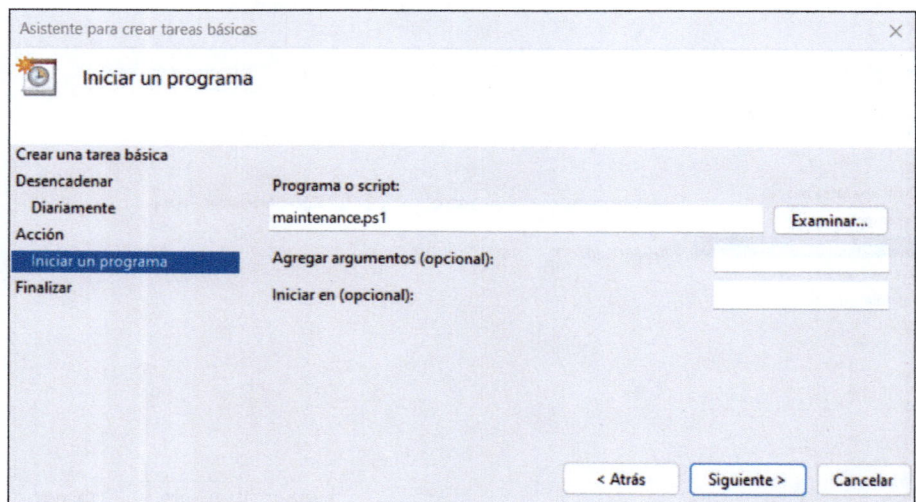

8. Se revisa la configuración de la tarea y se hace clic en **Finalizar.**

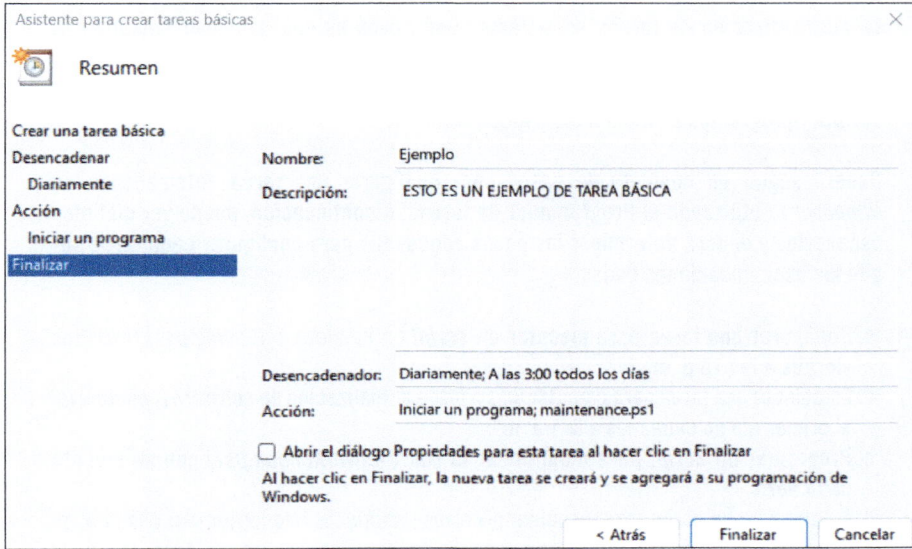

El Programador de tareas de *Windows* ahora ejecutará automáticamente *maintenance.ps1* todos los días a las 3:00:00.

 Nota

Se puede revisar el estado de la tarea y ver si se ha ejecutado correctamente en la ventana principal del Programador de tareas.

Aplicación práctica

La automatización de tareas en sistemas operativos es una habilidad fundamental para administradores de sistemas y profesionales de TI. En *Windows 11,* el Programador de tareas es una herramienta poderosa que permite automatizar la ejecución de *scripts* y programas en momentos específicos.

Deberá seguir un conjunto de pasos para configurar una tarea automatizada en *Windows 11* utilizando el Programador de tareas. A continuación, puede ver distintos escenarios y deberá determinar los pasos adecuados para configurar cada tarea según las especificaciones dadas:

a. Configurar una tarea para ejecutar un *script* de limpieza *(cleaning.ps1)* todos los viernes a las 10 p. m.
b. Establecer una tarea para ejecutar un *script* de actualización de *software (update.exe)* el primer día de cada mes a la 1 a. m.
c. Programar un *script* para monitorizar la red *(networkcheck.ps1)* que se ejecute cada hora.
d. Automatizar un *script* para respaldar archivos *(backup.ps1)* todos los días a las 2 a. m.
e. Crear una tarea para ejecutar un programa de informes *(report.exe)* todos los lunes a las 8 a. m.

SOLUCIÓN

Limpiar los viernes a las 10 p. m.:

- Abrir **Programador de tareas.**
- Crear tarea básica con nombre y descripción.
- Seleccionar **Semanalmente** y elegir **Viernes.**
- Configurar la hora a las 10 p. m.

Actualización el primer día de cada mes a la 1 a. m.:

- Sigue los pasos similares y selecciona **Mensualmente.**
- Establece la fecha y hora adecuadas.

Monitoreo de red cada hora:

- En **Crear tarea básica,** selecciona **Diariamente.**
- En las opciones de tiempo, ajusta **Repetir tarea cada:** a **1 hora.**

Continúa en página siguiente >>

<< Viene de página anterior

Respaldo diario a las 2 a. m.:

- **❚** Configura la tarea para ejecutar **Diariamente.**
- **❚** Establece la hora de inicio a las 2 a. m.

Informes los lunes a las 8 a. m.:

- **❚** Selecciona **Semanalmente** y elige **Lunes.**
- **❚** Configura la hora a las 8 a. m.

6.2. Configurar la ejecución en el sistema comprobando su correcta ejecución, y resultados

La configuración de la ejecución automática de tareas y la verificación de su correcto funcionamiento y resultados son pasos esenciales en la automatización de tareas.

A continuación, se detallan los procedimientos aplicables tanto en sistemas operativos *Linux* como en *Windows.*

Linux con *cron*

En sistemas operativos *Linux,* la administración de tareas programadas puede realizarse de manera eficiente mediante el uso de *cron* del siguiente modo:

- ■ El proceso inicia con la edición de tareas mediante el comando *crontab -e.* Una vez guardadas las modificaciones, se puede confirmar que las tareas están programadas correctamente mediante el uso de *crontab -l,* que lista todas las tareas *cron* activas.

```
#!/bin/bash

# Editar las tareas cron
echo "Editando tareas cron..."
crontab -e

# Listar las tareas cron programadas
echo "Listando tareas cron programadas..."
crontab -l
```

- Para verificar la correcta ejecución de las tareas, se revisan los archivos de registro designados en las líneas de *cron*. Si las salidas de las tareas se han redirigido a un archivo de registro, cualquier salida o error generado por la tarea quedará registrado en dicho archivo, facilitando su revisión posterior.
- Además, el uso del comando *grep* filtra y muestra las líneas del archivo de registro que contienen el nombre del *script* especificado, lo que ayuda a verificar si el *script* se ha ejecutado correctamente y a revisar cualquier salida o error asociado.

```
# Comprobación de los registros de ejecución de las tareas
echo "Comprobando los registros de ejecución..."
script_name="nombre_del_script"
log_file="/path/to/logfile"
grep "$script_name" "$log_file"
```

Ejemplo

A continuación, se presenta una muestra de cómo podría aparecer el contenido del archivo *crontab* cuando se ejecuta el comando *crontab -l,* mostrando diversas tareas cron programadas para un usuario específico.

Continúa en página siguiente >>

<< Viene de página anterior

```
# Ejemplo de contenido del archivo crontab cuando se ejecuta 'crontab -l'

# Ejecutar un script de backup todos los días a la medianoche
0 0 * * * /usr/bin/bash /home/usuario/scripts/backup.sh >> /home/usuario/logs/backup.log 2>&1

# Ejecutar actualizaciones automáticas todos los lunes a las 3 AM
0 3 * * 1 /usr/bin/apt update && /usr/bin/apt upgrade -y >> /home/usuario/logs/update.log 2>&1

# Ejecutar un script de limpieza cada hora
0 * * * * /usr/bin/python3 /home/usuario/scripts/cleanup.py >> /home/usuario/logs/cleanup.log 2>&1

# Notificación por correo de espacio en disco cada primer día del mes
0 0 1 * * /usr/bin/df -h | mail -s "Informe de espacio en disco" usuario@example.com
```

▌ *Backup diario:* se ejecuta un *script* de *backup (backup.sh)* todos los días a medianoche. La salida estándar y los errores del *script* se redirigen a un archivo de *log.*

▌ Actualizaciones automáticas: se realiza un proceso de actualización del sistema todos los lunes a las 3 a. m., con la salida y errores también registrados en un archivo.

▌ Limpieza regular: se ejecuta un *script* de *Python (cleanup.py)* cada hora para realizar tareas de limpieza.

▌ Informe de espacio en disco: el primero de cada mes, se envía un correo al usuario con el informe de espacio en disco usando el comando *df.*

Cada tarea está programada en una línea, con la sintaxis de *crontab* que define cuándo se ejecutará la tarea. Los elementos al final de cada tarea (como *>> /home/usuario/logs/ backup.log 2>&1)* redirigen tanto la salida estándar como los errores a archivos de *log* para su revisión posterior.

Windows con el Programador de tareas

En sistemas operativos *Windows,* la organización y ejecución automatizada de tareas se puede gestionar eficazmente mediante el Programador de tareas de *Windows* del siguiente modo:

■ La verificación de que una tarea ha sido programada correctamente se realiza, accediendo a la **Biblioteca del Programador de tareas** y buscando la tarea por su nombre:

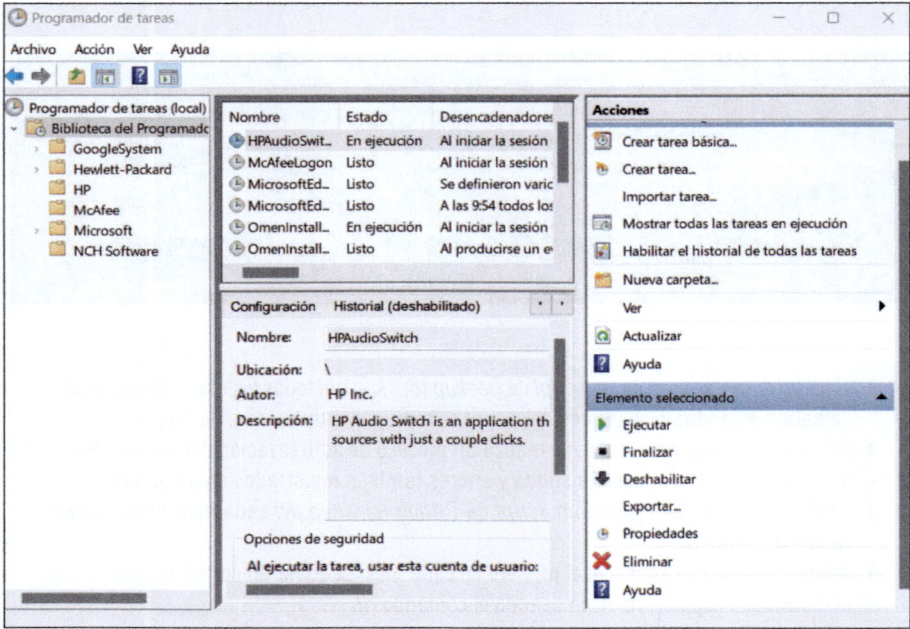

■ Para comprobar la correcta ejecución de la tarea, se selecciona la tarea en la **Biblioteca del Programador de tareas** y se consulta la pestaña **Historial** en el panel inferior. Esto proporciona un registro de todas las ejecuciones de la tarea, incluidos los mensajes de error o información relevante.

 Nota

Estos pasos garantizan que las tareas automatizadas estén adecuadamente configuradas y que su ejecución se realice sin contratiempos, permitiendo una gestión eficiente de las automatizaciones en distintos sistemas operativos.

7. Utilizar herramientas de automatización

El uso efectivo de herramientas de automatización incrementa la eficiencia, reduce el riesgo de errores humanos y permite a los equipos centrarse en tareas más estratégicas y de mayor valor añadido. En la siguiente tabla, se describe el uso de estas herramientas, enfocándose en su selección e implementación:

Paso	Descripción	Ejemplos
Definición de requerimientos	Determinar las tareas específicas que necesitan automatización, considerando tanto el desarrollo como la administración de sistemas.	Integración y entrega continuas (CI/CD), gestión de configuraciones.
Selección de herramientas	Elegir las herramientas de automatización más adecuadas basándose en los requerimientos identificados.	Jenkins para CI/CD, *Ansible* para gestión de configuraciones.
Implementación y configuración	Instalar y configurar las herramientas seleccionadas para adaptarlas a las necesidades específicas del proyecto.	Configurar pipelines en *Jenkins*, escribir *playbooks* en *Ansible*.
Pruebas y validación	Realizar pruebas para asegurar que las herramientas de automatización funcionan correctamente y cumplen con los objetivos establecidos.	Ejecutar *pipelines* de CI/CD en entornos de prueba, aplicar configuraciones mediante *Ansible* en entornos controlados.
Despliegue	Implementar las herramientas de automatización en el entorno de producción, asegurándose de que estén correctamente integradas con los sistemas existentes.	Desplegar *pipelines* de CI/CD para aplicaciones en producción, usar *Ansible* para gestionar configuraciones en servidores de producción.
Monitoreo y mantenimiento	Supervisar el rendimiento de las herramientas de automatización y realizar ajustes o actualizaciones según sea necesario.	Monitorear la ejecución de *jobs* en *Jenkins*, actualizar *playbooks* en *Ansible* según cambien las necesidades.

Ejemplo

A continuación, se presentan diversos ejemplos de herramientas de automatización y sus aplicaciones:

I *Jenkins:* una herramienta de código abierto para la integración continua, *Jenkins* facilita la automatización de diferentes etapas del ciclo de vida del desarrollo de *software,* incluyendo la compilación de código, la ejecución de pruebas y el despliegue automático de aplicaciones.
I *Ansible:* plataforma de código abierto para la configuración y administración de sistemas; *Ansible* permite la realización de instalaciones en múltiples nodos, ejecuciones de tareas *ad hoc* y gestión de configuraciones de manera sencilla.
I *Puppet:* herramienta de administración de configuración que posibilita la definición del estado deseado de la infraestructura de TI y la aplicación automática de configuraciones a los sistemas adecuados para alcanzar dicho estado.
I *Docker:* plataforma de código abierto que simplifica el despliegue, la escalabilidad y la gestión de aplicaciones mediante el uso de contenedores de *software,* facilitando así el manejo de dependencias y el entorno de ejecución de las aplicaciones.
I *Selenium:* herramienta para la automatización de navegadores, utilizada principalmente para la realización de pruebas de aplicaciones web, aunque también es capaz de realizar cualquier tarea que pueda ejecutarse a través de un navegador web.
I *Git:* sistema de control de versiones distribuido que posibilita la colaboración entre varios desarrolladores en un mismo proyecto. *Git* automatiza el seguimiento de modificaciones, la fusión de cambios y la resolución de conflictos.
I *Cron (Linux)* / Programador de tareas *(Windows):* herramientas de sistema que ofrecen la posibilidad de programar la ejecución automática de tareas a intervalos regulares, facilitando así la automatización de procesos recurrentes.

Actividades

6. ¿Cuáles son los factores clave a considerar al seleccionar un lenguaje de programación para la automatización de tareas, y cómo influyen aspectos como los requisitos de la tarea y el sistema operativo en esta elección?

Continúa en página siguiente >>

<< Viene de página anterior

7. ¿Cómo se configura la ejecución automática de tareas en sistemas operativos *Linux* y *Windows*, y qué herramientas se utilizan en cada sistema para garantizar que las tareas programadas se ejecuten correctamente?

8. ¿Cuál es el proceso para verificar la correcta ejecución y los resultados de las tareas automatizadas en sistemas operativos tanto *Linux* como *Windows*, y qué métodos se emplean para garantizar la eficacia de dichas tareas?

9. ¿Cómo se determina la selección e implementación de herramientas de automatización en un entorno de TI, y qué pasos se siguen desde la definición de requisitos hasta el despliegue y mantenimiento de estas herramientas?

10. ¿Cuáles son los beneficios de utilizar herramientas de automatización en la gestión de sistemas y procesos de TI, y cómo contribuyen a la eficiencia operativa y reducción de errores en las organizaciones?

Aplicación práctica

La automatización de tareas en el desarrollo de *software* y la administración de sistemas es fundamental para mejorar la eficiencia, reducir errores y enfocarse en tareas de alto valor. El conocimiento y la aplicación efectiva de herramientas de automatización son habilidades clave en este campo.

Guíe el proceso de implementación de herramientas de automatización desde la definición de requerimientos hasta el monitoreo y mantenimiento, utilizando ejemplos específicos. Para ello, a continuación aparecen una serie de etapas en el proceso de implementación de la automatización, y deberá describir las acciones clave y consideraciones en cada etapa:

a. Definición de requerimientos: "¿Cómo determinaría las tareas específicas a automatizar en un proyecto de desarrollo de *software?*"

b. Selección de herramientas: "¿Qué criterios utilizaría para elegir las herramientas de automatización adecuadas para un proyecto?"

c. Implementación y configuración: "¿Cómo instalaría y configuraría una herramienta seleccionada para adaptarla a un proyecto específico?"

d. Pruebas y validación: "¿Cuál sería su enfoque para probar las herramientas de automatización y asegurarse de que cumplen con los objetivos establecidos?"

e. Despliegue: "¿Cómo implementaría las herramientas de automatización en un entorno de producción?"

Continúa en página siguiente >>

<< Viene de página anterior

f. Monitoreo y mantenimiento: "¿Qué estrategias aplicaría para supervisar y mantener las herramientas de automatización en funcionamiento?"

SOLUCIÓN

Definición de requerimientos:

▌ Identificar procesos repetitivos o que consumen mucho tiempo.
▌ Priorizar tareas con mayor impacto y evaluar la complejidad de su automatización.

Selección de herramientas:

▌ Considerar la compatibilidad con el entorno existente, la escalabilidad, la facilidad de uso y el soporte comunitario.
▌ Evaluar herramientas como *Jenkins* para CI/CD o *Ansible* para gestión de configuraciones basándose en estos criterios.

Implementación y configuración:

▌ Instalar las herramientas siguiendo la documentación oficial.
▌ Configurarlas según los requerimientos del proyecto, como definir *pipelines* en *Jenkins* o escribir *playbooks* en *Ansible.*

Pruebas y validación:

▌ Realizar pruebas en entornos controlados para validar la funcionalidad.
▌ Asegurarse de que las herramientas cumplen con los requerimientos y no introducen problemas nuevos.

Despliegue:

▌ Integrar las herramientas en el entorno de producción progresivamente, asegurando la compatibilidad con los sistemas existentes.
▌ Documentar los cambios y capacitar al equipo si es necesario.

Monitoreo y mantenimiento:

▌ Monitorear continuamente el rendimiento de las herramientas y realizar ajustes o actualizaciones basándose en la retroalimentación y los cambios en los requerimientos del proyecto.

8. Resumen

La automatización de tareas, clave en el ámbito tecnológico actual, se ve significativamente impulsada por una variedad de lenguajes de programación, cada uno con sus peculiaridades y adaptado a distintos tipos de tareas. Entre los lenguajes destacados para esta función se encuentran *Python,* por su sintaxis clara y su extenso ecosistema de bibliotecas; *JavaScript,* que gracias a plataformas como *Node.js,* se extiende más allá del navegador para gestionar archivos y procesos del lado del servidor; *Bash,* esencial en sistemas *Unix* y *Linux* para automatización del sistema operativo y gestión de archivos; *PowerShell,* diseñado para la administración de sistemas en entornos *Windows;* y *Ruby,* que brilla en la automatización de despliegues y desarrollo web con su sintaxis clara y productiva.

La selección de un entorno de programación adecuado es esencial, considerando el "entorno nativo" de cada lenguaje, que se refiere al sistema o contexto en el cual opera más eficientemente. La comprensión de los comandos y estructuras de los lenguajes de *scripting,* junto con la correcta utilización de la documentación técnica, es vital para el desarrollo eficaz de código.

Un aspecto esencial de la automatización es el desarrollo de *scripts* para tareas de mantenimiento, donde la elección del lenguaje de programación debe basarse en el sistema operativo y los requisitos específicos de la tarea. La programación de estos *scripts* requiere un conocimiento profundo de los comandos y estructuras del lenguaje seleccionado y una aplicación diligente de buenas prácticas de codificación.

Para garantizar la eficacia de la automatización, es imperativo configurar la ejecución automática de las tareas en el sistema operativo, eligiendo cuidadosamente el horario y la frecuencia más adecuados para no impactar negativamente en el rendimiento del sistema. Las herramientas como cron en *Unix/ Linux* y el Programador de tareas en *Windows* son fundamentales para este fin. La supervisión de la ejecución y los resultados de estas tareas automatizadas asegura su correcto funcionamiento y permite ajustes basados en los resultados obtenidos.

Ejercicios de repaso y autoevaluación

1. ¿Cuál es una característica clave de *Python* que facilita la automatización de tareas?

   _____
   _____

2. Mencione dos bibliotecas de *Python* y sus usos específicos:

   _____
   _____

3. ¿Qué versión de *Python* introduce soporte nativo para TOML?

   a. *Python 3.10.*
   b. *Python 3.12.*
   c. *Python 3.11.*
   d. *Python 3.9.*

4. Indique un ejemplo de una tarea que se puede automatizar con *Bash* en sistemas *Unix/Linux:*

   _____
   _____

5. ¿Qué tipo de tareas se automatizan comúnmente con *PowerShell?*

   _____
   _____

6. Nombre dos herramientas que se integran con *Ruby* para la automatización de tareas:

   _____
   _____

7. ¿Cuál de las siguientes características no es una mejora en *Ruby 3.2 o 3.3?*

    a. Soporte para *WebAssembly.*
    b. Nuevo compilador JIT llamado RJIT.
    c. Mejoras en la sintaxis para la programación funcional.
    d. Mejoras de rendimiento con YJIT.

8. Describa brevemente el entorno nativo de un lenguaje de programación:

_____
_____
_____
_____

9. ¿Cuál es el entorno nativo principal de *JavaScript?*

    a. Servidores con *Node.js.*
    b. Sistemas operativos tipo *Unix.*
    c. Navegadores web.
    d. Ambientes de ciencia de datos.

10. Enumere dos lenguajes de programación comúnmente utilizados en sistemas operativos *Windows:*

_____
_____
_____
_____

11. ¿Cuál de los siguientes lenguajes no es prevalente en sistemas *Unix/Linux?*

    a. *Python*
    b. *Ruby*
    c. *C++*
    d. *C#*

12. Mencione una estrategia recomendada para utilizar de manera óptima la documentación de un lenguaje de *scripting*:

_____
_____
_____
_____
_____
_____

13. ¿Qué versión de *PowerShell* introduce mejoras como soporte para *Microsoft Update* en *Windows* y nuevas versiones de *PSResourceGet* y *PSReadLine?*

    a. *PowerShell 7.2.*
    b. *PowerShell 7.3.*
    c. *PowerShell 7.4.*
    d. *PowerShell 7.1.*

14. Explique brevemente por qué *JavaScript* es una buena opción para la automatización fuera del ámbito del navegador:

_____
_____
_____
_____

15. ¿Cuál de las siguientes no es una característica nueva introducida en *JavaScript ES2020* o *ES2024?*

    a. *BigInt.*
    b. Coalescencia nula.
    c. Encadenamiento opcional.
    d. Soporte para *TypeScript.*

Contenido

1. Introducción

El inventario de *software (SW)* constituye un proceso fundamental para la gestión efectiva de los activos de TI, asegurando el cumplimiento de licencias, optimización de recursos y mitigación de riesgos legales y de seguridad. Identificar la necesidad de realizar un inventario subraya la importancia de controlar el uso del *software,* evitar gastos innecesarios y cumplir con las regulaciones. Seleccionar los parámetros correctos para inventariar facilita una comprensión amplia del entorno de TI, lo que permite decisiones estratégicas sobre la gestión de licencias y *software.*

La gestión de licencias involucra un registro detallado de las licencias adquiridas y utilizadas, esencial para el cumplimiento y la planificación financiera de TI. Implementar un plan de compra basado en el crecimiento y los modelos de licenciamiento optimiza las inversiones en *software.* Utilizar herramientas de inventario adecuadas y mantener actualizado el inventario ayuda a automatizar el proceso, mejorando la precisión de los datos recopilados.

Inventariar la configuración base y de aplicación proporciona una visión completa de la infraestructura de TI, esencial para la seguridad y el rendimiento. Actualizar regularmente la lista de aplicaciones permitidas por usuario asegura el uso de *software* autorizado, contribuyendo a la seguridad y eficiencia organizacional.

2. Identificar los motivos de la necesidad de inventariar

Un inventario de *software* constituye un compendio exhaustivo de todas las aplicaciones y programas utilizados dentro de una empresa, abarcando detalles tales como la cantidad de instalaciones, variedad de *software* y las fechas límite para la renovación o expiración de licencias. La finalidad primordial de realizar este inventario es verificar la presencia de *software* en el entorno corporativo, pero esto no asegura automáticamente que cada programa esté debidamente licenciado. Para confirmar la adecuada cobertura de licencias de todo *software* instalado, se puede llevar a cabo una auditoría interna.

 **Nota**

Un inventario bien gestionado es vital para prevenir inconvenientes como la adquisición redundante de licencias ya existentes, los desafíos operativos vinculados a software desactualizado y otros problemas, jugando un papel clave en la administración efectiva de los activos de TI de la organización.

La implementación de un inventario de *software* responde a diversas necesidades importantes, entre ellas:

- **Gestión de licencias:** facilita el seguimiento exhaustivo de las licencias de *software* compradas y empleadas por una organización, lo cual es vital para asegurar la adherencia a las normativas de licenciamiento y prevenir posibles acciones legales.
- **Eficiencia de recursos:** al tener un conocimiento preciso del *software* instalado y su uso, es posible identificar y eliminar aplicaciones redundantes o desaprovechadas, lo que conduce a optimizaciones en el gasto.
- **Reducción de riesgos legales y de seguridad:** mediante el inventario, se pueden detectar aplicaciones no autorizadas o pirateadas que supongan riesgos legales y de seguridad, así como *software* anticuado susceptible a vulnerabilidades.
- **Planificación económica en TI:** el inventario provee datos clave para la planificación económica relacionada con TI, ofreciendo una panorámica de los gastos en *software* y orientando las futuras inversiones tecnológicas.
- **Facilitación de la gestión del cambio:** proporciona una perspectiva detallada de la infraestructura de *software* actual, lo cual es esencial para tomar decisiones informadas respecto a actualizaciones, migraciones y otras acciones de cambio organizacional.

Aplicación práctica

En el dinámico mundo de la gestión de TI es esencial para cualquier organización tener un control efectivo sobre sus activos de *software*. Un inventario de *software* no es simplemente un listado de programas, sino una herramienta estratégica para la gestión eficiente de los recursos de TI.

Identifique la relación entre las necesidades de la empresa y los beneficios de mantener un inventario de *software* actualizado en las siguientes situaciones:

a. La empresa necesita asegurar el cumplimiento de las normativas de licenciamiento de *software* para evitar sanciones legales.
b. Existe una preocupación sobre el gasto excesivo en *software* que podría estar duplicado o ser innecesario.
c. La organización quiere minimizar el riesgo de brechas de seguridad a través del *software* desactualizado o no autorizado.
d. Se requiere una planificación efectiva del presupuesto de TI para futuras inversiones en *software*.
e. La empresa está planificando una reestructuración importante y necesita una clara comprensión de su infraestructura de *software* actual.

SOLUCIÓN

▌ Gestión de licencias. La empresa necesita asegurar el cumplimiento de las normativas de licenciamiento de *software* para evitar sanciones legales.
▌ Eficiencia de recursos. Existe una preocupación sobre el gasto excesivo en *software* que podría estar duplicado o ser innecesario.
▌ Reducción de riesgos legales y de seguridad. La organización quiere minimizar el riesgo de brechas de seguridad a través de *software* desactualizado o no autorizado.
▌ Planificación económica en TI. Se requiere una planificación efectiva del presupuesto de TI para futuras inversiones en *software*.
▌ Facilitación de la gestión del cambio. La empresa está planificando una reestructuración importante y necesita una clara comprensión de su infraestructura de *software* actual.

3. Seleccionar adecuadamente los parámetros a inventariar en un sistema

La elección de los aspectos a catalogar en un inventario de sistema es esencial para la administración eficaz de los recursos de *software*. Los aspectos elegidos deben ofrecer una visión integral y detallada sobre la utilización del *software* dentro de la entidad. Entre los aspectos a considerar se encuentran:

- **Denominación del *software*:** se refiere al nombre del programa o aplicación, fundamental para su identificación dentro del inventario.
- **Versión del *software*:** la edición del *software* es relevante para temas de compatibilidad, soporte técnico y planificación de futuras actualizaciones.
- **Cantidad de licencias:** muestra el total de licencias adquiridas para un *software* en particular, vital para asegurar la observancia de los términos de licencia y prevenir tanto la compra excesiva como insuficiente.
- **Caducidad de la licencia:** la fecha de caducidad de las licencias es significativa para la renovación oportuna y la planificación presupuestaria.
- **Usuarios autorizados:** identifica a los usuarios que tienen acceso al *software,* facilitando la asignación de recursos y la administración de cambios.
- **Localización de instalación:** este aspecto ayuda a seguir el rastro de las ubicaciones donde se instala y emplea el software dentro de la organización.
- **Intensidad de uso del *software*:** monitorear la frecuencia de uso del *software* permite detectar aplicaciones infrautilizadas que podrían ser candidatas a eliminación.

Ejemplo

A continuación, se muestra un ejemplo de cómo podría verse un inventario de software en una organización:

Nombre del *software*	Versión	Número de licencias	Fecha de Expiración de la Licencia	Usuarios	Ubicación de la Instalación	Uso del *Software*
Microsoft Office 365	2023	100	30/12/2024	Departamento de Ventas	Varias sedes	Alto
Adobe Creative Cloud	2024	50	15/07/2024	Departamento de Diseño	Estudio de diseño	Medio
AutoCAD	2023	25	01/05/2024	Departamento de Ingeniería	Oficina de ingeniería	Alto
Python	3.9.5	Ilimitado *(Open Source)*	N/A	Todos los departamentos	Diversas ubicaciones	Alto
Oracle Database	19c	10	22/05/2024	Departamento de TI	Centro de datos	Medio
MATLAB	R2024a	30	20/06/2024	Departamento de Investigación y Desarrollo	Laboratorio de I+D	Alto
Salesforce	Spring '24	75	30/06/2024	Departamento de Ventas y *Marketing*	Varias sedes	Alto
QuickBooks	2024	10	01/02/2025	Departamento de Finanzas	Oficina de finanzas	Medio
Slack	N/A	150	31/12/2024	Todos los departamentos	Varias sedes	Alto

Aplicación práctica

Administrar un inventario de sistemas de manera efectiva es un componente crucial en la gestión de TI. La selección de los parámetros adecuados para inventariar es esencial para obtener una visión clara del uso de *software* en una organización.

A continuación, se presenta una serie de situaciones hipotéticas relacionadas con la administración de TI. Identifique qué parámetros del inventario de sistemas serían más relevantes y útiles para cada situación específica:

a. Se requiere verificar si el *software* actual se encuentra actualizado para garantizar la compatibilidad con un nuevo sistema operativo.
b. La empresa debe verificar el cumplimiento de las normativas de licencias para evitar problemas legales.
c. Hay que planificar la renovación del presupuesto de TI para el próximo año.
d. Se necesita identificar aplicaciones que son raramente utilizadas para evaluar su eliminación.
e. Es importante saber dónde está instalado cada *software* para evaluar la distribución de recursos.

SOLUCIÓN

❙ Versión del *software*. Se requiere verificar si el *software* actual se encuentra actualizado para garantizar la compatibilidad con un nuevo sistema operativo.
❙ Cantidad de licencias. La empresa debe verificar el cumplimiento de las normativas de licencias para evitar problemas legales.
❙ Caducidad de la licencia. Hay que planificar la renovación del presupuesto de TI para el próximo año.
❙ Intensidad de uso del *software*. Se necesita identificar aplicaciones que son raramente utilizadas para evaluar su eliminación.
❙ Localización de la instalación. Es importante saber dónde está instalado cada *software* para evaluar la distribución de recursos.

4. Gestionar las licencias

La gestión eficaz de las licencias de *software* implica un proceso meticuloso que comienza con el inventario de todas las licencias adquiridas por la organización. Este paso asegura un conocimiento profundo de los derechos de uso disponibles, facilitando la verificación del cumplimiento y evitando posibles incumplimientos de las normativas de licenciamiento. Paralelamente, es fundamental realizar un inventario de las licencias efectivamente instaladas en los sistemas de la empresa, comparando este dato con el inventario de licencias adquiridas para identificar discrepancias y evitar tanto el déficit como el exceso en la adquisición de licencias. Adicionalmente, se debe elaborar un plan de compra de licencias que se ajuste al crecimiento proyectado de la organización y a los diferentes modelos de licenciamiento de los programas en uso. Este plan debe contemplar tanto las necesidades actuales como las futuras, permitiendo una optimización de recursos y asegurando que la empresa posea las licencias necesarias para su funcionamiento sin incurrir en gastos innecesarios.

4.1. Inventariar las licencias compradas

El inventario de licencias compradas es un registro exhaustivo de todas las licencias de *software* que una organización ha adquirido, ofreciendo una visión detallada de los derechos de uso con los que cuenta. Este inventario es clave para verificar la adherencia a las regulaciones de licenciamiento, previniendo posibles violaciones. Además, es fundamental para la gestión financiera de la tecnología de información, asegurando que la empresa disponga de todas las licencias requeridas para su operación sin exceder en gastos superfluos.

Para elaborar un inventario eficaz de las licencias de *software* compradas, se sugieren las siguientes estrategias:

1. **Compilación de datos de licenciamiento:** recopilar todos los acuerdos de licenciamiento de *software,* facturas de adquisición y demás documentos relevantes que evidencien la compra de licencias de *software.*
2. **Elaboración de un registro de licencias:** utilizar herramientas como hojas de cálculo o sistemas especializados en la gestión de activos tecnológicos para documentar cada licencia de *software* adquirida. Este registro debe detallar elementos clave como el nombre y versión del *software,* cantidad de licencias adquiridas, fechas de adquisición y caducidad (cuando aplique), el tipo de licencia, el emisor de la licencia y el coste de adquisición.

3. **Mantenimiento actualizado del registro:** es necesario actualizar constantemente este inventario para reflejar nuevas adquisiciones de licencias, así como eliminar las licencias que expiren o dejen de utilizarse.

4. **Revisión del cumplimiento de licencias:** contrastar el inventario de licencias adquiridas contra el registro de licencias efectivamente instaladas permite verificar que todas las instalaciones de *software* cuenten con el respaldo de una licencia válida.

5. **Planificación de adquisiciones futuras:** el inventario de licencias debe servir como una herramienta de planificación para futuras adquisiciones, permitiendo anticipar renovaciones de licencias próximas a expirar o identificar necesidades de nuevas licencias basadas en el crecimiento y las demandas de la organización.

 Nota

En España, al igual que en muchos otros países, existen varios tipos de licencias de *software* que definen los derechos de uso, distribución y modificación del *software* por parte de los usuarios. Estas licencias pueden variar significativamente en términos de restricciones y libertades que otorgan. A continuación, se describen algunos de los tipos de licencias de *software* más comunes:

Licencias propietarias o comerciales:

❚ Este tipo de licencia, comúnmente asociado con *software* comercial, otorga al usuario el derecho de usar el *software* de acuerdo con los términos específicos establecidos por el propietario del *software,* generalmente con restricciones significativas en cuanto a modificación, copia y redistribución.

Licencias de *software* libre y de código abierto:

❚ GPL (Licencia Pública General de GNU): permite a los usuarios modificar y redistribuir el *software,* siempre y cuando cualquier versión modificada se distribuya bajo la misma licencia.
❚ MIT y BSD: son licencias más permisivas que permiten la reutilización del código en *software* propietario bajo ciertas condiciones mínimas.
❚ *Apache:* similar a las licencias MIT y BSD, pero también ofrece protecciones legales adicionales.

Continúa en página siguiente >>

<< Viene de página anterior

Freeware:

▪ *Software* que se ofrece sin costo, pero que no necesariamente permite la modificación o la redistribución del código fuente.

Shareware o *demoware:*

▪ *Software* que se distribuye de forma gratuita en un principio, ofreciendo a los usuarios la posibilidad de probarlo antes de comprar una licencia para el uso completo.

Licencias de suscripción:

▪ Este modelo permite a los usuarios acceder y utilizar el *software* durante un período específico de tiempo. Este tipo de licencia a menudo incluye actualizaciones y soporte técnico durante el período de suscripción.

Licencia de sitio y licencia por volumen:

▪ Permiten a las organizaciones instalar y usar el *software* en un número específico de computadoras o en una ubicación específica, ofreciendo una solución económica para la adquisición de múltiples licencias.

Licencia académica:

▪ Ofrece descuentos o condiciones especiales para instituciones educativas y estudiantes, generalmente con fines de aprendizaje y enseñanza.

Aplicación práctica

El manejo efectivo del inventario de licencias de *software* es una práctica esencial en la administración de TI. Este proceso no solo asegura el cumplimiento de regulaciones de licenciamiento, sino que también optimiza la gestión financiera de la tecnología de información en una organización.

Describa las estrategias y pasos necesarios para llevar a cabo cada una de las siguientes acciones, considerando aspectos como la recolección de datos, el registro y

Continúa en página siguiente >>

< < Viene de página anterior

mantenimiento de la información, la revisión del cumplimiento y la planificación para adquisiciones futuras:

a. Compilación de datos de licenciamiento: ¿cómo se pueden recolectar y organizar eficientemente los documentos relevantes de licenciamiento de *software?*
b. Elaboración de un registro de licencias: ¿cuáles son las mejores prácticas para documentar cada licencia de *software* adquirida, incluyendo detalles clave como nombre, versión, cantidad, fechas y coste?
c. Mantenimiento actualizado del registro: ¿cuál es la estrategia más efectiva para mantener actualizado el inventario de licencias de *software?*
d. Revisión del cumplimiento de licencias: ¿cómo se puede realizar una verificación eficiente para asegurar que todas las instalaciones de *software* estén adecuadamente licenciadas?
e. Planificación de adquisiciones futuras: ¿cómo utilizar el inventario de licencias como herramienta para anticipar necesidades futuras y planificar adquisiciones?

SOLUCIÓN

▌ Compilación de datos de licenciamiento: esta fase implica desarrollar un método sistemático para recopilar todos los contratos y facturas de licencias. Se puede considerar el uso de herramientas digitales para almacenar y organizar estos documentos.
▌ Elaboración de un registro de licencias: utilizar hojas de cálculo o *software* especializado para crear un registro detallado de las licencias. Aquí es clave la precisión en el registro de datos como el nombre y versión del *software,* cantidad de licencias, fechas de adquisición y caducidad, tipo de licencia, emisor y coste.
▌ Mantenimiento actualizado del registro: establecer un protocolo regular para la actualización del inventario. Esto incluye añadir nuevas licencias adquiridas y eliminar o modificar las entradas de licencias que expiren o cambien.
▌ Revisión del cumplimiento de licencias: implementar un proceso de auditoría interna para cotejar el inventario de licencias con las instalaciones de *software* reales, asegurando que cada instalación tenga una licencia válida.
▌ Planificación de adquisiciones futuras: analizar el inventario para identificar tendencias, próximas expiraciones de licencias y potenciales necesidades de nuevas licencias. Esta información ayudará en la toma de decisiones estratégicas respecto a futuras adquisiciones y renovaciones de licencias.

4.2. Inventariar las licencias instaladas

El inventario de licencias instaladas detalla las licencias actualmente instaladas en la infraestructura tecnológica de la empresa. Este registro permite comprender el aprovechamiento del *software* dentro de la organización, facilitando la identificación de programas subutilizados o duplicados, y asegurando que cada pieza de *software* en uso esté adecuadamente licenciada.

Para llevar a cabo un inventario efectivo de las licencias de *software* que se encuentran instaladas, se recomienda proceder de la siguiente manera:

1. **Catalogación del *software* en uso:** emplear soluciones de inventariado de *software* para detectar todos los programas y aplicaciones que están operativos en los dispositivos de la organización.
2. **Documentación de licencias en funcionamiento:** a través de hojas de cálculo o sistemas de administración de activos tecnológicos, registrar todas las licencias de *software* que están actualmente en uso. Este registro debe contener información como el nombre y versión del *software,* la cantidad de usuarios que lo utilizan, la fecha en que se realizó la instalación, así como la localización física o virtual de dicha instalación.
3. **Actualización continua del inventario:** es vital actualizar de manera constante este inventario para reflejar cualquier nueva instalación de *software* o la desinstalación de programas.
4. **Comprobación del cumplimiento de las licencias:** realizar un cotejo entre el inventario de licencias en uso y el inventario de licencias adquiridas para verificar que cada instalación de *software* cuente con el soporte de una licencia válida.
5. **Detección de *software* poco utilizado o repetido:** emplear el inventario de licencias en funcionamiento para identificar aquel *software* que se encuentra subutilizado o que esté duplicado dentro de la organización. Esta acción puede contribuir a optimizar el aprovechamiento de los recursos de *software* disponibles.

La actualización continua del inventario es un proceso que asegura que el registro permanezca preciso y completo.

4.3. Realizar un plan de compra de licencias en base al crecimiento estimado y los modelos de licenciamiento del *software* utilizado

Elaborar un esquema para la adquisición de licencias de *software* contempla anticipar las futuras necesidades de *software* de la entidad y organizar adecuadamente las adquisiciones de licencias. Los pasos recomendados para este proceso son:

1. **Proyección del crecimiento organizacional:** evaluar las expectativas de crecimiento de la entidad para prever el incremento en la demanda de nuevas licencias de *software,* considerando tanto la incorporación de nuevo personal como la posible necesidad de acceso a *software* adicional por parte del personal existente.

2. **Análisis de modelos de licenciamiento:** es fundamental entender los distintos esquemas de licenciamiento ofrecidos por los proveedores, que pueden variar desde licencias individuales hasta licencias por dispositivos, incluyendo opciones de suscripciones o licencias perpetuas. Identificar el modelo más conveniente facilitará la planificación efectiva.

3. **Programación de adquisiciones:** con base en las proyecciones de crecimiento y el entendimiento de los modelos de licenciamiento, se deben organizar las futuras adquisiciones. Esto puede incluir la compra de licencias adicionales, renovaciones de licencias existentes o el cambio a otros modelos de licenciamiento que se ajusten mejor a las necesidades.

4. **Evaluación periódica del esquema de compras:** dado que las necesidades de *software* pueden variar a lo largo del tiempo, resulta esencial revisar y actualizar el plan de adquisición de licencias de manera periódica para asegurar que continúa alineado con los requerimientos y objetivos de la entidad.

Ejemplo

A continuación, se presenta un plan de compra de licencias basado en el crecimiento estimado y los modelos de licenciamiento del *software* utilizado:

Software	Licencias actuales	Licencias necesarias (2025)	Modelo de licenciamiento	Coste por licencia (€)	Total (€)
Microsoft Office 365	100	120	Por usuario/año	130	15.600
Adobe Creative Cloud	50	55	Por usuario/año	620	28.600
AutoCAD	25	30	Perpetua	1.450	€7.250
Python	Ilimitado	Ilimitado	*Open Source*	0	0
Oracle Database	10	12	Por procesador/año	2.160	4.320
Zoom	50	60	Por usuario/año	180	10.800
Slack	100	120	Por usuario/año	80	9.600
Tableau	10	15	Por usuario/año	840	12.600

Actividades

1. ¿Cuáles son los pasos clave en el proceso de gestión eficaz de las licencias de *software*, y cómo contribuye cada uno de estos pasos a asegurar el cumplimiento normativo y la optimización de recursos en una organización?
2. ¿Cómo se realiza y qué importancia tiene el inventario de licencias compradas para una gestión financiera eficiente de la tecnología de información en una empresa?
3. ¿Cuál es el propósito y la metodología para llevar a cabo un inventario de las licencias de *software* instaladas en una organización, y cómo ayuda este inventario a identificar posibles ineficiencias o violaciones de licencias?
4. ¿Cómo se elabora un plan de compra de licencias de *software* que se ajuste al crecimiento estimado de la organización y a los diferentes modelos de licenciamiento de los programas en uso?
5. ¿Qué tipos de licencias de software son comunes y cómo varían en términos de derechos de uso, distribución y modificación del *software* por parte de los usuarios?

5. Gestionar herramientas de inventariado

La planificación de la compra de licencias se basa en una estimación cuidadosa del crecimiento futuro y en una comprensión profunda de los distintos modelos de licenciamiento ofrecidos por los proveedores. Esto asegura que la organización tenga acceso a las licencias necesarias para su operación sin incurrir en gastos innecesarios, ajustando las adquisiciones a las necesidades reales y anticipadas.

La implementación de herramientas de inventario automatizado es clave para gestionar de manera eficiente este proceso, ofreciendo la capacidad de generar informes precisos sobre las licencias en uso y adquiridas, mantener el inventario actualizado en tiempo real y alertar sobre cualquier discrepancia. Esto simplifica la administración de licencias y contribuye a una gestión más proactiva y transparente de los activos de *software*, alineando el uso de *software* con las políticas de licenciamiento y evitando posibles problemas de cumplimiento.

5.1. Utilizar adecuadamente herramientas de inventario para extraer informes de licencias en uso, y de licencias compradas

Las herramientas de inventario de *software* permiten automatizar el seguimiento de las aplicaciones instaladas y las licencias en uso. La elección de una herramienta de inventario adecuada requiere una evaluación cuidadosa de las opciones disponibles en el mercado, considerando sus funcionalidades específicas, como la capacidad para monitorizar el *software* instalado, el seguimiento del uso del *software,* o ambas. Una vez elegida, es fundamental configurar adecuadamente la herramienta para que refleje con precisión el entorno de TI de la organización, lo que implica especificar los sistemas y tipos de *software* a rastrear, así como establecer procedimientos para la actualización y desinstalación del *software.*

Estas herramientas de inventario ofrecen la capacidad de generar informes detallados sobre las licencias de *software* que están siendo utilizadas, proporcionando una visión clara del cumplimiento de licencias y permitiendo identificar áreas donde el *software* puede estar subutilizado o duplicado. Esta información resulta invaluable para optimizar el uso de los recursos de *software* y asegurar que la organización se mantenga dentro de los términos de sus acuerdos de licenciamiento, evitando infracciones y posibles penalizaciones legales.

Ejemplo

Para la extracción eficiente de informes detallados sobre las licencias en uso y adquiridas dentro de una organización, diversas herramientas automatizadas de inventario de *software* ofrecen capacidades específicas:

▎ ***Holded.*** Este ERP en la nube, completo e intuitivo, facilita el seguimiento de los activos de *software* y la generación de informes exhaustivos. Es especialmente útil para empresas en España, dado que su operación se centra en este país sin planes de expansión inmediata. Su funcionalidad permite a los usuarios acceder a información detallada sobre las licencias, incluyendo nombre y versión del *software,* cantidad de licencias y fechas de compra y expiración.

Continúa en página siguiente >>

<< Viene de página anterior

I ***Odoo Inventory.*** Integrante de la suite de *Odoo,* esta herramienta se especializa en la gestión de inventarios tanto de *hardware* como de *software.* La Asociación Española de *Odoo* (Aeodoo) sirve como punto de encuentro para la comunidad de profesionales e implementadores en España, lo que facilita el soporte y la colaboración. A través de su función de informes, *Odoo Inventory* posibilita la elaboración de documentos que reflejan el estado de las licencias en uso y las compradas, ofreciendo datos clave como el nombre y versión del *software,* el número de licencias y las fechas de compra y vencimiento.

I ***Factusol.*** Esta solución de gestión empresarial incorpora funcionalidades de inventario de *software,* permitiendo a los usuarios generar informes sobre las licencias activas y adquiridas. Estos informes proveen información valiosa sobre el nombre y versión del *software,* la cantidad de licencias, así como las fechas de adquisición y caducidad.

5.2. Mantener al día el inventario

La actualización constante del inventario de *software* juega un papel vital en la administración eficiente de las licencias. Para lograrlo, se recomienda llevar a cabo auditorías de *software* con frecuencia, lo cual permite detectar cambios en el *software* instalado o en las licencias en uso, generalmente con el apoyo de herramientas especializadas de inventario.

Es fundamental incorporar al inventario cualquier nueva licencia de *software* adquirida por la organización, así como registrar en el mismo las nuevas instalaciones de *software* realizadas en los sistemas de la organización. Por otro lado, es igualmente importante eliminar del inventario aquellas licencias que hayan expirado o cuyo *software* correspondiente haya sido desinstalado. La revisión periódica de los informes generados por las herramientas de inventario es esencial para identificar posibles discrepancias entre las licencias adquiridas y las realmente en uso.

Además, es clave asegurar que el personal de TI esté debidamente capacitado en la gestión de licencias de *software* y comprenda la relevancia de mantener actualizado el inventario de *software.*

Ejemplo

A continuación, se presenta un práctico de cómo una empresa podría mantener al día su inventario de *software*.

Imagine que una empresa tiene las siguientes licencias de *software:*

Software	Licencias actuales	Fecha de expiración
Microsoft Office 365	100	01/01/2025
Adobe Creative Cloud	50	01/07/2024
AutoCAD	25	01/03/2024

La empresa realiza una auditoría de *software* en enero de 2024 y descubre lo siguiente:

▮ Han contratado 10 nuevos empleados que necesitan *Microsoft Office 365,* por lo que compran 10 licencias adicionales.
▮ Descubren que solo están utilizando 40 de sus 50 licencias de *Adobe Creative Cloud.*
▮ Han desinstalado *AutoCAD* de 5 sistemas, por lo que ahora solo están utilizando 20 de sus 25 licencias.

Después de la auditoría, actualizan su inventario para reflejar estos cambios:

Software	Licencias actuales	Fecha de expiración
Microsoft Office 365	110	01/01/2025
Adobe Creative Cloud	40	01/07/2024
AutoCAD	20	01/03/2024

Aplicación práctica

La actualización eficiente del inventario de *software* es un aspecto fundamental en la gestión de las licencias y el cumplimiento de normativas. La realización periódica de auditorías y el uso de herramientas especializadas son esenciales para este proceso.

Desarrolle una guía de pasos detallados para mantener actualizado el inventario de *software* en una organización. Esta guía deberá incluir los procedimientos para la realización de auditorías, el registro de nuevas licencias y desinstalaciones, y la capacitación del personal de TI en la gestión de licencias.

SOLUCIÓN

Realización de auditorías de *software:*

- Establecer un calendario para auditorías regulares.
- Utilizar herramientas especializadas para identificar cambios en el *software* y las licencias.

Registro de nuevas licencias e instalaciones:

- Implementar un sistema para actualizar el inventario inmediatamente tras la adquisición de nuevas licencias.
- Registrar las nuevas instalaciones de *software,* incluyendo detalles como versión y ubicación.

Eliminación de licencias expiradas o desinstalaciones:

- Crear un proceso para verificar y eliminar del inventario las licencias que ya no son válidas o el *software* que ha sido desinstalado.

Revisión de informes de herramientas de inventario:

- Realizar revisiones periódicas de los informes de inventario para verificar la coherencia entre las licencias adquiridas y las utilizadas.

Capacitación del personal de TI:

- Organizar sesiones de formación regulares para el personal de TI sobre la gestión de licencias.

Continúa en página siguiente >>

<< Viene de página anterior

❚ Incluir en la capacitación temas sobre actualizaciones de políticas de licenciamiento y uso de herramientas de inventario.

5.3. Utilizar herramientas de inventariado automático

La implementación de herramientas automatizadas para el inventariado de *software* representa un avance fundamental en la administración eficiente de los recursos de tecnología de la información dentro de las organizaciones. Estas soluciones tecnológicas posibilitan el monitoreo continuo y en tiempo real de los activos de *software,* ofreciendo una panorámica precisa de las licencias que se encuentran operativas y aquellas que han sido adquiridas.

El proceso automatizado de inventariado asegura una coherencia entre las aplicaciones instaladas y las licencias disponibles, contribuyendo significativamente a la conformidad con las normativas legales vigentes, al tiempo que previene posibles irregularidades en el uso de *software* no licenciado o pirata. Este mecanismo automatizado provee informes exhaustivos que contienen datos esenciales como la identificación del *software,* su versión específica, la cantidad de licencias adquiridas, los usuarios asignados a cada licencia, así como las fechas clave de compra y la caducidad de estas.

La utilidad de estas herramientas trasciende la simple supervisión del *software,* al permitir una optimización de los recursos tecnológicos al detectar redundancias y programas no utilizados que pueden ser eliminados o reasignados. Esto facilita una gestión más estratégica de los presupuestos dedicados a tecnología de la información, alineando las adquisiciones de *software* con las necesidades reales y proyectadas de la empresa.

Actualizar de manera constante el inventario mediante estas herramientas automatizadas reduce la carga laboral asociada a las revisiones manuales, propiciando un manejo proactivo de los activos de *software*. Esta gestión avanzada fortalece la infraestructura tecnológica de la empresa, optimizando sus operaciones y asegurando una mayor eficacia en la administración de sus recursos de *software.*

A continuación, se expone una lista resumen de ventajas de utilizar herramientas de inventariado automático:

- Monitoreo continuo y en tiempo real de activos de *software.*
- Coherencia entre aplicaciones instaladas y licencias disponibles.
- Contribución a la conformidad con normativas legales.
- Prevención de irregularidades en el uso de *software* no licenciado.
- Provisión de informes exhaustivos con datos esenciales de *software.*
- Optimización de recursos tecnológicos al detectar *software* redundante o no utilizado.
- Gestión estratégica de presupuestos para tecnología de información.
- Reducción de carga laboral asociada a revisiones manuales.
- Manejo proactivo de activos de *software.*
- Fortalecimiento de la infraestructura tecnológica de la empresa.

Al mantener un registro automático de las licencias adquiridas y utilizadas, por ejemplo, las empresas pueden evitar gastos innecesarios.

6. Inventariar la configuración base y de aplicación

El proceso de inventariar tanto la configuración base como de aplicación juega un papel fundamental en la gestión efectiva de los activos de *software.*

Para abordar la configuración base, que incluye el sistema operativo, controladores de dispositivos, utilidades del sistema y otro *software* instalado por defecto en un sistema recién configurado, se pueden utilizar herramientas de inventario de *software*. Estas herramientas escanean y registran todos los programas y configuraciones encontrados en la configuración inicial del sistema.

Por otro lado, la configuración de aplicación engloba aquellos programas y ajustes añadidos al sistema tras su configuración inicial, como aplicaciones de productividad, herramientas de desarrollo y *software* de seguridad, entre otros, que los usuarios instalan para desempeñar sus labores. Las herramientas de inventario de *software* también se utilizan para escanear los sistemas de la organización de manera regular, documentando cualquier nuevo *software* instalado o cambios en las configuraciones.

A continuación, se expone una tabla que resume cómo se abordaría cada aspecto del inventario de *software*:

Configuración	Descripción	Herramientas y procesos
Base	Incluye el sistema operativo, controladores de dispositivos, utilidades del sistema y otro *software* instalado por defecto en un sistema recién configurado.	Se utilizan herramientas de inventario de *software* que escanean y registran todos los programas y configuraciones encontrados en la configuración inicial del sistema.
Aplicación	Engloba aquellos programas y ajustes añadidos al sistema tras su configuración inicial, como aplicaciones de productividad, herramientas de desarrollo y *software* de seguridad, entre otros.	Las herramientas de inventario de *software* también se utilizan para escanear los sistemas de la organización de manera regular, documentando cualquier nuevo *software* instalado o cambios en las configuraciones.

Mantener este inventario actualizado es esencial, implicando la realización de auditorías de *software* de manera regular y la actualización del inventario con cualquier cambio en el *software* instalado o las configuraciones empleadas. Además, el inventario de la configuración base y de aplicación sirve como una herramienta valiosa para la gestión de cambios dentro de la organización, ayudando a comprender el impacto potencial de los cambios en el *software,* planificar actualizaciones y resolver problemas de compatibilidad.

Ejemplo

Como organización, a continuación, se muestra cómo se llevaría a cabo el inventario de la configuración base y de aplicación utilizando una herramienta de inventario automático de *software:*

- **Identificar la configuración base:** se utiliza la herramienta de inventario para escanear un sistema recién configurado y registrar todos los programas y configuraciones que encuentra. Esto incluye el sistema operativo (por ejemplo, *Windows 11),* los controladores de dispositivos (por ejemplo, controladores de gráficos NVIDIA), las utilidades del sistema (por ejemplo, antivirus) y cualquier otro software que se instale por defecto (por ejemplo, *Microsoft Edge).*
- **Identificar la configuración de aplicación:** se utiliza la herramienta de inventario para escanear los sistemas de la organización regularmente y registrar cualquier cambio en el *software* instalado. Esto incluye aplicaciones de productividad (por ejemplo, *Microsoft Office),* herramientas de desarrollo (por ejemplo, *Visual Studio), software* de seguridad (por ejemplo, *Norton Antivirus)* y cualquier otro *software* que nuestros usuarios instalen para realizar su trabajo (por ejemplo, *Slack).*
- **Mantener el inventario actualizado:** se programa la herramienta de inventario para realizar auditorías de *software* regularmente. Después de cada auditoría, se actualiza el inventario para reflejar cualquier cambio en el *software* instalado o en las configuraciones utilizadas.

Aplicación práctica

El inventario de la configuración base y de aplicación es un componente esencial en la gestión de activos de *software* de una organización. Distinguir entre estas configuraciones permite una administración más precisa y eficaz de los recursos de *software.*

Elabore una guía de pasos detallados para inventariar de manera efectiva tanto la configuración base como la de aplicación en un entorno empresarial. Esta guía debe

Continúa en página siguiente >>

<< Viene de página anterior

cubrir el proceso de utilización de herramientas de inventario de *software,* así como las estrategias para mantener actualizado este inventario, y cómo puede apoyar la gestión de cambios.

SOLUCIÓN

Inventario de la configuración base:

▌ Implementar un proceso regular de escaneo del sistema utilizando herramientas de inventario para identificar todos los elementos de la configuración base.
▌ Registrar detalles como versiones de sistemas operativos, controladores y utilidades.

Inventario de la configuración de aplicación:

▌ Establecer un protocolo para escanear periódicamente las aplicaciones y ajustes agregados posconfiguración inicial.
▌ Incluir en el registro datos como el nombre de las aplicaciones, versiones y configuraciones personalizadas.

Mantenimiento del inventario actualizado:

▌ Definir una rutina para auditorías regulares que permita actualizar el inventario con cambios recientes en *software* y configuraciones.
▌ Asegurar que cualquier nueva instalación o desinstalación de *software* se refleje oportunamente en el inventario.

Gestión de cambios con el inventario:

▌ Utilizar el inventario como una herramienta para evaluar cómo los cambios propuestos afectarán al sistema existente.
▌ Facilitar la planificación de actualizaciones y la solución de conflictos de compatibilidad.

7. Actualizar la lista de aplicaciones permitidas por usuario

La gestión eficiente de la lista de aplicaciones permitidas para cada usuario requiere la implementación de un proceso estructurado que asegure tanto la seguridad como la optimización en el uso de los recursos de *software.* Inicialmente, se debe identificar con precisión al usuario objetivo, teniendo en cuenta sus necesidades específicas de *software* según su rol dentro de la organización. Luego, es recomendable revisar la lista actual de aplicaciones autorizadas para dicho usuario, estableciendo así una base para posibles modificaciones.

Una tabla de aplicaciones permitidas por usuario podría seguir la siguiente estructura:

Usuario	Aplicaciones permitidas
Usuario 1	Aplicación A, Aplicación B, Aplicación C.
Usuario 2	Aplicación A, Aplicación D, Aplicación E.
Usuario 3	Aplicación B, Aplicación E, Aplicación F.

El siguiente paso consiste en una cuidadosa evaluación de los cambios necesarios, que pueden incluir la inclusión de nuevas aplicaciones que faciliten las labores del usuario o la eliminación de programas obsoletos o potencialmente inseguros. Una vez establecidos los ajustes, se procede a la actualización de la lista de aplicaciones permitidas, lo que podría implicar la alteración de políticas de seguridad, modificaciones en la configuración del sistema operativo o la utilización de soluciones especializadas en la gestión de activos de *software*. A continuación, se expone la estructura de la tabla actualizada:

Usuario	Aplicaciones permitidas	Proceso de actualización
Usuario 1	Aplicación A, Aplicación B, Aplicación C.	Identificación del usuario, revisión de la lista actual, evaluación de cambios necesarios, actualización de la lista y comunicación de los cambios al usuario.
Usuario 2	Aplicación A, Aplicación D, Aplicación E.	Identificación del usuario, revisión de la lista actual, evaluación de cambios necesarios, actualización de la lista y comunicación de los cambios al usuario.
Usuario 3	Aplicación B, Aplicación E, Aplicación F.	Identificación del usuario, revisión de la lista actual, evaluación de cambios necesarios, actualización de la lista y comunicación de los cambios al usuario.

Es imprescindible llevar a cabo una comunicación efectiva de estos cambios al usuario, detallando los motivos de los ajustes y su posible impacto en las actividades diarias. Dicha comunicación debe ser clara y orientada a facilitar una transición sin contratiempos hacia el nuevo conjunto de herramientas a disposición del usuario.

Ejemplo

A continuación, se muestra un ejemplo de aplicaciones permitidas y proceso de actualización para cada usuario:

Usuario	Aplicaciones Permitidas	Proceso de Actualización
Elsa García	*Microsoft Word, Google Chrome, Adobe Photoshop*	Elsa es una diseñadora gráfica, por lo que necesita aplicaciones de diseño como *Adobe Photoshop*. Se revisa su lista actual de aplicaciones y se ve que necesita *Adobe Illustrator*. Se actualiza su lista para incluir *Adobe Illustrator* y se le informa de este cambio.
Eros Rubio	*Microsoft Excel, Google Chrome, Adobe Illustrator*	Eros es un analista financiero, por lo que necesita aplicaciones de análisis de datos como *Microsoft Excel*. Se revisa su lista actual de aplicaciones y se ve que no necesita *Adobe Illustrator*. Se actualiza su lista para eliminar *Adobe Illustrator* y se le informa de este cambio.
Irati Mendieta	*Microsoft PowerPoint, Mozilla Firefox, Adobe InDesign*	Irati es una gerente de proyecto, por lo que necesita aplicaciones de presentación como *Microsoft PowerPoint*. Se revisa su lista actual de aplicaciones y se ve que necesita *Microsoft Project*. Se actualiza su lista para incluir *Microsoft Project* y se le informa de este cambio.

Actividades

6. ¿Cuáles son las ventajas de utilizar herramientas de inventariado automático de *software* en la gestión de los activos tecnológicos de una empresa, y cómo contribuyen estas herramientas a la conformidad normativa y la optimización de recursos?
7. ¿Cómo se lleva a cabo el proceso de inventariar la configuración base y de aplicación en una organización, y cuál es la importancia de mantener este inventario actualizado?
8. ¿De qué manera las herramientas de inventario automático de *software* facilitan la identificación y documentación de *software* instalado en una organización, incluyendo programas de productividad y herramientas de desarrollo?
9. ¿Qué proceso se debe seguir para actualizar efectivamente la lista de aplicaciones permitidas por usuario, y cómo se alinean estas actualizaciones con las políticas de seguridad y las necesidades operativas de la organización?
10. ¿Cuáles son los beneficios de mantener una lista actualizada de aplicaciones permitidas por usuario, y cómo impacta este proceso en la seguridad y eficiencia de las operaciones de TI de la empresa?

8. Resumen

La creación de un inventario de *software* es fundamental para las organizaciones, pues compila exhaustivamente todas las aplicaciones y programas en uso, incluyendo detalles como el número de instalaciones y las fechas de renovación de licencias. Su propósito es verificar la instalación de *software* en la empresa, aunque no asegura automáticamente el respaldo de licencias adecuadas. Para confirmar la cobertura de licencias, es recomendable realizar una auditoría interna. Un inventario bien mantenido previene la compra redundante de licencias, problemas operativos por *software* obsoleto y otros desafíos, siendo esencial para la gestión efectiva de los activos de TI.

El inventario de *software* responde a la necesidad de gestionar licencias, optimizar recursos, mitigar riesgos legales y de seguridad, planificar financieramente y facilitar la gestión del cambio. Es clave seleccionar adecuadamente los parámetros a inventariar, como el nombre y versión del *software,* cantidad de licencias, fechas de caducidad, usuarios autorizados y ubicación de instalación, proporcionando una visión integral del uso del *software.*

La gestión de licencias inicia con un inventario de las licencias adquiridas, esencial para el cumplimiento normativo y la planificación financiera de TI. Un inventario de las licencias instaladas ofrece una vista de cómo se utiliza el *software,* ayudando a identificar aplicaciones redundantes. Además, es vital elaborar un plan de compra de licencias basado en el crecimiento estimado y los modelos de licenciamiento.

El uso de herramientas de inventario automatizado facilita la extracción de informes detallados de licencias en uso y compradas, manteniendo el inventario actualizado. Estas herramientas, como *Holded, Odoo Inventory* y *Factusol,* son esenciales para gestionar eficazmente las licencias de *software,* ofreciendo capacidades específicas para cada contexto empresarial.

Inventariar la configuración base y de aplicación es esencial para la gestión de activos de *software,* utilizando herramientas de inventario para registrar programas y configuraciones en sistemas recién configurados y cambios posteriores. Mantener este inventario actualizado es esencial para la gestión de cambios y la planificación de actualizaciones de *software.*

Actualizar la lista de aplicaciones permitidas por usuario implica identificar al usuario, revisar la lista actual, determinar y realizar los cambios necesarios, comunicar los cambios y monitorear el uso de las aplicaciones. Este proceso estructurado garantiza la seguridad y optimiza el uso de recursos de *software,* facilitando la transición hacia nuevas herramientas y manteniendo la eficacia en la gestión de las aplicaciones permitidas.

Ejercicios de repaso y autoevaluación

1. ¿Qué propósito principal tiene realizar un inventario de *software* en una empresa?

_____

_____

2. Mencione un beneficio clave de mantener un inventario de *software* bien gestionado:

_____

_____

3. ¿Qué aspecto es vital en un inventario de *software* para la gestión de licencias?

   a. Usuarios autorizados.
   b. Localización de instalación.
   c. Cantidad de licencias.
   d. Intensidad de uso del *software.*

4. ¿Cuál de los siguientes NO es un objetivo de un inventario de *software?*

   a. Reducción de riesgos legales y de seguridad.
   b. Planificación económica en TI.
   c. Incremento de ventas de *software.*
   d. Facilitación de la gestión del cambio.

5. En un inventario de *software*, ¿para qué se utiliza la información de la "versión del *software"?*

_____

_____

6. Mencione un aspecto que se registra en el inventario de licencias compradas.

_____

_____

_____

_____

7. ¿Qué estrategia NO es recomendada para elaborar un inventario eficaz de licencias de *software* compradas?

    a. Compilación de datos de licenciamiento.
    b. Utilización de un registro informal.
    c. Mantenimiento actualizado del registro.
    d. Planificación de adquisiciones futuras.

8. Mencione tres beneficios de utilizar herramientas automatizadas para el inventario de *software:*

_____

_____

_____

_____

_____

_____

9. ¿Cuál es el propósito de inventariar la "configuración base" de un sistema?

_____

_____

10. ¿Qué incluye la "configuración de aplicación" en un inventario de *software?*

_____

_____

11. ¿Cuál es el impacto de no realizar un inventario de *software* adecuado?

    a. Mejora en la eficiencia de los recursos.
    b. Reducción de la seguridad informática.
    c. Optimización de los gastos en TI.
    d. Mejora en la gestión del cambio organizacional.

12. ¿Qué indica la "caducidad de la licencia" en un inventario de *software?*

_____

_____

13. Mencione una ventaja de documentar "usuarios autorizados" en un inventario de *software:*

_____

_____

_____

_____

14. ¿Qué NO se suele incluir en un informe generado por herramientas de inventario automático?

    a. Identificación del *software.*
    b. Detalles personales de los usuarios.
    c. Versión específica del *software.*
    d. Fechas de compra y caducidad de licencias.

15. ¿Cómo ayuda el inventario de *software* en la gestión estratégica de presupuestos para tecnología de información?

_____

_____

Bibliografía

Monografías

▌ ESTERO, A. y DOMÍNGUEZ, J. J.: *Sistemas operativos: conceptos fundamentales.* Cádiz: Universidad de Cádiz, Servicio de publicaciones, 2009.

Textos electrónicos, bases de datos y programas informáticos

▌ Automatización de tareas rutinarias con scripts de automatización, de: <https://www.ibm.com/docs/es/mas-cd/maximo-manage/continuous-delivery?topic=administering-routine-tasks-automation-scripts>.

▌ Descripción general de las herramientas de gestión de un sistema único, de: <https://docs.oracle.com/cd/E50691_01/html/E50101/glign.html>.

▌ Diferencias entre CRM y ERP, de: <https://www.clavei.es/blog/diferencias-entre-crm-y-erp/>.

▌ Inventario de software, de: <https://learn.microsoft.com/es-es/microsoft-365/security/defender-vulnerability-management/tvm-software-inventory?view=o365-worldwide>.

▌ Los lenguajes de programación más utilizados para la automatización, de: <https://es.linkedin.com/pulse/los-lenguajes-de-programaci%C3%B3n-m%C3%A1s-utilizados-para-la-automatizaci%C3%B3n>.

▌¿Qué es el firmware y cómo funciona?, de: <https://www.avg.com/es/signal/firmware#:~:text=A%20veces%20denominado%20%C2%ABsoftware%20para,un%20componente%20de%20hardware%20espec%C3%ADfico>.

▌¿Qué es un sistema operativo?, de: <https://desarrollarinclusion.cilsa.org/tecnologia-inclusiva/que-es-un-sistema-operativo/#:~:text=Un%20sistema%20operativo%20es%20un,placa%20de%20red%2C%20entre%20otros>.

▌¿Qué lenguajes de programación son esenciales para los proyectos de Automatización de Procesos?, de: <https://es.linkedin.com/advice/1/what-programming-languages-essential-process?lang=es>.

▌¿Qué son los lenguajes de scripting?, de: <https://www.ionos.es/digitalguide/paginas-web/desarrollo-web/que-son-los-lenguajes-de-scripting/>.

▌¿Qué tipos de software existen?, de: <https://www.wolterskluwer.com/es-es/expert-insights/que-tipos-de-software-hay#:~:text=Los%20tipos%20de%20software%20que,programaci%C3%B3n%20y%20software%20de%20sistema>.

▌Sistemas operativos: gestión de entradas/salidas, de:
<https://www.oposinet.com/temario-de-informatica/temario-1-informatica/tema-18-sistemas-operativos-gestin-de-entradassalidas/>.

▌Sistema Operativo. Software de Aplicación, de:
<https://proyectocirculos.files.wordpress.com/2013/11/software.pdf>.